미국학교식 리딩 훈련

햄릿
by 윌리엄 셰익스피어

미국학교식 리딩 훈련
햄릿 by 윌리엄 셰익스피어

지은이 남혜경 · Robert Peter · Patricia Gordon
펴낸이 안용백
펴낸곳 (주)넥서스

초판 1쇄 발행 2010년 3월 25일
초판 2쇄 발행 2010년 3월 30일

2판 1쇄 인쇄 2012년 3월 25일
2판 1쇄 발행 2012년 3월 30일

출판신고 1992년 4월 3일 제311-2002-2호
121-840 서울시 마포구 서교동 394-2
Tel (02)330-5500 Fax (02)330-5555

ISBN 978-89-5797-982-2 14740
　　　978-89-5797-987-7 14740(세트)

저자와 출판사의 허락없이 내용의 일부를
인용하거나 발췌하는 것을 금합니다.
저자와의 협의에 따라서 인지는 붙이지 않습니다.

가격은 뒤표지에 있습니다.
잘못 만들어진 책은 구입처에서 바꾸어 드립니다.

www.nexusbook.com

네이티브들이 배우는
미국학교식 리얼 리딩 훈련

미국학교식 리딩 훈련

햄릿
by 윌리엄 셰익스피어

남혜경
Robert Peter
Patricia Gordon
지음

넥서스

Preface

★ Thank you for buying Nam's Notes and welcome to a comprehensive study guide for *Hamlet* by William Shakespeare. We hope you will find this book useful in your study of this very famous piece of English Literature.

★ The main objective of our book is to help you understand and appreciate the literary significance of this story. It is a classic in English literature. Even though it was written about 400 years ago, it is still a popular play to study in high school or university English Literature courses. It is a tale of fratricide to achieve personal ambition, possible adultery and incest, supernatural information, procrastination, indecision and multiple violent deaths at the end.

★ Throughout the play, there is a lot of symbolism, much of it reflecting the social beliefs of the people who lived 400 years ago in England. The play is written in an older form of English that is sometimes a bit difficult to understand even for modern, native speakers of English. However, the poetic skill of Shakespeare and his use of descriptive imagery, especially in the numerous soliloquies by the important characters, help the reader understand what is happening and what the characters are thinking. Thus, to get good marks in your tests and assignments on this play you will need to understand these symbols thoroughly.

★ Shakespeare's skill with words has resulted in numerous lines still being famous in English culture. For example:

Frailty, thy name is woman!   Line 146 from Act I Scene 2
Neither a borrower nor a lender be   Line 75 from Act I Scene 3
Something is rotten in the state of Denmark.   Line 90 from Act I Scene 4
To be, or not to be: that is the question: Line 56 from Act III Scene 1
Alas, poor Yorik! I knew him, Horatio   Line 185 from Act V Scene 1

There are many more!

★ We also have a final objective for this book and that is helping you become better at writing in English. Experience as teachers of English to foreign students shows that of the four language skills (speaking, listening, reading and writing), writing seems to be the hardest for students to master. We feel it is very important to try to master this skill! Written communication is very important in any language and if you are going to work in an English speaking environment, you will need this skill! Thus, to aid you in improving your skill in writing, the study questions we have provided require a *written* answer of one or more sentences, a paragraph or an essay.

★ English Literature is a rich field. Even if your skills and interests lean more toward "the sciences" rather than "the arts", we both hope our book with its explanations and study suggestions will help you gain an appreciation of this English literary classic.

★ Good luck in your studies.

in Kingston, Ontario, Canada
남혜경 • Robert Peter & Patricia Gordon

머리말

★ Nam's Note를 구입하신 여러분께 감사 드리며 여러분을 셰익스피어의 「햄릿」으로 안내하게 된 것을 기쁘게 생각합니다. 문학도들의 사랑을 받고 있는 「햄릿」의 이해에 이 책이 도움이 되길 바랍니다.

★ 이 책을 쓰게 된 가장 큰 이유는 여러분이 「햄릿」을 감상하는 데 필요한 중요 사항들을 짚어주기 위함입니다. 이 작품은 영문학의 고전이라 할 수 있습니다. 비록 400년 전에 쓰였을지라도 여전히 많은 고등학교와 대학에서 인기 있는 교재로 사용되고 있습니다. 이 이야기는 자신의 야심을 채우기 위해 형을 살해하는 것으로 시작하여 불륜과 근친상간, 초자연적인 현상들, 결단을 내리지 못하는 우유부단함 등의 이야기가 진행되다가 결국 많은 사람들이 죽음을 맞이하는 것으로 끝이 납니다.

★ 이야기 전체를 통해 많은 상징들을 볼 수 있는데, 이는 400년 전 영국에서 살던 이들의 사회적 신념이 반영된 것이라 할 수 있습니다. 또한 고어로 쓰인 작품이기 때문에 현재 영어를 사용하는 원어민들조차 이해하기 어려운 경우도 있습니다. 하지만 셰익스피어가 만들어낸 ― 특히 주인공들이 들려주는 많은 독백들에 들어 있는 ― 시적인 표현들과 이미지들은 독자들이 어떤 일이 벌어지고, 인물들이 어떤 생각들을 하고 있는지 이해할 수 있도록 해줄 것입니다. 따라서 여러분이 「햄릿」의 과제와 시험에서 좋은 점수를 받으려면 이 이야기 속에 나오는 상징들을 잘 이해해야 합니다.

★ 셰익스피어가 만들어 낸 주옥같은 대사들은 여전히 영어 문화권에서 많은 사랑을 받고 있답니다. 예를 들면,
"약한 자여 그대의 이름은 여자!" 제1막 2장 146줄
"돈은 빌리지도 빌려주지도 말아라." 제1막 3장 75줄
"무엇인가가 덴마크 내에서 썩고 있다." 제1막 4장 90줄
"사느냐 죽느냐, 그것이 문제로다." 제3막 1장 56줄
"아아, 가여운 요릭! 호레이쇼, 나도 이 사람을 아네." 제5막 1장 185줄
물론 이 외에도 많은 구절들이 있겠지요!

★ 이 책에서 마지막으로 강조하고 있는 것은 여러분의 쓰기 실력 향상입니다. 지금까지 많은 유학생들을 지도해본 결과, 언어의 4가지 영역(말하기, 듣기, 읽기, 쓰기) 중 쓰기 부분이 가장 어려운 영역이라는 것을 알게 되었습니다. 쓰기 실력을 향상시키려는 노력은 정말 중요합니다. 뛰어난 글쓰기 실력은 어느 언어권에서든지 중요한 부분입니다. 만약 여러분이 영어 문화권에서 일을 해야만 한다면 더더욱 필요한 능력일 겁니다! 따라서 여러분의 쓰기 실력을 향상시키려면 퀴즈, 시험, 과제에 제시되는 문제들을 놓고 문장, 단락, 그리고 에세이에 이르기까지 답할 수 있도록 연습해야 합니다. 이 책을 통해 여러분이 쓰기에 대한 두려움을 극복하기를 바랍니다.

★ 영문학은 정말 재미있는 분야입니다. 여러분이 좋아하고 자신 있는 분야가 '문과'보다는 '이과' 쪽이라 하더라도, 이 책에서 제시하고 있는 여러 설명과 학습 방향을 통해 영문학의 고전을 재미있게 감상하길 바랍니다.

★ 행운을 빕니다.

Canada, Kingston에서

남혜경 • Robert Peter & Patricia Gordon

Structure

General Information

작품을 이해하기 위해 꼭 알아야 할 기본적인 사항들만을 담았다. 영국 문학의 대가라 불리는 셰익스피어에 대한 설명과 「햄릿」의 배경이 된 이야기를 소개하고, 전체 줄거리, 등장인물 분석과 그들 간의 관계 분석 자료, 주제, 모티브 및 상징 등을 제시한다.

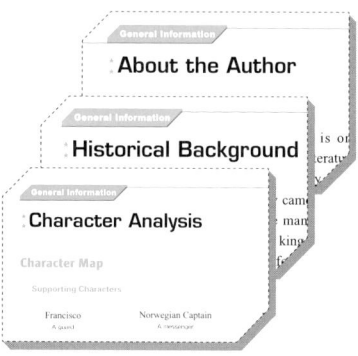

Act Analysis

줄거리
각 막의 줄거리가 요약되어 있어 「햄릿」을 다시 읽지 않더라도 내용을 쉽게 확인할 수 있다.

분석
각 막을 분석하고 학습 포인트를 제시했다.

상징
각 막에 나오는 상징들을 쉽게 풀어 설명했다.

인용문[구]
각 막에서 중요시되는 인용문을 정리하여 시험 답안이나 에세이에 활용할 수 있도록 소개했다.

어휘·표현연구
각 막의 중요 어휘와 표현을 확실히 짚어 고어를 이해할 수 있도록 구성했다.

유용한 웹사이트
과제나 에세이 작성 시 도움을 받을 수 있도록 주요 막에 유용한 웹사이트를 소개했다.

Hamlet

★ Act Test

각 막마다 구성된 테스트를 풀어봄으로 학교 시험에 대비할 수 있도록 했다. 특히 주관식 문항들은 학생들이 서술형 문제에 자신감을 키워나갈 수 있도록 도와줄 것이다.

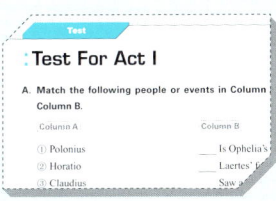

★ Check it Out

「햄릿」을 좀 더 심도 있게 이해하고 작품 분석 능력을 키워 나갈 수 있도록 도와주는 보충 자료이다.

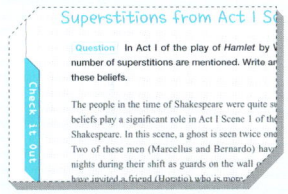

★ Further Study

「햄릿」을 읽고 난 후 다룰 수 있는 주제 4가지를 선정하여 샘플에세이를 제시했다. 샘플 에세이를 통해 에세이 작성의 방향을 어떻게 잡아나가야 할지와 에세이의 구조를 익힐 수 있다.

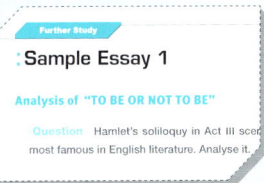

★ Appendix

정답

각 막에서 제시한 테스트(Act Test)의 답을 확인할 수 있다.

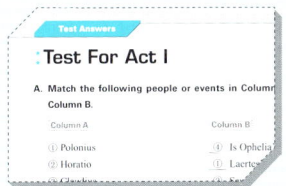

General Information

About the Author 저자에 대하여 ••• 14

Historical Background 역사적 배경 ••• 17

Plot Overview 전체 줄거리 ••• 20

Character Analysis 등장인물 분석 ••• 23

Themes 주제 ••• 34

Motifs 모티브 ••• 38

Symbols 상징 ••• 41

Act Analysis

Act I 제1막 ••• 67

Test / Check it Out - Superstitions

Act II 제2막 ••• 107

Test / Check it Out - Insanity

Act III 제3막 ••• 135

Test / Check it Out - Oedipus complex

Act IV 제4막 ••• 181

Test / Check it Out - Character analysis: Hamlet

Act V 제5막 ••• 235

Test / Check it Out - Character analysis: Ophelia

Further Study

Sample Essays 샘플 에세이 272

1. Analysis of "To be or not to be"

2. Polonius' advice to Laertes

3. Turning Points (1)

4. Turning Points (2)

Appendix

Test Answers 테스트 정답 298

작품을 이해하기 위해 꼭 알아야 할 기본적인 사항들만을 정리했다.

저자 및 역사적 배경, 전체 줄거리, 등장인물 분석과 그들 간의 관계 그리고 주제와 모티프, 상징을 알 수 있다.

General Information

About the Author

William Shakespeare

· Although William Shakespeare is one of the greatest literary figures in English literature, there is a lot that is not known with certainty about his life. Much of what is written about him is contradictory and/or speculative. However, it is known that he was born in Stratford-upon-Avon but the exact date of his birth is unknown. There is a church record of him being baptized on April 26, 1564. Since children were often baptized within a few days of being born, his birthday is assumed to be most likely on April 23.

◀ 사진출처 wikipedia
William Shakespeare

· William was the third of eight children (three died in childhood) born to John Shakespeare and his wife, Mary Arden. Since his father was a successful merchant and a local political official, young William's early education is thought to have been at a local "grammar school" which had a reputation for excellence. Here he would have learned Latin and classical Greek. It is also thought that he did not attend university. Since no records of any of his education exist none of this is known for certain.

· His marriage to Anne Hathaway on November 28, 1582 is well documented. He was 18 at the time and she was 26 (and pregnant). There is some speculation that he wanted to marry a lady named Anne Whateley but was probably forced to marry Anne Hathaway because she was pregnant. Although several church documents show different spellings of the family name of a lady (or ladies) named "Anne" it is possible that the family name was misspelled and that there was only one lady named "Anne".

- William and his wife had 3 children. Their daughter, Susanna, was born on May 26, 1583. Twins(Hamnet and Judith) were born on February 2, 1585. Unfortunately, Hamnet died at age 11 on August 11, 1596.

- The years between 1585 and 1592 are called "The Lost Years" because nothing is known for certain about his life. Various speculations have been made about this time such as him leaving home quickly to escape punishment for hunting on the private lands of Sir Thomas Lucy. Another speculation is that he left home (possibly around 1588) to go to London to work in the theatre. The next documented reference to him (after his marriage) is in a very critical attack on his literary talent written by a noted London playwright named Robert Greene (1558 to 1592). It appears that William Shakespeare was receiving considerable public acceptance of his acting and writing ability and that Robert Greene was jealous.

- William Shakespeare's influence in the theatrical environment in London grew rapidly. It is unclear when he first began to write and act. It is probable he joined a theatrical group sometime during "The Lost Years". Until his retirement around 1610 or 1611, he is credited with approximately 38 plays, 4 poems and 154 sonnets. Over the years he was a member of various groups that put on plays for both

Queen Elizabeth I (1533 to 1603) and King James I of England – also known as King James IV of Scotland (1566 to 1625) – as well as the general public. He also owned a share in The Globe and Blackfriars theatres. He moved back to Stratford-upon-Avon after retirement and died there on April 23, 1616. He was buried on April 25, 1616 in the chancel of Holy Trinity Church in Stratford.

Historical Background

The idea for the play *Hamlet* probably came to William Shakespeare from a number of sources. There are many old tales from various cultures that deal with the theme of a king being killed by a brother who takes the widow as his new wife. This is followed by a son seeking revenge.

The most likely source is the ancient saga based on Danish heroes written in *Gesta Danorum* by Saxo Grammaticus around 1185. The following tale is very similar to the plot of Shakespeare's *Hamlet*.

◀ Source from-wikipedia
Saxo Grammaticus

In this particular story, there was a Danish King named Horwendil who was married to a lady named Gurutha, daughter of a man named Rorik. One day Horwendil was murdered by his brother Feng. Feng then assumed the throne and took his sister-in-law, Gurutha, for his wife. (In the saga he justified his crime by saying that he was saving the meek and lovely Gurutha from the abuse of her violent husband Horwendil. Evidently he was able to justify this to the court and he was not punished.)

However, Horwendil and Gurutha had a son named Amlet who pledged himself to avenge his father's murder but lacked the power to act. In case King Feng suspected he was plotting something, he pretended to be dull and somewhat mad. He was successful in convincing some people that he was harmless but there were a few who were suspicious. Various traps were set for Amlet but he managed to avoid them. Finally, one advisor to the king suggested spying on Amlet and his mother as they talked together. The king agreed and the advisor hid in Gurutha's room. However, Amlet discovered him and killed him. (In the saga he feeds the body of the spy to the pigs.)

King Feng is suspicious of Amlet, but since he cannot have Amlet killed because of Gurutha's and Rorik's support, he decides to send Amlet to England with two companions. The two companions have a letter for the English king requesting that he murder Amlet. However, during the trip Amlet suspects treachery, searches the luggage of his companions, and finds King Feng's letter requesting his death. Amlet forges a new letter that requests the execution of the two travelling companions.

In the saga, Amlet has some adventures in England, becomes the favourite of the king and eventually marries the king's daughter. Amlet's two companions are executed by the king. Amlet eventually returns to Denmark and kills King Feng.

From this point on, the saga bears little resemblance to Shakespeare's play. However, a student of this play will see that the main characters closely resemble characters in Saxo's sagas of Danish history.

Another source for Shakespeare's play is thought by some to be a very similar play called *Ur-Hamlet* produced by Thomas Kyd about a dozen years earlier. There are references to this in diaries but no copy has survived. A ghost was apparently part of this production and this may be where Shakespeare got the idea for a ghost in his play. There are no ghosts in the Danish sagas.

Below are two sources consulted for this information. A great many other good sources probably exist.

1. http://www.pitt.edu/~dash/amleth.html
2. http://en.wikipedia.org/wiki/Hamlet

General Information

⋆Plot Overview

The play opens with three friends on guard duty on the castle wall at midnight. Bernardo and Marcellus have invited Horatio to see a ghost that they have seen twice. The ghost appears and disappears silently. It looks like the late King Hamlet of Denmark, so they decide to invite Hamlet, the dead king's son, to see it.

The next scene introduces King Claudius, the brother of the late King Hamlet. His wife is Gertrude, the widow of the late king. They were married less than two months after the death of King Hamlet. Hamlet, the son, is attending a session of court business. He is in Denmark for his father's funeral and the marriage of his mother. He is unhappy over his father's death and disgusted at his mother's remarriage. King Claudius deals with two business items quickly. He sends two messengers to Norway to ask the Norwegian king's help in preventing Prince Fortinbras of Norway from attacking Denmark. He gives permission for Laertes, the son of Polonius, his chief advisor, to return to France. Finally, he and Gertrude try to persuade Hamlet to give up his grieving. Gertrude persuades him to stay in Denmark for a while. In a soliloquy, Hamlet expresses his unhappiness with life.

Horatio, Marcellus and Bernardo invite Hamlet to see the ghost and he goes that evening. He sees and speaks to it. It tells him that it is the spirit of his dead father and that Claudius murdered him and seduced his mother. The ghost wants revenge against Claudius but not Gertrude. Hamlet pledges to obey but he is skeptical of the ghost's validity. He wishes more proof of Claudius' guilt. He decides to act mad in order to hide his quest for the truth. He also makes his companions swear they will say nothing about the ghost or his behavior in the future.

Laertes cautions his sister, Ophelia, that Hamlet is a poor suitor. Polonius gives Laertes some lengthy advice about living. Polonius derides Ophelia's feelings about Hamlet and forbids her to see him again.

Hamlet begins to act strangely and Claudius and Gertrude become concerned. They hire Rosencrantz and Guildenstern, Hamlet's childhood friends, to spy on him. They prove to be incompetent and Hamlet realizes they are spies for Claudius. Polonius is convinced that Hamlet is crazy because of unrequited love for Ophelia. He stages a meeting between Ophelia and Hamlet which he and Claudius overhear. Hamlet is very rude to Ophelia. Polonius is more convinced he is right but Claudius is skeptical.

A travelling group of players arrives at the castle and Hamlet has them enact a play called *The Murder of Gonzago*. The lead actor allows Hamlet to insert some extra lines. The plot of the play closely matches the murder of his father as told by the ghost. Hamlet and Horatio watch as Claudius becomes very upset and leaves the performance. They believe Claudius has shown his guilt.

Hamlet's mother demands he come and speak to her. On the way, he sees Claudius trying to pray. He does not kill Claudius because he is afraid Claudius will go to heaven and not purgatory or hell.

He is verbally abusive with his mother. She becomes frightened and screams for help. Polonius is spying on the conversation from behind a curtain and he also cries for help. Hamlet kills him by stabbing through the curtain. When he discovers it is Polonius, he says he had hoped he was killing someone better (Claudius) and that Polonius got what he deserved. Hamlet continues his abuse of Gertrude when the ghost appears. It reminds Hamlet that he has still not avenged his father's death, and to be gentle with Gertrude. Hamlet tells her that Claudius murdered her husband and that her relationship with Claudius is incestuous.

Claudius is upset at Hamlet for staging the play and killing Polonius. He sends Hamlet to England with Rosencrantz and Guildenstern. Before they board the ship, they meet the army of Prince Fortinbras as it awaits permission from Claudius to cross Denmark to fight in Poland. On the ship, Hamlet discovers a letter from Claudius to the English king requesting that Hamlet be executed. Hamlet steals the letter and writes a forgery. It asks that Rosencrantz and Guildenstern be executed. Hamlet soon escapes and returns to Denmark.

Ophelia goes mad from the loss of her father and of Hamlet's love. Laertes arrives from Paris seeking vengeance. Ophelia drowns and her funeral is very small. Laertes and Claudius plot to kill Hamlet in a duel. Laertes has a poisoned sword and Claudius provides poisoned wine for Hamlet to drink. During the duel, Gertrude drinks a toast to Hamlet with the wine. Laertes wounds Hamlet and in a scuffle the swords are switched. Hamlet wounds Laertes. Gertrude dies and Laertes confesses to the plot with Claudius. Hamlet kills Claudius. Laertes dies. Hamlet saves Horatio from committing suicide with the wine. He challenges Horatio to tell the truth about everything. Fortinbras arrives. A dying Hamlet endorses Fortinbras as the next Danish King.

사진출처 wikipedia
Film Poster for Hamlet(1990)

Character Analysis

Character Map

Supporting Characters

Francisco
A guard

Norwegian Captain
A messenger

Fortinbras
Norwegian prince

English Ambassador
Arrives with Fortinbras

Marcellus
Sees a ghost

Bernardo
Sees a ghost

Major Characters

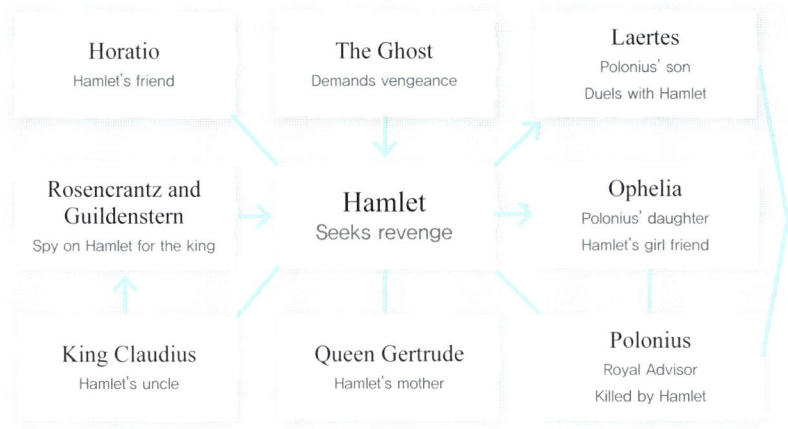

Horatio — Hamlet's friend

The Ghost — Demands vengeance

Laertes — Polonius' son / Duels with Hamlet

Rosencrantz and Guildenstern — Spy on Hamlet for the king

Hamlet — Seeks revenge

Ophelia — Polonius' daughter / Hamlet's girl friend

King Claudius — Hamlet's uncle

Queen Gertrude — Hamlet's mother

Polonius — Royal Advisor / Killed by Hamlet

More Supporting Characters

Voltemand and Cornelius
King's messengers to the Norwegian court

Actors
Present a play

Reynaldo
Polonius' servant

A Priest
Argues with Laertes

Osric
A courtier

Gravediggers
Dig Ophelia's grave

★ Hamlet

Hamlet is the son of the late King Hamlet and Queen Gertrude. He has returned to Denmark from Wittenberg for the funeral of his father and the marriage of his mother to Claudius, brother of the late King Hamlet. Hamlet is very sad at the death of his father and totally disgusted by the hasty marriage of his mother to his uncle. He rejects any offers of friendship from Claudius and is very critical of his mother's behavior. One night he is invited to witness a ghost that resembles his father. He sees the ghost and it tells him that it is the spirit of his dead father. It also tells him that he was murdered by Claudius. Hamlet promises revenge but is unsure if the ghost is really his dead father or if the information it told him is true. To discover the truth, he pretends to be mad. He acts strangely to everyone and is especially insulting to his girl friend, Ophelia.

When a group of actors arrive, he has them put on a play called *The Murder of Gonzago*. He requests that the lead actor insert about a dozen extra lines into the play. The play has a very similar plot to the way the ghost said King Hamlet was murdered. Hamlet hopes that Claudius will reveal his guilt as he watches the play. Claudius does become upset and leaves the performance in anger. Gertrude is also upset and she has an angry conversation with Hamlet. He tells her that Claudius murdered her first husband and that her speedy marriage to Claudius is incestuous. During the conversation, Hamlet discovers a spy and kills him. Unfortunately, it is Polonius, the senior advisor to King Claudius. When Claudius learns this, he orders Hamlet to go to England. He also orders two of Hamlet's childhood friends (Rosencrantz and Guildenstern) to accompany him and watch him closely.

During the trip, Hamlet discovers that his companions are carrying a request from Claudius to the King of England to kill him as soon as he arrives. Hamlet forges a new letter that requests the English king execute his companions instead. Shortly after this, Hamlet escapes from the ship that is taking him to England and he returns to Denmark. He accepts a challenge of a fencing duel with Laertes, son of the late Polonius. During the duel, his mother, Gertrude, dies after drinking some poisoned wine provided by Claudius for Hamlet's refreshment. Laertes confesses to plotting with the king to kill Hamlet with either a poisoned sword or the poisoned wine. Hamlet kills Claudius by stabbing him with the poisoned sword and making him drink some of the poisoned wine. However, Hamlet and Laertes have been wounded by the poisoned sword and they both die. As he dies, Hamlet prevents his friend, Horatio, from committing suicide with the poisoned wine. He tells him to tell the truth about everything to everyone. Fortinbras arrives as Hamlet is dying and Hamlet endorses the claim of Prince Fortinbras for the throne of Denmark.

★ Claudius

Claudius is the King of Denmark. He became king after he murdered King Hamlet (Hamlet's father) by pouring poison in his ear. Within two months of King Hamlet's death, Claudius married Gertrude, widow of King Hamlet and Hamlet's mother. He tries hard to be accepted by Hamlet. However, he is not successful because Hamlet is suspicious that Claudius is responsible for the murder of his father. Claudius realizes Hamlet is certain he murdered King Hamlet after watching a play called *The Murder of Gonzago*. It has a plot similar to the murder of King Hamlet. When Hamlet kills the chief advisor to Claudius, Polonius, for spying on him, Claudius realizes he must get rid of Hamlet quickly. He rejects punishing Hamlet himself because of his love for Gertrude and because the general population idolizes him. Instead, he arranges for Hamlet to be sent to England immediately accompanied by two childhood friends, Rosencrantz and Guildenstern. They have been instructed to watch Hamlet closely and deliver a letter to the King of England. The letter requests that the English king execute Hamlet immediately. When Hamlet escapes and returns, Claudius arranges a fencing duel between him and Laertes, son of Polonius. Claudius and Laertes plot to kill Hamlet with a poisoned sword or with poisoned wine. During the duel, Hamlet discovers the truth about the plot and kills Claudius by first stabbing him with the poisoned sword and then forcing him to drink some poisoned wine.

★ Gertrude

Gertrude is the widow of King Hamlet, the current wife of King Claudius and the mother of Hamlet. Hamlet is very critical of her quick marriage to Claudius after the death of her husband. She tries several times to establish a good relationship with him but fails. She and Claudius watch a play called *Murder of Gonzago* that has a plot similar to how Claudius murdered her husband. Both get very upset. During an angry conversation with Hamlet later that evening, she learns that Hamlet believes Claudius murdered her husband. Also during that conversation, Hamlet discovers a spy and kills him. Later it is discovered that he has killed Polonius, the chief advisor to Claudius. Gertrude is present at the duel between Hamlet and Laertes. When Hamlet seems to be winning she drinks a toast to his success from the poisoned wine provided by Claudius for Hamlet. She dies.

★ Polonius

Polonius is the senior advisor (chamberlain) to King Claudius and the father of Ophelia and Laertes. He is a fussy old man who loves to talk and meddle. At one point in the play, the audience watches as he bids good-bye to a servant who is going to Paris to visit Laertes. The servant has letters and money for Laertes and Polonius also wants him to spy on Laertes to see that he is behaving honorably. He is concerned that Laertes might bring dishonor to the family name. The instructions for the servant are long and tedious and somewhat amusing in their excessive detail. When Hamlet starts to act strangely, Polonius is convinced that it is because he is madly in love with Ophelia. In a scene with Ophelia, he forbids her to see Hamlet again and asks her to be careful not to bring dishonor on the family name or herself by acting immorally. After watching the play called *The Murder of Gonzago*, he offers to spy on Hamlet and Gertrude. He is discovered and accidentally killed by Hamlet.

★ Ophelia

Ophelia is the daughter of Polonius and sister of Laertes. She is an obedient young adult who seems willing to obey both Polonius and Laertes when they give her advice about love and morality. She has been courted by Hamlet and is in love with him.

However, Hamlet treats her very poorly as he pretends to be mad. He insults her and women in general. He tells her he never loved her either. When Hamlet kills her father, Ophelia goes mad. She visits Claudius and Gertrude and sings and talks foolishly. She gives them flowers and herbs that symbolize Gertrude's adultery and Claudius' need for repentance. Laertes sees her like this and is shocked. Shortly after that, she is drowned. (She fell into the water after climbing a willow tree to hang a garland of flowers on a branch.) She is buried after a very small funeral. Although the church was suspicious that her death was suicide she is buried in the church cemetery on the orders of King Claudius.

★ Laertes

Laertes is the son of Polonius and brother of Ophelia. At the beginning of the play, he is in Denmark to attend the funeral of King Hamlet and the wedding of Gertrude and Claudius. He asks the king for permission to return to Paris to his studies and his request is granted. Before he leaves, he gives his sister some advice about love and moral behavior. He also receives some lengthy and tedious advice from Polonius. He leaves for Paris but returns after the death of Polonius. He is seeking revenge and accuses Claudius. However, Claudius is able to convince Laertes that Hamlet is to blame. When he sees that Ophelia is mad, he blames Hamlet for that too. At Ophelia's small funeral, he is very distraught. When Hamlet appears and claims to love Ophelia, Laertes angrily fights with him. Later, he and Claudius plan to kill Hamlet. They arrange a duel with swords between Hamlet and Laertes. Claudius provides a sharpened sword and Laertes poisons the tip. During the duel, both Hamlet and he are wounded by the poisoned sword. He realizes he is dying and confesses to the plot. Laertes begs Hamlet for forgiveness and he gives it.

★ Horatio

Horatio is a trusted friend of Hamlet. Hamlet tells him of the plan to show a play that is similar to the way King Hamlet was murdered. Horatio and Hamlet both watch King Claudius' reaction to see if he appears guilty of murdering King Hamlet. From Claudius' angry reaction to the play, both are convinced Claudius is guilty of murder. Shortly after the play, Hamlet is sent to England. He escapes before he gets there and sends a letter to Horatio by some sailors. Hamlet asks that Horatio help the sailors deliver letters to Claudius and Gertrude. Then he requests that they meet. After they meet, he tells Horatio that Claudius had sent a request to the King of England to kill him as soon as he arrived in England. Later, when Hamlet accepts a challenge to a duel with Laertes, Horatio tries to persuade him to refuse. Hamlet decides to fight the duel and is wounded by Laertes who is using a sword with a poisoned tip. Horatio tries to commit suicide but Hamlet stops him. Hamlet challenges him to live and tell the truth about Claudius to everyone.

★ Rosencrantz and Guildenstern

They are Hamlet's childhood friends who have been hired by King Claudius to try to find out why Hamlet is behaving so strangely. They are not very adept in spying on Hamlet and he quickly realizes what they are trying to do. Later, when Hamlet kills

Polonius, Claudius sends them both to bring Hamlet and the body of Polonius to him. They are not very successful in learning where Hamlet put the body until Hamlet tells the king. Later, when Hamlet is ordered to England, Claudius also orders them to accompany him and watch over him closely. During the trip, Hamlet discovers they are carrying a letter for the King of England that requests that Hamlet be executed immediately. Hamlet forges a substitute letter that asks the English king to kill Rosencrantz and Guildenstern. At the end of the play, the audience learns that they have been executed.

★ Prince Fortinbras of Norway

At the beginning of the play, it is reported that he is planning to attack Denmark to avenge the death of his father, King Fortinbras, in a battle with the late King Hamlet of Denmark. King Claudius writes to the uncle of Fortinbras and the uncle persuades Fortinbras to attack Poland instead. As Hamlet is going to England, he meets Fortinbras' army as it awaits permission to cross Denmark to Poland. After the duel when Gertrude, Claudius, Laertes and Hamlet die, Fortinbras appears after a successful campaign in Poland. When he sees that the entire royal family of Denmark is dead, he indicates that he has some claim on the throne. (Just before he died, Hamlet had recommended to Horatio that Fortinbras be the next King of Denmark). Fortinbras says he will help Horatio give appropriate honors to Hamlet.

★ Marcellus and Bernardo

They are guards on the walls of the castle at the beginning of the play. They are the first to see the ghost and they invite Horatio to see it too.

★ Voltemand and Cornelius

They are messengers sent by King Claudius of Denmark to take a message to the ruler of Norway, the aging and sick uncle of Prince Fortinbras. The message will tell the Norwegian ruler that Fortinbras is plotting to send an army to attack Denmark. King Claudius requests that these plans be stopped.

★ Francisco

He is a guard on the walls of the castle. He is relieved at midnight by Bernardo, Marcellus and Horatio on the night that Horatio first sees the ghost.

★ Reynaldo

He is a servant to Polonius. He is sent to Paris by Polonius to deliver money and letters to Laertes, the son of Polonius. He is also instructed (in a very verbose and tedious way) to spy on Laertes.

★ A captain in the army of Fortinbras

He is instructed by Fortinbras to go to King Claudius with a respectful request to allow him to march his army across Denmark to Poland. He also meets Hamlet and tells him that he and the other troops belong to Prince Fortinbras.

★ Osric

He is a foolish and vain messenger from King Claudius to Hamlet. He tells Hamlet of the proposed duel between Hamlet and Laertes. Evidently, Claudius has bet that Hamlet will win and says that the duel can be staged at any time. Hamlet tells him to tell the king that he is ready now.

★ Actors of the Play *The Murder of Gonzago*

These are former friends of Hamlet. They appear at the castle one day and are invited by Hamlet to put on a play for everyone's entertainment. The lead actor gives a demonstration of their ability and Hamlet requests that they present *The Murder of Gonzago* later that evening. The lead actor agrees to include about a dozen extra lines. They put on the play but it is interrupted by King Claudius' angry exit.

★ Gravediggers

They are digging a grave for Ophelia. They debate why Ophelia should be buried in the church yard when there is some suspicion that she committed suicide. They joke and tell riddles to each other. In a conversation with Hamlet, the audience learns that bodies usually take about seven to nine years to rot completely. Hamlet is given a skull by one of the gravediggers. It is the skull of Yorick, a jester in the court of the late King Hamlet and a companion of Hamlet when he was very young.

★ A Priest

He is the only priest to attend and conduct the small funeral of Ophelia. When Laertes complains that the funeral was very small, the priest tells him that the church is suspicious that Ophelia committed suicide. Thus no more prayers or ceremony can be performed. The priest expresses disapproval that Claudius ordered that Ophelia should be buried within the church cemetery. Evidently all people who commit suicide are considered to have too much sin on their soul and thus they must be buried outside the sacred area around the church.

★ The English Ambassador

He arrives at the end of the final scene. He mentions that Rosencrantz and Guildenstern were executed as requested. Horatio tells him that the request did not come from King Claudius.

★ Sailors

They meet Horatio with a letter from Hamlet who has escaped before he got to England. The letter from Hamlet instructs Horatio to help the sailors deliver several letters to Claudius and Gertrude. It also says that the sailors will guide Horatio to a meeting with Hamlet.

Themes

Note: Many scholars have presented many themes for the play of *Hamlet* by William Shakespeare. Here are three.

1. The Consequences of Procrastination

Procrastination, the inability of someone to make up one's mind to act, is a universal problem. In this play, it is a major theme. Many scholars have written that Hamlet's greatest weakness was his inability to act decisively.

Hamlet is confronted with serious situations that do not seem completely clear to him. This confronts all of us in our daily lives when making decisions. However, is quick action to some problem always the best choice? In general, society believes that mature actions result from good information and that immaturity is characterized (in part) by rash, impulsive decisions based on inaccurate or incomplete information. This play forces Hamlet to face situations in which he can not be sure that what he learns is accurate.

At the beginning of the play, Hamlet meets a ghost alleging to be his dead father's spirit which wants Hamlet to avenge his murder at the hands of his brother, Claudius, the current King of Denmark. The main focus from then on is about Hamlet trying to find the right moment to avenge his father's alleged murder. However, being a cautious person, Hamlet can not be sure if the ghost is really his dead father's spirit or just a devil causing trouble. (It was commonly believed in the time of Shakespeare that ghosts could sometimes be really what they claimed. They could also be evil spirits sent by the devil to cause trouble). Secondly, could the information about Claudius murdering King Hamlet be true? Hamlet chooses to wait for more proof.

When he sees the angry reaction by Claudius to the play that stages a murder of a king by his brother in the manner the ghost described, Hamlet believes he has proof that the ghost and its information is real. Shortly after that he has the chance to kill Claudius but again hesitates when he sees Claudius at prayer. Hamlet is afraid that he will be sending Claudius straight to heaven if he kills him now. Hamlet wishes a much worse punishment for Claudius. (Ironically, Claudius is eventually killed by Hamlet, but not for the murder of Hamlet's father.)

This theme explores the concept of procrastination due to incomplete information. How much information is needed before one can act with certainty? Whether Hamlet was being wise and cautious or foolish and afraid to act decisively is a matter for endless debate between students who study this play.

2. Death and its Mystery

The theme of death and its meaning is prominent throughout this play. Hamlet is confronted with it when he returns to Denmark for the funeral of his father. Soon after, he meets another aspect of death in the form of the ghost of his father. He speculates on the nature of death and where we go when we die.

The scene in the grave yard leads to some philosophizing by Horatio and Hamlet as they watch the gravediggers exhume bones. Hamlet is given the skull of a childhood companion he knew and loved well.

The reality that we all die and that our bodies end up in the same form seems to contrast with what role (great or small, good or evil) that people play in life.

Where we go when we die is discussed and the currently held religious beliefs about where we go when we die are exposed by the characters in the play. The belief that sins must be forgiven just before death in order for the soul to go to heaven is mentioned several times. The ghost mentions that King Hamlet died with sins on his soul. Thus the ghost must spend time being washed by the flames of purgatory before being clean enough to go to heaven. It is also mentioned that suicide is a very great sin and that people who die that way can not be buried in the sacred ground of a church cemetery and will certainly go to hell. The only priest at the small funeral service for Ophelia expresses his (and the church's) suspicions about Ophelia's death (suicide or not?) as well as his (and the church's) reservations about how appropriate it is for her to be buried in the church yard.

3. The Connection between the Health of a Country and Corruption of the Ruler

The presence of the ghost gives the audience the first connection between these two situations. Since it resembles the form of dead King Hamlet, the previous king, it seems to imply that something is wrong in the kingdom. Marcellus speculates that something is "rotten in the state of Denmark".

The action of King Claudius by marrying his sister-in-law within two months of her widowhood is mentioned several times as being immoral. Hamlet is repulsed by the marriage. The later revelation that King Claudius might be guilty of murder causes Hamlet to reject his legitimacy as a ruler. Claudius is compared unfavorably with the memory of the late King Hamlet. Besides King Hamlet's glowing personal qualities, he saved Denmark from domination by Norway in the defeat and death of King Fortinbras in a battle in the recent past. Under King Hamlet's rule, Denmark was a healthy kingdom. Under the rule of the immoral and evil King Claudius, the kingdom is diseased.

The future looks promising for Denmark after Queen Gertrude dies and King Claudius is killed. The evil and immorality of their rule has now been terminated. Prince Fortinbras arrives (off stage) at the final moment and is endorsed by the dying Hamlet as a possible successor to replace King Claudius. A new and healthy age dawns for the Kingdom of Denmark.

Motifs

A "motif" can be described as a literary device or structure that helps develop a major theme in a work of literature.

1. Sexual Desire and Incest

References to incest are mentioned or alluded to often in this play. Incest can be described as sexual intimacy between people who are closely related by blood, i.e. brother and sister, et al. Some denominations of the Christian church consider that people who marry become similarly closely related. Thus sex between people who are "in-laws" is considered to be incestuous.

Incest is mentioned from the beginning in the relationship between Gertrude (Hamlet's mother) and Claudius (Hamlet's uncle). Hamlet is shocked that they married so quickly after the death of her husband and he is repulsed by their relationship, which he considers incestuous. He makes numerous negative references to it, both to himself and to his mother.

Hamlet's preoccupation with Gertrude's sex life seems improper. He is graphic in speaking of her behavior. The imagery of his words implies that he has been vividly imagining her and Claudius together and that perhaps he is a bit too preoccupied with their relationship. He strongly demands that she leave the immoral pleasures of sleeping with her brother-in-law.

Incest is also alluded to in the conversations between Laertes and his sister. His suggestive sexual comments to her could indicate that he may regard her inappropriately. His dramatic leap into her grave to hold her once more appears excessive and even disgusting.

2. The Hatred of Women (Misogyny)

Misogyny plays a strong role in this play. Hamlet is the chief portrayer of this kind of behavior but Polonius is also guilty. The actions and comments of each reveal their disdain for women and their characters.

This is first noticed when Hamlet reveals just how repulsed he is at the quick marriage of his mother, Gertrude, to Claudius, his uncle. He believes that uncontrolled lust and weak self control in general were the reasons for such a hasty marriage. He criticizes his mother harshly, both in his soliloquies and to her face.

This cynicism toward women seems to influence Hamlet's actions and words to Ophelia. In a dramatically cruel and sexual way, he insults her character. He says there is no more useful place for her to be than in a convent (nunnery) where women are shielded from the cares and concerns of the world.

Polonius, the fussy and meddlesome old father of Ophelia seems to share a lot of Hamlet's poor opinion of the character of women. In two scenes where he and Ophelia converse at length, he focuses on the dangers of her yielding to her emotions over Hamlet. He seems to feel that women are prone to be overly emotional about love and thus are weak in resisting sexual temptations. His advice and comments are insulting to her ability to make good choices for herself.

3. Foreshadowing

Foreshadowing is a clever literary device used often by authors to provide suspense for the action of the story. It ensures that the audience remains engaged (connected to) with the story by giving them hints so they will speculate about what is going to happen later. In *Hamlet* by William Shakespeare, "foreshadowing" is used in several places. Here are three examples.

In Hamlet's soliloquy at the end of Act I Scene 2 Hamlet speculates why the ghost (that resembles his father) has appeared. He is suspicious that "foul play" is involved somehow. Later, in Act I Scene 4, Marcellus utters the famous line, *Something is rotten in the state of Denmark*. Both of these foreshadow the surprising revelations that King Hamlet was murdered (not killed by a snake) and that King Claudius is responsible. Later, near the end of the play, Hamlet holds the skull of Yorick, a jester at the court of his late father, King Hamlet when Hamlet was young. Yorick had been his friend. The skull can be considered symbolic of what we all become in death but it can also be considered to foreshadow death. In this case, Yorick was a member of the royal court. In the last scene, all the royal family (Hamlet, Claudius and Gertrude) die.

Symbols

1. Flowers and Herbs

Flowers and herbs are powerfully symbolic of unspoken meanings. Bouquets can be created with plants to convey specific messages. There are several situations in this play where a character is saying something about or a situation is enhanced by the presence of specific plants.

Ophelia distributes certain plants to people in her scene of madness after the death of her father. Rosemary is for remembrance and pansies are for thoughts. She gives fennel and columbine to symbolize adultery and rue to symbolize either repentance (or the need for it) or sorrow. A daisy is mentioned, perhaps for herself. It symbolizes forsaken or unhappy love, probably hers for Hamlet. It can also symbolize innocence. She has some violets (symbolic of faithfulness) that died when her father died. They are probably symbolic of the faithful service given to King Claudius by Polonius, her father.

Ophelia dies while trying to attach a garland to a willow tree. Again, the plants are used as symbols. The willow is symbolic of unhappiness and grief. Ophelia was experiencing both those emotions over the loss of Hamlet's love and the death of her father. The garland contains more daisies symbolizing innocence or unhappy love. The "long purple" flower (possibly an orchid – see an essay on the symbolism of Ophelia's garland at http://blueslushy.com/lauren/hamlet.pdf) seems to have a sexual symbolic reference due to its shape. The nettles are an old heraldic symbol meaning "death to foes" or "bad luck." One source indicates thistles instead of nettles were part of the garland. Thistles have several symbolic meanings. One appropriate for this scene is suffering. Sometimes the thistle is considered as a thorny bush and is often portrayed as the source of Christ's crown of thorns. Crowflowers (also called "buttercup" or "crowfoot") are pretty but poisonous. Thus the symbolism here could be for Ophelia (who is beautiful) who has been poisoned by her unrequited love for Hamlet. Crowfoot is also associated with ingratitude. Possibly this symbolism could be Ophelia drowning herself because of ingratitude for a life which has become full of pain.

2. Bones, Skulls and Ghosts

These are all symbolic of death.

See comments made about "Death and its Mystery" under "Major Themes".

3. *The Murder of Gonzago*

This was symbolic of the way Claudius murdered King Hamlet, according to the ghost. Claudius' sense of guilt causes him to panic and he leaves the performance in anger.

4. The Weeping Brook

This is symbolic of grief.

저자에 대하여

윌리엄 셰익스피어

- 윌리엄 셰익스피어는 영국 문학의 대가 중 한 사람이지만 그의 삶의 많은 부분들에 대해서는 거의 알려진 바가 없다. 그에 대한 이야기들은 모순되거나 추측에 의해 쓰인 것들이 많다. 그는 스트랫퍼드 어폰 에이본에서 태어났다고 알려져 있지만 정확한 출생일은 알 수 없다. 1564년 4월 26일에 유아 세례를 받았다는 기록이 교회에 남아 있는데, 보통 태어난 후 며칠 이내에 세례를 받았던 관습에 의거해 4월 23일쯤 태어난 것이 아닐지 추측하고 있다.

▲ 사진출처 wikipedia
윌리엄 셰익스피어

- 윌리엄 셰익스피어는 아버지인 존 셰익스피어와 어머니인 메리 아덴의 여덟 명(셋은 어릴 때 죽었다고 한다)의 아이 중 셋째로 태어났다. 상인으로 그리고 지역 정치인으로 성공한 아버지 덕분에 셰익스피어는 어린 시절에 좋은 명성을 얻고 있던 그 지역 '문법학교'에서 수준 높은 교육을 받은 것으로 보이며, 이곳에서 셰익스피어는 라틴어와 그리스어를 배웠을 것이다. 그가 받은 교육과 관련된 기록이 전혀 남아 있지 않기 때문에 어느 것도 확실하지는 않다.

- 1582년 11월 28일 윌리엄 셰익스피어는 앤 해서웨이와 결혼을 한다. 당시 그의 나이는 18살이었고 앤의 나이는 26살이었다고 한다(임신 중이었다는 기록이 있다). 윌리엄 셰익스피어는 앤 웨틀리라는 여성과 결혼하기를 원했지만 앤 해서웨이의 임신으로 원치 않는 결혼을 했을 거라는 추측도 있기는 하다. 교회의 여러 서류들에 '앤'의 성이 다르게 기입되어 있기는 하지만, 기입할 때 생긴 철자 오류일 뿐 '앤'이라고 불리는 여인은 한 명일 것으로 생각된다.

- 윌리엄과 앤 사이에서는 3명의 자녀가 태어난다. 1583년 5월 26일 '수잔나'라는 딸이 태어나고, 1585년 2월 2일 햄넷과 주디스라는 쌍둥이가 태어난다. 하지만 햄넷은 11살 때인 1596년 8월 11일에 죽고 만다.

- 1585년부터 1592년까지는 '잃어버린 시간'이라고 불리는데, 이 기간 동안 그의 행적과 관련된 기록이 제대로 남아 있지 않기 때문이다. 이

시기를 놓고 아주 많은 추측들이 나왔는데, 토마스 루시 경의 사유지에 들어가 사냥한 것에 대한 처벌을 피하기 위해 고향을 황급히 떠났을 거라는 이야기가 그 중 하나이다. 또 다른 추측으로는 1588년경 극장 일을 하기 위해 런던으로 떠났다는 이야기도 있다. 결혼 이후 그의 삶의 행적이 나와 있는 문건으로는 런던의 유명한 극작가였던 로버트 그린(1558~1592)이 셰익스피어의 문학적 재능에 대해 매우 신랄하게 공격한 글을 들 수 있다. 거기에는 윌리엄 셰익스피어의 연기력과 작품이 대중의 사랑을 받아 자신의 질투를 샀다고 나온다.

- 런던의 극 문화에 있어 윌리엄 셰익스피어의 영향력은 급속히 커져간다. 그가 언제 처음으로 작품을 쓰고 연기를 했는지는 확실히 알 수 없다. 아마 '잃어버린 시간'이라고 불리는 기간 중에 극단에 가입하지 않았을까 한다. 그리고 1610년(혹은 1611년)에 쥐었던 문학의 펜을 놓을 때까지 38편의 극작품, 4편의 시, 154편의 소네트를 완성한다. 그 기간 동안 그는 일반 대중은 물론 엘리자베스 1세(1533~1603)와 제임스 1세(스코틀랜드의 제임스 4세이기도 함, 1566~1625)를 위해 공연을 했던 여러 극단에 소속되었던 것은 물론 글로브 극장과 블랙프라이어 극장의 주주가 되기도 한다. 은퇴 후에는 고향인 스트랫퍼드 어폰 에이본으로 돌아와 1616년 4월 23일에 생을 마감한다. 이틀 후인 1616년 4월 25일에 그의 시신은 스트랫퍼드의 홀리 트리니티 교회에 묻힌다.

「햄릿」의 역사적 배경

셰익스피어는 여러 이야기에서 「햄릿」의 스토리를 따왔을 것이다. 아우가 왕인 형을 죽이고 왕위에 올라 형수를 자기의 부인으로 삼는다는 이야기는 세계 여러 나라에서 전해지고 있다. 그리고 그 이야기에는 왕의 아들이 나와 아버지의 복수를 계획한다.

셰익스피어 「햄릿」의 원형이 된 작품은 1185년경, 삭소 그라마티쿠스(Saxo Grammaticus)가 집필한 「게스타 다노룸(Gesta Danorum, 덴마크의 사적(事績)에 나오는 덴마크 영웅들에 바탕을 둔 고대 사가(saga))」이라고 추측된다. 다음에 나오는 이야기는 「게스타 다노룸」에 실린 이야기로 셰익스피어의 「햄릿」과 매우 유사한 구조를 가지고 있음을 알 수 있다.

▶ 자료 출처: wikipedia
삭소 그라마티쿠스

이 이야기는 덴마크의 왕, 호르웬딜(Horwendil)의 이야기로 그는 로릭(Rorik)의 딸 구루싸(Gurutha)와 결혼한다. 그러던 어느 날 호르웬딜은 아우인 펭(Feng)에게 살해 된다. 펭은 덴마크의 왕위를 가로챈 후, 형수인 구루싸를 자신의 아내로 삼는다. (사가(saga)에는 연약하고 사랑스러운 여인 구루싸를 폭력적인 남편인 호르웬딜로부터 구해냈다는 말을 하며 펭은 자신의 행위를 정당화시키고 있다. 법정에서 이러한 주장을 펼침으로써 그는 어떠한 처벌도 받지 않게 된다.)

호르웬딜과 구루싸에게는 암레트(Amlet)라는 아들이 있었는데, 암레트는 아버지가 살해 당한 것에 대해 복수할 것을 맹세하지만 암레트에게는 이를 실행할 힘이 없다. 암레트가 일을 꾸밀 것이라고 펭이 의심하기 시작하자, 암레트는 우둔하고 다소 실성한 척 연기를 한다. 자신은 위협적인 존재가 되지 않는다는 것을 여러 사람에게 보여주기는 했지만, 여전히 그를 의심하는 이들이 있었다. 펭은 암레트를 해치우기 위해 함정들을 준비하지만, 암레트는 이를 잘 피해 나간다. 그러던 어느 날 펭의 신하 중 한 명이 암레트와 구루싸의 대화를 엿들어 보자고 제안한다. 왕은 이를 허락하고, 그 신하는 구루싸의 방에 숨는다. 그러나 암레트는 그를 발견하고 죽인다(사가에서는 첩자의 시신을 돼지에게 먹였다고 나온다).

펭은 계속해서 암레트를 의심하지만 구루싸와 로릭 때문에 암레트를 죽이는 일이 쉽지 않자, 암레트의 두 친구를 동행시켜 그를 영국으로 보낸다. 그 두 친구는 암레트를 죽여 달라는 내용이 들어 있는 영국의 왕에게 보내는 펭의 편지를 가지고 있다. 그러나 영국으로 가는 여정 중 암레트는 친구들의 배신을 의심하기 시작하고 그들의 짐을 뒤져 편지를 발견한다. 암레트는 대신, 두 친구를 죽여 달라는 내용이 담긴 새로운 편지를 위조한다.

사가(saga)에서는 암레트가 영국에서 모험을 하던 중 영국 왕의 총애를 받게 되어 영국의 공주와 결혼하는 것으로 나온다. 암레트의 두 친구는 결국 영국 왕에 의해 죽고, 암레트는 마침내 덴마크로 돌아와 펭을 죽인다고 나온다.

이러한 점에서 사가(saga)는 셰익스피어의 이야기와 꼭 닮지는 않다. 하지만 주인공들은 덴마크의 역사를 다룬 삭소의 사가에 나오는 등장인물들과 꼭 닮았다는 것을 알 수 있다.

셰익스피어의 「햄릿」에 대한 또 다른 이야기의 원형으로 12년 정도 앞서 발표된 토머스 키드(Thomas Kyd)의 「원(原) 햄릿, (Ur-Hamlet)」이라는 작품이 있다. 그의 작품에 대한 언급들이 많이 나오기는 하지만, 아쉽게도 그 책은 남아 있지 않다. 이야기 중에 유령이 등장하는데, 덴마크의 사가(saga)에서는 유령이 등장하지 않으므로 셰익스피어 작품에 등장하는 유령은 여기에서 착안한 것일 수도 있다.

다음에 제시하는 사이트에서 자료들을 찾을 수 있다. 풍부한 자료들이 제시되어 있으니 참고하기 바란다.

1. http://www.pitt.edu/~dash/amleth.html
2. http://en.wikipedia.org/wiki/Hamlet

General Information

★ 전체 줄거리

무대가 열리면 자정을 알리는 소리와 함께 성벽 위에서 세 명의 친구가 보초를 서고 있다. 버나도와 마셀러스는 호레이쇼를 불러 두 번이나 모습을 드러낸 유령을 기다리자고 한다. 잠시 후 유령이 나타나지만 유령은 아무 말 없이 사라진다. 유령이 덴마크의 선왕, 햄릿 왕의 모습과 비슷하게 보여 그의 아들인 햄릿 왕자를 불러오기로 한다.

제2장이 시작되면 햄릿 왕의 동생 클라우디우스가 소개된다. 그의 왕비는 거트루드로 그녀는 선왕의 부인이기도 했다. 그들은 햄릿 왕이 죽은 지 두 달이 지나지 않아 결혼을 했다. 선왕의 아들인 햄릿은 왕실 회합에 참석하고 있다. 그는 아버지의 장례식과 어머니의 결혼식 일로 덴마크에 머무르고 있다. 그는 아버지의 죽음으로 기분이 좋지 않은 데다가 어머니의 재혼으로 인해 심기가 불편하다. 클라우디우스 왕은 재빨리 두 가지 사안을 처리한다. 첫째, 노르웨이로 두 명의 사신을 보내 노르웨이의 현왕에게 덴마크를 침공하려는 포틴브라스 왕자의 계획을 막아 달라는 청을 하는 것과 둘째, 폴로니우스(왕의 재상)의 아들 래어티스가 다시 프랑스로 돌아가는 것을 허락하는 것이다. 마지막으로 거트루드와 함께 햄릿에게 아버지의 죽음을 이제 그만 슬퍼하라고 한다. 거트루드는 햄릿에게 덴마크에 머물라고 하고 햄릿은 독백을 통해 불행한 자신의 삶에 대한 이야기를 한다.

호레이쇼, 마셀러스, 버나도는 햄릿에게 유령을 보러 가자고 하고, 햄릿은 그날 밤 그곳으로 간다. 햄릿은 유령을 보자 말을 건다. 유령은 자신을 햄릿의 죽은 아버지라고 밝히면서 클라우디우스가 자신을 독살했을 뿐 아니라 왕비까지 유혹했다는 말을 한다. 유령은 클라우디우스에게 복수하라고 하지만 거트루드는 다치지 않게 해달라고 한다. 햄릿은 복수를 맹세하기는 하지만, 여전히 유령의 존재에 대해서는 의심을 갖는다. 그는 클라우디우스의 죄를 밝혀낼 증거를 확보하고 싶어 한다. 햄릿은 진실을 밝히려는 자신을 감추기 위해 미친 척하기로 한다. 그리고 친구들에게 유령에 대해서도, 앞으로 자신이 보일 이상한 행동에 대해서도 함구하도록 맹세를 강요한다.

래어티스는 여동생, 오필리아에게 햄릿은 구혼자로 적절치 않다는 충고를 한다. 폴로니우스는 래어티스에게 어떻게 살아야 하는지에 대한 일장연설을 한다. 그리고 오필리아에게는 햄릿에 대한 그녀의 감정을 무시하면서 앞으로 햄릿을 만나지 말라고 한다.

햄릿의 행동은 이상해지고 클라우디우스와 거트루드는 그를 걱정하기 시작한다. 그들은 햄릿의 어릴 적 친구인 로젠크란츠와 길덴스턴에게 햄릿을 감시하라고 하지만 그들의 행동은 어설펐고, 햄릿은 클라우디우스가 보낸 스파이라는 걸 눈치 챈다. 폴로니우스는 햄릿이 실성한 이유를 오필리아와의 어긋난 사랑 때문이라고 주장한다. 그리고 햄릿과 오필리아를 만나게 한 후 클라우디우스와 함께 그들의 대화를 엿듣는다. 햄릿은 오필리아를 매우 무례하게 대하고 폴로니우스는 계속 자신의 생각이 맞다고 주장하지만, 클라우디우스는 그의 생각을 받아들이지 않는다.

유랑 극단이 왕궁을 방문하고, 햄릿은 그들에게 「곤자고의 암살」이라는 연극을 해달라고 요청한다. 그리고 햄릿은 자신이 만든 대사를 연극에 넣는다. 그 극의 줄거리는 유령이 말한 아버지의 죽음과 유사한 내용이다. 햄릿과 호레이쇼는 클라우디우스가 연극을 보던 중 매우 화를 내며 나가는 모습을 지켜본다. 그들은 클라우디우스가 죄의식을 드러낸 것이라고 믿는다.

햄릿의 어머니는 햄릿에게 이야기를 나누자고 한다. 어머니에게 가는 도중, 햄릿은 클라우디우스가 기도하는 것을 보게 된다. 햄릿은 기도를 통해 클라우디우스가 지옥이 아닌 천국으로 가게 되는 것이 두려워 그를 죽이지 않는다.

햄릿은 어머니를 만나 독설을 늘어놓고 왕비는 매우 놀라 도와달라고 소리를 지른다. 커튼 뒤에서 그들의 대화를 엿듣던 폴로니우스도 소리를 지르고 햄릿은 커튼을 향해 칼을 내리꽂는다. 자신이 죽인 이가 폴로니우스라는 걸 알게 되자, 햄릿은 좀 더 높은 분(클라우디우스)이길 바랐다는 말과 함께 폴로니우스는 죽어도 마땅하다는 말을 한다. 햄릿이 계속 거트루드를 비난하자 유령이 나타나고, 햄릿이 아직도 복수를 시작하지 않은 것과 거트루드에게는 상처 주지 말라고 한 것을 상기시킨다. 햄릿은 왕비에게 클라우디우스가 아버지를 독살한 것이라고 말하며 클라우디우스와 거트루드의 관계는 근친상간이라 몰아댄다.

클라우디우스는 햄릿이 준비한 연극과 폴로니우스의 죽음으로 화가 나서 햄릿을 로젠크란츠, 길덴스턴과 함께 영국으로 보낸다. 영국으로 떠나는 배에 오르기 전, 폴란드 침공을 위해 클라우디우스로부터 덴마크 영토 횡단 허락을 기다리고 있는 포틴브라스 왕자의 군대를 만난다. 항해 중, 햄릿은 자신을 죽여 달라는 내용의 클라우디우스가 영국의 왕에게 보내는 편지를 발견한다. 햄릿은 그 편지를 가로챈 후 로젠크란츠와 길덴스턴을 죽여달라는 내용의 가짜 서신을 만든다. 그 후 햄릿은 배에서 탈출해 덴마크로 돌아온다.

오필리아는 아버지를 잃은 슬픔과 깨져버린 햄릿과의 사랑으로 실성하고 만다. 래어티스는 파리에서 돌아와 복수를 계획한다. 오필리아는 물에 빠져 죽고 그녀의 장례는 간략하게 치러진다. 래어티스와 클라우디우스는 검술 대결을 벌여 햄릿을 죽이기로 계획한다. 래어티스는 칼끝에 독을 묻히기로 하고, 클라우디우스는 햄릿에게 독이 든 술을 마시게 하려 한다. 검투 시합 중, 거트루드가 햄릿의 승리를 위해 독이 든 술로 건배를 한다. 래어티스가 햄릿을 찌른 후, 그들의 칼은 우연히 뒤바뀌고 햄릿은 바뀐 칼로 래어티스를 찌른다. 거트루드는 숨을 거두고, 래어티스는 클라우디우스와 함께 세운 계략을 고백한다. 햄릿은 클라우디우스를 죽인다. 래어티스도 죽는다. 호레이쇼가 독이 든 술을 마시고 함께 죽으려 하자, 햄릿이 그를 말리며 살아서 이 모든 사실을 세상에 밝혀달라고 부탁한다. 포틴브라스가 왕궁에 도착한다. 햄릿은 포틴브라스를 덴마크의 왕으로 승인하고는 죽음을 맞이한다.

▼ 사진 출처 wikipedia
1990년 멜 깁슨이 주연한 "햄릿" 영화 포스터

General Information

★★ 등장인물 분석

Character Map

Supporting Characters

프란시스코	노르웨이 장군	포틴브라스
성의 보초병	전령	노르웨이 왕자

영국 사신	마셀러스	버나도
포틴브라스와 함께 도착함	유령을 봄	유령을 봄

Major Characters

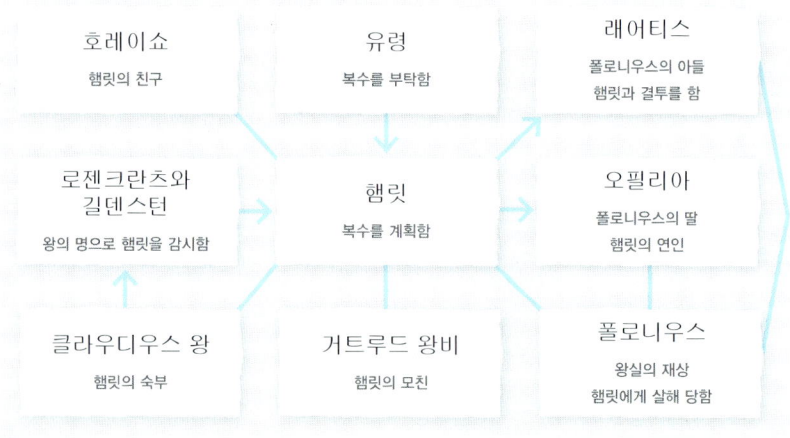

More Supporting Characters

볼티먼드와 코넬리우스	배우들	레이날도
노르웨이로 보내진 사신들	연극을 공연함	폴로니우스의 하인

사제	오즈릭	무덤 일꾼들
래어티스와 논쟁을 벌임	아첨꾼	오필리아의 묘지를 팜

★ 햄릿

햄릿은 선왕인 햄릿 왕과 거트루드 왕비의 아들이다. 햄릿은 아버지의 장례식과 숙부인 클라우디우스와 어머니의 재혼으로 위텐베르그에서 덴마크로 돌아왔다. 햄릿은 아버지의 죽음을 매우 슬퍼하면서, 숙부와 너무 빨리 재혼하는 어머니로 인해 언짢아한다. 친해지려 하는 클라우디우스를 거부하면서 어머니에게도 매우 날카롭게 대한다. 어느 날 밤, 그의 아버지를 닮은 유령을 만난 햄릿은 유령으로부터, 자기가 아버지의 영혼이고 클라우디우스에게 독살당한 것이라는 말을 듣게 된다. 햄릿은 유령에게 복수를 해주겠다는 약속을 하지만, 유령이 진짜 자기 아버지인지 그리고 유령의 이야기가 사실인지를 의심스러워한다. 진실을 밝히기 위해 햄릿은 실성한 척 행동하며 만나는 모든 사람들 앞에서 이상한 행동을 하는데, 특히 연인 오필리아를 심하게 대한다.

유랑 극단 배우들이 왕실을 방문하자 햄릿은 「곤자고의 암살」이라는 연극을 보여달라고 한다. 그리고 자신이 쓴 12줄 정도의 대사를 연극에 넣어달라고 한다. 연극은 유령에게 들은 햄릿 왕의 독살 장면과 비슷한 내용이었다. 햄릿은 연극을 보는 도중 클라우디우스가 죄의식을 드러내길 바라고 있었는데, 클라우디우스는 연극을 보다 화를 내며 나가버린다. 거트루드 역시 화를 내며 햄릿과 심한 언쟁을 벌인다. 거트루드와 이야기를 나누던 중, 햄릿은 인기척을 느끼고 칼을 뽑아 숨어 있던 이를 죽인다. 불행히 그 첩자는 클라우디우스 왕의 재상, 폴로니우스였다. 이 소식을 듣게 된 클라우디우스는 햄릿을 영국으로 보내버린다. 그리고 햄릿의 어릴 적 친구 로젠크란츠와 길덴스턴을 함께 배에 태워 햄릿을 감시하라고 이른다.

영국으로의 항해 중, 햄릿은 친구들의 짐에서 클라우디우스 왕이 영국의 왕에게 보내는 편지를 발견한다. 햄릿이 도착하는 즉시 죽여달라는 내용이었다. 햄릿은 편지를 가로채 자기 대신 두 친구를 죽여달라는 가짜 편지를 만든다. 그리고 햄릿은 그 배를 바로 빠져나와 덴마크로 돌아온다. 햄릿은 폴로니우스의 아들인 래어티스와 검술 결투를 벌이기로 한다. 검술 결투 중 거트루드는 클라우디우스가 햄릿에게 먹이려고 만든 독주를 대신 마시고 죽게 된다. 래어티스는 클라우디우스와 함께 독이 묻은 칼과 독을 탄 술로 햄릿을 죽이려 한 계략을 고백한다. 햄릿은 독이 묻어 있는 칼로 클라우디우스를 찌르고 그의 입에 독이 든 술을 부어 넣는다. 하지만 햄릿과 래어티스 역시 독이 묻은 칼에 찔리고 둘 모두 목숨을 잃는다. 햄릿은 죽으면서, 독이 든 술을 마셔 죽으려는 친구인 호레이쇼를 말린다. 살아남아 이 모든 사실을 세상에 알려 달라고 부탁한다. 햄릿이 숨을 거둘 때 포틴브라스가 도착한다. 햄릿은 그를 덴마크의 새로운 왕으로 선언한다.

★ 클라우디우스

클라우디우스는 덴마크의 왕이다. 그는 햄릿 왕(햄릿의 아버지)의 귀에 독을 부어 죽인 후 왕위에 올랐다. 그리고 햄릿 왕이 죽은 지 두 달도 지나지 않아, 햄릿 왕의 미망인이며 햄릿의 어머니인 거트루드와 결혼을 한다. 햄릿과 잘 지내보려는 노력을 하지만 쉽지가 않다. 햄릿이 클라우디우스가 아버지를 죽였다고 의심하고 있기 때문이었다. 「곤자고의 암살」이라는 연극을 보고 난 뒤, 클라우디우스는 햄릿이 햄릿 왕의 암살에 대한 비밀을 알고 있다고 확신하게 된다. 연극의 내용은 햄릿 왕의 암살 장면과 비슷한 내용이었다. 햄릿이 클라우디우스의 재상, 폴로니우스를 첩자로 알고 죽이자, 클라우디우스는 햄릿을 빨리 없애버려야겠다고 마음먹는다. 하지만 햄릿에 대한 거트루드와 국민들의 사랑으로 햄릿에게 직접적인 벌을 내리지 못하고 대신 햄릿과 햄릿의 어린 시절 친구 로젠크란츠와 길덴스턴을 함께 배에 태워 영국으로 보낸다. 햄릿의 두 친구에게 햄릿을 감시하면서 영국의 왕에게 편지를 전달하라고 하는데 편지에는 햄릿이 영국에 도착하는 즉시 죽여달라는 내용이 들어 있다. 햄릿이 배에서 탈출하여 덴마크로 돌아오자, 클라우디우스는 래어티스(폴로니우스의 아들)와 햄릿의 검술 결투를 준비한다. 그리고 래어티스와 함께 독이 묻은 칼과 독을 탄 술로 햄릿을 없애버리려 한다. 경기 중 햄릿은 클라우디우스의 음모를 알게 되고 독이 묻은 칼로 그를 찌른 후 독을 탄 술을 마시게 하여 죽게 만든다.

★ 거트루드

거트루드는 죽은 햄릿 왕의 미망인이고, 현왕인 클라우디우스의 아내이면서 햄릿의 어머니이다. 햄릿은 아버지가 죽은 후 클라우디우스와 서둘러 재혼을 한 어머니를 매우 비난한다. 거트루드는 여러 번 햄릿과의 관계를 개선시키기 위한 노력을 하지만 실패한다. 거트루드와 클라우디우스는 햄릿 왕이 암살된 것과 비슷한 내용의 「곤자고의 암살」이라는 연극을 보게 되고 둘 모두는 기분이 매우 언짢아진다. 그날 저녁 햄릿과 심한 언쟁을 벌이던 중 거트루드는 햄릿이 클라우디우스를 햄릿 왕의 살해자로 믿고 있음을 알게 된다. 또한 햄릿은 대화 중에 인기척을 느끼고 숨어 있는 이를 칼로 찌른다. 햄릿이 죽인 자는 클라우디우스의 재상, 폴로니우스였다. 거트루드는 햄릿과 래어티스의 검술 결투에 참석한다. 햄릿이 이기고 있는 듯 보이자, 햄릿의 승리를 위해 건배를 하는데, 그 술잔에는 클라우디우스가 햄릿을 죽이기 위해 독을 탄 포도주가 들어 있다. 거트루드는 그 술을 마시고 죽게 된다.

★ 폴로니우스

폴로니우스는 클라우디우스의 재상이며 오필리아와 래어티스의 아버지이다. 그는 말 많고 참견하기를 좋아하는 까다로운 노인이다. 극 중, 관객들은 폴로니우스가 래어티스를 만나러 파리로 가는 하인과 작별 하는 것을 지켜보게 된다. 래어티스에게 줄 편지와 돈을 주면서, 래어티스가 영예롭게 행동하고 있는지를 살피고 오라는 것이다. 그는 래어티스가 가문에 흠이 될 행동을 하고 다니는지에 매우 신경을 쓰고 있다. 하인에게 내리는 지시는 아주 길고 세세할뿐 아니라 장황하기까지 하다. 햄릿의 행동이 이상해지자, 그가 오필리아와의 사랑 때문에 실성하게 된 것이라고 믿고 오필리아에게 햄릿을 다시는 만나지 말라며 부도덕적으로 행동해서 가문이나 그녀에게 불명예를 가져다주지 말라고 한다. 「곤자고의 암살」을 보고 난 뒤, 햄릿과 거트루드의 대화를 엿듣다 햄릿에게 들키게 되면서 죽음을 맞게 된다.

★ 오필리아

오필리아는 폴로니우스의 딸이면서 래어티스의 동생이다. 그녀는 순종적인 젊은 여성으로 폴로니우스와 래어티스가 사랑과 품성에 대한 조언을 하자 그 말을 잘 따르려고 한다. 햄릿의 구애를 받고 있으며 그녀 역시 햄릿을 사랑한다. 하지만 햄릿이 실성한 척 연기하면서 그녀에게 아주 비열하게 대하고 그녀와 여성을 놓고 모욕적인 말을 하며 자신은 오필리아를 사랑한 적이 없었다고 말한다. 햄릿이 그녀의 아버지를 죽이고 난 뒤 오필리아는 미쳐버리고, 클라우디우스와 거트루드를 찾아와 이상한 노래와 말들을 한다. 그녀는 거트루드에게는 '간음'을 상징하는, 클라우디우스에게는 '회개'를 상징하는 꽃과 풀을 나누어 준다. 래어티스는 동생의 실성한 모습을 보고는 충격을 받는다. 그 후, 오필리아는 화환을 만들어 버드나무 가지에 걸려고 하다 물에 빠져 죽는다. 매우 간략한 장례 절차를 따른 뒤 오필리아는 땅에 묻힌다. 교회에서는 그녀의 사인을 자살이라 의심하지만, 클라우디우스 왕의 명으로 교회 묘지에 묻힌다.

★ 래어티스

래어티스는 폴로니우스의 아들이면서 오필리아의 오빠이다. 이야기의 시작, 그는 햄릿 왕의 장례식과 거트루드와 클라우디우스의 결혼식을 보기 위해 덴마크에 머물고 있었다. 클라우디우스 왕에게 다시 파리로 돌아가 공부하고 싶다고 청하고 왕은 이를 허락해준다. 파리로 떠나기 전 동생인 오필리아를 만나 사랑과 덕성에 대한 조언을 해준다. 그리고 본인은 폴로니우스로부터 삶에 대한 일장연설을 듣는다. 파리로 떠난 후 아버지의 사망 소식을 듣고는 돌아온다. 아버지를 위해 복수를 하기로 하고 클라우디우스를 원수라고 생각한다. 그러나 클라우디우스는 래어티스를 설득하여 햄릿을 범인으로 만든다. 래어티스는 오필리아의 실성한 모습을 보고 그 역시 모든 탓을 햄릿에게 돌린다. 오필리아의 간략한 장례 절차는 래어티스를 분노케 만든다. 햄릿이 나타나 자기는 오필리아를 사랑했다고 소리치자, 래어티스는 화가 나서 햄릿에게 달려든다. 후에 클라우디우스와 함께 햄릿을 죽일 계획을 세운다. 그들은 햄릿과 래어티스 간의 검술 결투를 준비하고, 클라우디우스는 날카로운 칼을 준비하고 래어티스는 그 끝에 독을 발라 놓는다. 결투 중 햄릿과 래어티스 둘 모두 독이 묻은 칼에 찔린다. 본인의 죽음을 알게 된 래어티스는 햄릿에 대한 클라우디우스의 음모를 폭로한다. 그리고 햄릿에게 용서를 구하고 본인도 햄릿을 용서해준다.

★ 호레이쇼

호레이쇼는 햄릿이 믿는 친구이다. 햄릿은 그에게 햄릿 왕이 독살된 것과 비슷한 장면이 나오는 연극을 계획하고 있다고 말해준다. 호레이쇼와 햄릿은 연극을 보면서 클라우디우스가 햄릿왕을 죽인 죄의식을 드러내는지를 관찰하기로 한다. 연극을 보던 클라우디우스가 화를 내고 나가는 것을 보고는 확실한 범인이라 여긴다. 연극 공연 후 햄릿은 바로 영국으로 보내진다. 햄릿은 배에서 탈출한 뒤, 선원을 통해 호레이쇼에게 편지를 전하고, 선원을 클라우디우스와 거트루드에게 데리고 가서 편지를 전해주게 한 뒤 자신을 만나러 오라고 부탁한다. 호레이쇼를 만난 햄릿은 클라우디우스가 영국 왕에게 자신이 영국에 도착하면 죽여달라는 편지를 썼다는 이야기를 해준다. 햄릿이 래어티스와의 검술 결투에 응하려고 하자, 호레이쇼는 그를 말린다. 하지만 햄릿은 결투에 나가고 독이 묻은 칼에 찔린다. 호레이쇼도 목숨을 끊어 그 뒤를 따르려 하자, 햄릿이 그를 말린다. 살아서 클라우디우스에 대한 진실을 온 세상에 알려달라는 부탁을 받는다.

★ 로젠크란츠와 길덴스턴

햄릿의 어린 시절 친구로서 클라우디우스 왕의 부름으로 햄릿이 실성한 원인을 찾으러 온다. 햄릿을 염탐하는 그들의 행동은 매우 어설퍼서, 햄릿은 그들의 정체를 금세 눈치챈다. 햄릿이 폴로니우스를 죽이고 난 뒤, 클라우디우스는 그들을 불러 햄릿과 폴로니우스의 시신을 찾아오라고 한다. 하지만 햄릿이 말할 때까지 그들은 시체가 어디 있는지를 알아내지 못한다. 클라우디우스는 햄릿을 영국으로 보내며 그 둘을 동행시켜 햄릿의 행동을 감시하라고 한다. 항해 중 햄릿은 그들의 짐에서 영국 왕에게 보내지는 편지를 찾아내는데, 그 안에는 햄릿이 영국에 도착하는 즉시 죽여달라는 클라우디우스의 요청이 있었다. 햄릿은 이를 로젠크란츠와 길덴스턴을 죽여달라는 내용의 편지로 바꾸어 놓는다. 마지막 장면에서 관객들은 그 둘이 영국에서 처형당했다는 것을 알게 된다.

★ 노르웨이의 포틴브라스 왕자

이야기의 시작, 그는 덴마크의 햄릿 왕과의 전투에서 전사한 포틴브라스 왕(아버지)의 복수를 위해 덴마크를 공격할 준비를 하고 있다고 소개된다. 클라우디우스 왕은 포틴브라스의 삼촌(노르웨이 현왕)에게 편지를 전하고, 노르웨이 왕은 포틴브라스를 설득한 후 대신 폴란드를 공격하도록 한다. 햄릿이 영국으로 떠나기 전 포틴브라스 군대가 폴란드로 가기 위한 덴마크의 영토 횡단 허락을 기다리고 있는 걸 보게 된다. 검술 결투 후, 거트루드, 클라우디우스, 래어티스, 햄릿이 죽고 난 뒤, 포틴브라스는 폴란드에서 개선하여 덴마크 궁으로 들어온다. 덴마크의 왕족이 모두 죽은 것을 보고 자신에게 왕권이 있다는 주장을 한다. (햄릿이 죽기 전 호레이쇼에게 포틴브라스가 덴마크의 다음 왕이 되게 하라고 말한다.) 포틴브라스는 호레이쇼를 도와 햄릿의 장례가 영예롭게 치러질 수 있도록 하겠다고 말한다.

★ 마셀러스와 버나도
극의 시작 부분, 성벽 위에서 보초를 서고 있다. 제일 처음 유령을 목격한 이들로서 호레이쇼를 불러 유령을 보게 한다.

★ 볼티먼드와 코넬리우스
덴마크의 왕 클라우디우스가 늙고 병든 노르웨이의 현왕인 포틴브라스의 삼촌에게 메시지를 전달하기 위해 사신으로 보내는 이들이다. 메시지는 포틴브라스가 덴마크를 공격할 군대를 보내려고 한다는 사실을 알리고 있으며 클라우디우스는 이러한 계획을 막아달라고 요청한다.

★ 프란시스코
성을 지키는 보초병이다. 호레이쇼가 처음 유령을 보던 날, 마셀러스, 버나도, 호레이쇼와 자정에 보초를 교대한다.

★ 레이날도
폴로니우스의 하인이다. 폴로니우스의 명으로 래어티스(폴로니우스의 아들)에게 돈과 편지를 전해주기 위해 파리로 간다. 폴로니우스는 상세한 지시를 내리면서 래어티스의 뒷조사를 하고 오라고 한다.

★ 포틴브라스 군대의 장군
포틴브라스 왕자의 명으로 덴마크 왕을 찾아가 폴란드 침공을 위한 영토 횡단권을 물으러 간다. 그는 또한 햄릿도 만나 그와 다른 군대들이 포틴브라스 왕자에 속해 있다고 말한다.

★ 오즈릭
클라우디우스 왕의 명으로 햄릿을 만나러 오는 왕실 신하로 어리석고 허영심 많은 인물이다. 햄릿에게 래어티스와의 검술 결투 의향을 묻는다. 듣기로는 클라우디우스 왕은 햄릿이 이기는 쪽에 내기를 걸었다고 하며, 결투는 언제든 열 수 있다고 말한다. 햄릿은 결투 준비가 되었다고 왕에게 전하라고 답해준다.

★ 「곤자고의 암살」을 연기하는 배우들
햄릿이 이미 알고 있던 배우들이다. 어느 날 왕실을 방문하여 햄릿의 청으로 왕실 사람들을 위한 연극을 준비한다. 그들의 대표 배우가 햄릿 앞에서 시범 연기를 보이자, 햄릿은 그날 저녁 「곤자고의 암살」을 공연해달라고 한다. 그리고 햄릿이 만든 대사를 극 중에 넣어주기로 한다. 그들의 공연은 클라우디우스가 화를 내며 나가는 바람에 중단된다.

★ **묘지 일꾼들**

오필리아의 묘를 파고 있다. 그들은 오필리아가 자살한 것 같은데 어떻게 교회 묘지에 묻힐 수 있는지를 놓고 이야기를 나눈다. 서로 농담을 하거나 수수께끼를 낸다. 햄릿과의 이야기에서 관객은 시체는 7~9년 정도가 지나면 썩어 없어진다는 것을 알게 된다. 햄릿은 한 일꾼에게서 해골을 받는다. 그 해골은 햄릿 왕의 어릿광대이며 햄릿의 어린 시절 친구였던 요리크의 두개골이었다.

★ **사제**

오필리아의 초라한 장례식에 참석한 유일한 사제이다. 래어티스가 오필리아의 장례가 너무 간략하다고 따지자, 사제는 교회에서는 오필리아가 자살했다고 생각한다고 전하고 따라서 더 이상의 기도나 의식을 해줄 수 없다고 말한다. 그리고 클라우디우스가 오필리아를 교회 묘지에 묻으라고 한 것에 대한 반대 입장을 밝히며 자살한 사람의 영은 큰 죄악을 지니고 있기 때문에 그들의 시신은 신성한 교회 영역 밖에 묻혀야 한다고 말한다.

★ **영국의 사신**

마지막 장면에 등장한다. 왕의 부탁대로 로젠크란츠와 길덴스턴이 처형되었음을 알리러 온다. 호레이쇼는 그에게 클라우디우스 왕은 그러한 청을 한 적이 없었다고 말해준다.

★ **선원들**

선원들은 영국으로 가던 배에서 탈출한 햄릿이 쓴 편지를 가지고 호레이쇼를 찾아온다. 햄릿이 전하는 편지에는 호레이쇼에게 선원들이 클라우디우스와 거트루드에게 편지를 전해줄 수 있도록 도우라고 적혀 있다. 또한 그 선원들이 호레이쇼를 햄릿과 만날 수 있도록 안내할 것이라는 내용도 들어 있다.

General Information

★ 주제

많은 학자들이 윌리엄 셰익스피어의 「햄릿」에 나오는 주제들을 제시해왔다. 그 중 세 가지 주제를 보도록 하자.

1. 주저함과 그 결과

주저함 즉, 마음먹은 것을 실행하지 못하는 망설임은 많은 사람들이 가지고 있는 보편적인 문제일 것이다. 「햄릿」에 나오는 중요한 주제가 바로 이것이다. 많은 학자들이 햄릿이 가진 가장 큰 약점을 단호한 행동을 하지 못하는 성격이라고 보고 있다.

햄릿은 확실성이 없는 심각한 상황에 직면해 있다. 우리 또한 결정을 내려야 하는 매일매일에서 이와 같은 상황에 부딪힌다. 그렇다면 문제에 대해 빠른 행동을 하는 것만이 항상 최고의 선택일까? 보통 현명한 행동은 충분한 정보를 바탕으로 나오는 것이고, 미성숙한 행동은 정확하지도 충분하지도 않은 정보를 바탕으로 충동적이고 경솔하게 행동하는 것이 특징이라고 보고 있다. 이 작품에서는 햄릿이 그가 아는 것이 정확한지 확신할 수 없는 상황에 직면하도록 만든다.

이야기의 시작에서, 햄릿은 자신은 죽은 아버지의 영혼이라고 주장하는 유령을 만나며, 그 유령은 덴마크의 현왕이자 동생인 클라우디우스에게 살해된 것이니 복수를 해달라고 요청한다. 그 후 이야기의 흐름은 햄릿이 아버지의 복수를 위한 적절한 시간을 찾는 것에 맞춰 흘러간다. 하지만 조심성이 많은 햄릿은 우선 자기가 만난 유령이 아버지의 영혼인지 혹은 문제를 일으키려는 악한 영인지 확신할 수 없었다. (셰익스피어 시대의 사람들은 가끔은 유령들이 그들이 생각하는 모습대로 나타날 수 있다고 믿었으며 악마에 의해 보내진 악한 영들로 문제를 일으킨다고 보았다.) 둘째, 클라우디우스가 햄릿 왕을 죽인 살해범이라는 것이 사실인지가 문제였다. 햄릿은 증거를 확보할 때까지 기다리기로 한다.

연극을 보는 도중 유령이 말한 대로 왕의 동생이 왕을 살해하는 장면에서 클라우디우스가 화를 내는 것을 보자, 햄릿은 유령의 실체도 살해에 대한 이야기도 모두 사실이라고 믿는다. 그 후 햄릿은 클라우디우스를 죽일 기회를 잡지만 그가 기도 중이라 다시 한 번 망설인다. 만약 지금 클라우디우스를 죽인다면 그를 천국으로 보내는 것이 아닐까 걱정한다. 햄릿은 클라우디우스에게 더 가혹한 벌이 가해지길 바라고 있다. (아이러니한 것은 클라우디우스는 햄릿 손에 죽기는 하지만, 아버지를 살해한 것에 대한 햄릿의 복수였다고는 볼 수 없다.)

'주저함과 그 결과'라는 주제는 충분하지 않은 정보로 인해 마음먹은 것을 실행하지 못하는 망설이고 있는 인간의 모습을 조명한다. 확신을 가지고 행동으로 옮기기까지 어느 정도의 정보가 필요한가? 햄릿은 현명하고 조심성 있는 인물인가 아니면 바보 같고 단호한 행동을 두려워하는 인물인가의 문제는 이 작품을 연구하는 사람들 간에 끊임없이 제기되고 있다.

2. 죽음과 죽음의 신비

죽음과 죽음에 대한 의미는 작품 전반을 통해 드러나는 주제라 할 수 있다. 햄릿은 아버지의 장례식을 치르기 위해 덴마크로 돌아온 후 이러한 문제에 물음을 갖는다. 그리고 아버지의 유령을 만나고 그로 인해 또 다른 죽음의 형태를 보게 되고 죽음이란 무엇인지 그리고 우리가 죽고 난 후 어디로 가게 되는지에 대해 숙고하게 된다.

햄릿과 호레이쇼가 묘지의 일꾼들이 유골을 파내는 것을 보게 되는데, 그 묘지 장면은 철학적 사고를 이끌어낸다. 햄릿은 어린 시절 자기가 아주 좋아했던 친구의 두개골을 받게 된다. 우리 모두는 죽고 우리의 몸은 결국 똑같은 형태로 변한다는 사실은 사람들이 삶을 영위하며 어떠한 역할을 했는지와는 (위대했건 별볼일없었건, 선했건 악했건 간에) 대조를 이루는 것으로 보인다.

등장인물을 통해 우리가 죽고 나면 어디로 가는지에 대한 물음과 그 당시의 일반적으로 가지고 있는 종교적인 믿음들이 이야기된다. 영혼이 천국으로 올라갈 수 있으려면 죽기 직전 죄가 용서되어야만 한다는 믿음이 여러 번 나온다. 햄릿 왕은 죄를 안은 영혼이 되었다고 유령은 말한다. 그래서 영혼이 천국으로 가려면 연옥의 화염 속에서 죄를 정죄해야 한다고 한다. 그리고 자살은 중죄이므로 그들의 시신은 신성한 교회 묘지에 묻힐 수 없을뿐더러 그들의 영혼은 지옥으로 떨어진다고 한다. 오필리아의 간소한 장례식을 주관한 사제는 오필리아의 죽음에 자살의 의혹이 있다고 하면서 그녀의 시신을 교회 묘지에 묻는 것을 탐탁지 않게 여긴다.

3. 국가의 번영과 왕위의 오손

유령의 존재는 이 둘의 관계를 생각하게 해준다. 유령은 선왕인 햄릿 왕의 모습을 하고 있는데, 이는 이 나라에 뭔가 문제가 있다는 것을 암시한다. 마셀러스는 '무엇인가가 덴마크에서 썩고 있다.'고 생각한다.

작품에서는 클라우디우스 왕이 미망인이 된 지 두 달도 지나지 않은 형수와 결혼한 것을 도덕적이지 않다고 보고 있다. 햄릿은 이로 인해 마음이 상해 있다. 클라우디우스가 왕을 살해한 것으로 드러나자 햄릿은 왕위에 대한 그의 적법성을 인정하지 않는다. 아버지와의 기억을 떠올리며 클라우디우스를 적대적으로 비교한다. 열정적인 품성 외에도, 그는 노르웨이의 공격을 물리치며 그 전투에서 포틴브라스 왕을 죽게 만들었다. 햄릿 왕 시대의 덴마크는 번영을 이루었다. 하지만 부도덕하고 사악한 클라우디우스가 왕이 된 후로는 국가가 병들어 있다.

거트루드 왕비와 클라우디우스 왕이 죽고 난 후의 덴마크 미래는 기대해 볼 수 있다. 사악하고 부도덕한 통치는 끝이 났으니 말이다. 포틴브라스 왕자가 마지막 장면에 등장하고 햄릿은 그가 클라우디우스 왕의 뒤를 잇도록 승인해준다. 이제 새롭고 건전한 시대가 덴마크 왕국에 시작되는 것이다.

General Information

★ 모티프

'모티프'는 문학작품의 중요 주제를 형성하는 것을 돕는 문학적 장치나 구조이다.

1. 성적인 욕망과 근친상간

작품에서 근친상간에 대한 이야기가 자주 나온다. 근친상간이란 혈연관계에 놓인 사람들(예를 들면 남매간)이 성적인 관계를 맺는 것을 뜻한다. 여러 기독교 종파에서는 혼인을 맺으면 혈연관계와 같은 가까운 관계로 변한다고 말한다. 그래서 '인척'간에 이루어지는 성 관계는 근친상간이라 여겨진다.

이야기의 시작, 거트루드(햄릿의 어머니)와 클라우디우스(햄릿의 삼촌)의 관계가 근친상간임이 나타난다. 햄릿은 남편이 죽고 난 후 서둘러 재혼을 한 어머니 일로 충격을 받는데, 그들의 관계가 근친상간이기에 거부감을 느낀다. 햄릿은 이에 대한 반발심을 독백을 통해 그리고 어머니와의 대화를 통해 여러 번 드러낸다.

거트루드의 성 생활에 대한 햄릿의 집착은 부적절한 것으로 보인다. 어머니의 행동에 대해 어떻게 생각하고 있는지를 상세히 말하고 있다. 햄릿은 거트루드와 클라우디우스가 함께 있는 모습들을 상상하며 생생히 말하고 있는데, 이는 햄릿이 그 둘의 관계에 아주 집착하고 있음을 보여준다. 햄릿은 어머니에게 시동생과의 부도덕한 잠자리를 그만두라고 강력히 주장한다.

근친상간에 관한 이야기는 래어티스와 여동생(오필리아)과의 대화에서도 나온다. 래어티스가 동생에게 말하는 외설스런 말들은 그가 오필리아를 부적절하게 대하고 있다는 것을 나타낸다. 단지 남매의 관계를 넘어 성적인 사심이 들어 있는 말들이다. 오필리아의 장례식 때, 갑자기 무덤 안으로 들어가 동생을 한 번 더 안는 장면은 슬픔을 넘어 과도하고 심지어 역겹기까지 하다.

2. 여성에 대한 혐오

작품에 드러나는 '여성에 대한 혐오감'은 중요한 모티프이다. '여성에 대한 혐오감'을 가장 많이 가지고 있는 인물은 햄릿이고, 폴로니우스 역시 그렇다고 볼 수 있다. 이 둘은 말과 행동을 통해 여성을 경멸하고 있다.

이에 대한 언급이 제일 처음 나오는 곳은 햄릿이 어머니인 거트루드가 서둘러 숙부인 클라우디우스와 재혼한 것을 놓고 불쾌한 감정을 드러내는 부분인데 어머니의 통제되지 않는 욕정과 나약한 자제심이 성급한 재혼을 하게 만든 것이라고 믿고 있다. 햄릿은 독백에서뿐 아니라 어머니 앞에서도 냉혹한 비난을 쏟아 붓는다.

햄릿이 가진 여성에 대한 냉소주의는 오필리아를 대하는 그의 말과 태도에서도 드러난다. 그는 오필리아에게 잔인한 성적 모욕감을 준다. 오필리아에게 맞는 최고의 장소는 수녀원이라고 하는데, 여성들은 그곳에서 세상에 대한 근심과 걱정거리를 피할 수 있다고 말한다.

오필리아의 말 많고 참견하기 좋아하는 아버지, 폴로니우스 역시 햄릿의 여성에 대한 혐오감의 상당 부분을 공유하고 있다. 오필리아와 나누는 두 번의 긴 대화에서 폴로니우스는 오필리아에게 감정대로 햄릿을 대하는 것은 위험하다고 말한다. 남성에 비해 여성은 사랑에 잘 빠지기 때문에 성적인 유혹을 자제하기 힘들다고 말하며 오필리아는 자신을 위한 올바른 선택을 할 수 없다고 모욕한다.

3. 전조

전조는 극의 긴장감을 높이기 위해 작가들이 자주 사용하는 창의적인 문학적 장치이다. 관객들에게 힌트를 주어 앞으로 어떠한 일이 일어날지 추측하게 만들어 관객들이 작품에 몰입하도록 만든다. 윌리엄 셰익스피어는 「햄릿」에서 '전조'에 해당되는 것들을 여러 곳에 배치하였다. 여기 세 가지 예를 살펴보자.

1막 2장 끝부분에 나오는 햄릿의 독백을 보면, 햄릿은 (아버지와 닮은) 유령이 왜 나타났는지에 대해 생각한다. 그는 어쩐지 '더러운 음모'가 관련되어 있을 것 같다는 이야기를 한다. 1막 4장, 마셀러스는 "무엇인가 덴마크 내에서 썩고 있다."라는 유명한 대사를 남긴다. 이 둘은 햄릿 왕은 독살된 것이고 (뱀에게 물린 것이 아니라) 그 배후에는 클라우디우스 왕이 있다는 놀라운 사실을 드러내는 전조이다. 이야기의 후반, 햄릿은 어린 시절, 햄릿 왕의 어릿광대였던 요리크의 해골을 건네받는다. 요리크는 햄릿의 친구였다. 이 장면은 우리 모두는 언젠가는 죽는다는 것을 상징하면서 앞으로 다가올 죽음을 암시하고 있다. 요리크는 왕실의 사람이었다. 실제로 극이 끝나면서 덴마크의 모든 왕족(햄릿, 클라우디우스, 거트루드)은 죽음을 맞는다.

General Information

★ 상징

1. 꽃과 들풀

꽃과 들풀은 강력한 무언의 의미를 상징한다. 꽃다발은 특별한 의미를 담고 있는 꽃으로 만들어진다. 윌리엄 셰익스피어의 「햄릿」에서는 주인공이 특별한 꽃과 들풀을 꽃을 통해 무언가를 이야기하거나 어떤 상황이 부각된다.

오필리아는 아버지가 죽은 뒤, 실성한 채 사람들 앞에 나타나 각자에게 어울리는 꽃들을 나누어 준다. 로즈메리는 기억을 뜻하고, 팬지는 생각을 나타내는 꽃이라고 한다. 회향풀과 매발톱꽃은 간음을 상징하고, 루타는 후회나 슬픔을 나타낸다. 데이지 꽃은 본인을 뜻하는 것 같다. 그 꽃은 버림받은 혹은 불행한 사랑이라는 의미를 지닌 꽃인데 이는 햄릿에 대한 사랑을 뜻한다. 데이지는 또한 순수의 의미도 지니고 있다. 제비꽃(신실함을 뜻함)은 오필리아의 아버지가 돌아가시던 날 시들었다는 말을 하는데 이는 클라우디우스 왕에 대한 폴로니우스의 충실함을 뜻한다.

오필리아는 화환을 버드나무에 걸려다 죽음을 맞는다. 다시 한 번 상징화된 풀들이 나온다. 버드나무는 불행과 슬픔을 상징한다. 오필리아는 잃어버린 햄릿에 대한 사랑과 아버지의 죽음이라는 두 감정을 모두 겪었다. 화환에는 순수와 불행한 사랑을 뜻하는 데이지 꽃이 많이 꽂혀 있었다. 자란(난의 일종, http://blueslushy.com/lauren/hamlet.pdf를 참조해 보자)은 그 모양이 성적인 상징을 나타낸다고 해석되기도 한다. 쐐기풀은 적의 죽음이나 불운을 상징하는 오래된 예고적 상징이다. 어떤 자료에는 화환에 쐐기풀 대신 엉겅퀴가 들어 있었다고 적혀 있는데, 엉겅퀴의 여러 의미 중에 여기서는 고난을 뜻하는 것으로 보여진다. 엉겅퀴는 가시가 있는 관목으로 예수의 가시 면류관에 사용된 것으로 묘사되곤 한다. 동자꽃(미나리아재비 혹은 젓가락 나물이라고도 불리는)은 아름답지만 독을 지니고 있다. 따라서 여기에는 (아름다운) 오필리아가 햄릿을 향한 짝사랑이라는 독에 중독된 것으로 볼 수 있다. 동자꽃은 망은의 의미로도 사용된다. 이는 고통으로 가득 차버린 삶에 대해 고마움이 사라졌기 때문에 물에 빠져 죽는 오필리아를 뜻한다고 볼 수도 있다.

2. 유골, 해골, 유령

이 모두는 죽음을 상징한다.

'주제' 부분에서 다룬 '죽음과 죽음의 신비' 파트를 읽어 보도록 하자.

3. 곤자고의 암살

클라우디우스가 햄릿 왕을 살해했던 방법(유령의 이야기대로)을 상징한다. 클라우디우스의 죄책감은 그를 패닉 상태에 빠트리고, 화를 내며 공연을 보지 않고 나가게한다.

4. 가지가 늘어진 개울

슬픔을 상징한다.

각 막별 줄거리 및 그 속에 녹아 있는 중요한 상징과
주요 인용문과 어휘·표현을 제시한다.

Act Analysis

Polonius:
Neither a borrower nor a lender be,
For loan oft loses both itself and friend,
And borrowing dulls the edge of husbandry.
(Act I Scene 3)

돈은 빌리지도 빌려주지도 말아라.
돈을 빌려주면 돈과 사람 모두를 잃는다.
그리고 돈을 빌리게 되면 절약하는 마음이 무디어진다.
(1막 3장 폴로니우스 대사 중에서)

Act I

The ghost reveals that he was King Hamlet in real life and that
he was murdered by his brother, Claudius, not killed by
a snake bite as was reported.

유령은 자신은 생전에 햄릿 왕이었고, 알려진 것처럼 자기는 독사에 물려 죽은 것이 아니라
아우인 클라우디우스에게 살해 당한 것이라고 밝힌다.

★★★

★★★

Act Analysis

Act I Scene 1

Plot Summary

This short opening scene takes place on the walls of the castle of the King of Denmark at Elsinore in western Denmark. The clock strikes midnight just as Francisco, the guard on duty, is relieved of his watch by Bernardo. They chat briefly before being joined by Marcellus and Horatio. Francisco leaves and Marcellus asks if the ghost has appeared yet. Bernardo says he has seen nothing. Marcellus says that he knows Horatio does not believe in the ghost and Horatio confirms this. Bernardo invites Horatio to listen again to what they have seen twice already. Before Bernardo can tell much, the ghost appears. It frightens the three men. Horatio tries to talk to it but it disappears. The three men discuss its appearance and agree that it looks like Hamlet, the dead King of Denmark wearing his armour as though preparing for war. The three men wonder if this means danger for the Kingdom of Denmark. Marcellus mentions that there are so many preparations for war going on, such as making new cannons, importing weapons and building new ships, even on Sundays. Horatio recounts a rumour that Fortinbras, (son of the dead King Fortinbras of Norway) is planning to attack Denmark to reclaim territory lost to Denmark in a recent battle. They agree that the presence of the ghost is probably a bad omen. Suddenly the ghost reappears. Horatio again commands it to speak. It appears about to speak but suddenly a rooster crows and the ghost disappears. The men are disappointed but Horatio says that at the sound of a rooster in the morning, all ghosts must return to their hiding places. They decide to tell Hamlet, Prince of Denmark and son of the late King, about this apparition which resembles his father.

📄 Scene Analysis and Focus Study Points

The audience is given a lot of introductory information in this scene! First, several important characters, (Horatio, Marcellus and Bernardo) are introduced. Note that Horatio appears to be of a higher social rank than either Marcellus or Bernardo. They have invited him to witness the ghost that they have seen twice and when the ghost appears, Marcellus asks Horatio to speak to it. His words imply that since Horatio is a "scholar", he (Horatio) is the most qualified to find out why it has appeared.

Secondly, when the ghost disappears, the three men agree that the ghost closely resembled Hamlet, the late King of Denmark, dressed in armour as though ready for war. They discuss possible meanings for its appearance. From their discussion, the audience learns that a strict schedule of guards has recently been imposed, many bronze cannons are being made, weapons are being imported and new ships are being built, even on Sundays. A possible reason for this activity concerns the rumours that a young Norwegian prince named Fortinbras is raising an army to attack Denmark. His aim is to recapture territory lost by his father (also called Fortinbras) in a battle with Hamlet, the late King of Denmark.

Lastly, some of the supernatural and religious superstitions of the time are discussed. The men agree that the ghost's appearance is an omen that something bad will happen. Horatio mentions that just before Julius Caesar was murdered, corpses rose from graves and ran through the streets shrieking nonsense. Meteors were seen in the night sky and there was a near total eclipse of the moon. In the morning, the dew was found to be mixed with blood. When the ghost reappears and then disappears without speaking just as a rooster crows, they explain this by mentioning a belief that roosters summon the "god of the day". All ghosts must hide during the day. In addition, roosters sometimes crow all night on Christmas Eve to keep away the evil influences of ghosts, witches, fairies' spells and poor alignments of planets.

Make sure you read these references carefully. There are several possible topics for essays or test questions on religious or supernatural beliefs here. Be prepared!

Symbolism

★ The appearance of the ghost
The appearance of the ghost (which resembles dead King Hamlet of Denmark dressed in armour) could signify a warning of evil things ahead for Denmark and the characters in this play.

Quotes

1. *Before my God, I might not this believe*
   Without the sensible and true avouch
   Of mine own eyes.

   Horatio, Marcellus and Bernardo have just seen the ghost. Horatio is speaking these lines just after it disappeared. Horatio is saying that he believes in the ghost now that he has seen it.

2. *In what particular thought to work I know not;*

But in the gross and scope of my opinion,
This bodes some strange eruption to our state.

The ghost has just vanished and Horatio, Marcellus and Bernardo are discussing the situation. All think the situation has some meaning. Horatio is speaking these words and he is saying that he is not sure how to interpret the situation. However, in his opinion, something bad will happen soon in Denmark.

Vocabulary

unfold yourself   identify yourself

rivals   colleagues (in this case, people who will share the guard duty with him)

jump at this dead hour   exactly at this time

hath a stomach in't   to have courage (for something)

romage   commotion

partisan   a spear-like weapon

extravagant and erring   wandering

Useful Web Sites

Many useful web sites can be found with information about virtually any subject concerning *Hamlet*.

The following was consulted for this information on this scene.

An overview of the plot of the play: http://www.sparknotes.com/shakespeare/hamlet/summary.html

Act Analysis

★ 제1막 1장

줄거리

1막 1장은 덴마크 서부에 위치한 덴마크 왕의 성 엘시노어 성벽 위에서 시작한다. 시계가 자정을 알리자 버나도가 보초병 프란시스코와 임무를 교대한다. 마셀러스와 호레이쇼가 오기 전까지 그들은 잠시 이야기를 나눈다. 프란시스코가 떠나자 마셀러스는 유령이 나타났는지를 묻는다. 버나도는 아직 나오지 않았다고 답한다. 마셀러스는 호레이쇼가 유령을 믿지 않는다는 것을 알고 있다고 말하자, 호레이쇼는 정말 못 믿겠다고 대답한다. 버나도가 호레이쇼에게 두 번이나 만난 유령 이야기를 들어보라고 한다. 버나도가 이야기를 시작하자 유령이 나타난다. 셋은 유령을 보고 깜짝 놀란다. 호레이쇼가 유령에게 말을 걸어 보려 하지만 유령은 사라진다. 그들은 유령의 모습에 대해 이야기하면서 전쟁 준비를 하며 갑옷을 입은 덴마크의 죽은 햄릿 왕과 비슷해 보인다는 데 동의한다. 그들은 혹시 덴마크에 나쁜 일이 일어날 징조가 아니냐면서 걱정을 한다. 마셀러스는 요즘 전쟁 준비가 과하다면서, 새로운 대포를 만들고 외국에서 무기를 수입하고 일요일에도 배를 만들고 있다고 한다. 호레이쇼는 노르웨이의 포틴브라스 왕자(포틴브라스 왕의 아들)가 최근 전쟁에서 덴마크에게 빼앗긴 영토를 되찾으려 하기 때문일 거라고 한다. 셋은 유령의 출현을 불길한 징조로 받아들인다. 갑자기 유령이 다시 나타난다. 호레이쇼는 다시 한 번 유령에게 말을 건다. 이번에는 유령이 무슨 말을 하고 싶어 하는 것 같았으나 새벽닭이 울자 다시 사라진다. 셋은 유령이 모습을 감추자 아쉬워한다. 호레이쇼는 새벽닭이 울면 모든 유령들은 은둔지로 돌아가야만 하기 때문일 거라고 말한다. 그들은 햄릿 왕의 모습을 한 유령 이야기를 햄릿 왕자에게 말하기로 한다.

분석

관객들은 1막 1장을 보며 많은 기본적 사실을 알게 된다. 우선, 주요 인물인 호레이쇼, 마셀러스, 버나도가 소개된다. 호레이쇼는 마셀러스나 버나도보다 높은 지위에 있는 것 같다. 마셀러스와 버나도는 그들이 두 번이나 목격한 유령을 호레이쇼에게 보러 가자고 한다. 유령이 다시 나타나자 마셀러스는 호레이쇼에게 말을 걸어보라고 한다. 이는 호레이쇼는 학자이기 때문에 그야말로 유령이 왜 나타났는지를 알아낼 수 있다고 보는 것이다.

둘째, 유령이 사라지고 난 뒤, 셋은 유령의 모습이 돌아가신 햄릿 왕의 모습과 닮았고, 전쟁에 출전하는 것처럼 갑옷을 입고 있었다고 한다. 그리고 그들은 유령의 출현을 해석하는데, 관객들은 그들의 대화를 통해 근래에 덴마크에 경계가 강화되고 청동 대포가 만들어지고 무기가 수입되며 일요일에까지 새로운 배를 만들고 있다는 것을 알게 된다. 이러한 일들은 노르웨이의 포틴브라스 왕자가 덴마크를 공격하기 위해 군대를 양성하고 있다는 소문 때문이라고 한다. 포틴브라스 왕자는 아버지인 포틴브라스 왕이 덴마크의 햄릿 왕과 전쟁을 치르다 빼앗긴 영토를 되찾으려 하고 있다.

마지막으로, 1장에는 그 당시 사람들이 믿고 있는 초자연적이고 종교적인 미신에 대한 이야기들이 나온다. 그들은 유령의 출현을 놓고 뭔가 좋지 않은 일이 일어날 징조라고 한다. 호레이쇼는 예전 줄리어스 시저가 살해되기 전, 시체들이 무덤에서 일어나 비명을 지르며 거리를 헤매고 다녔다고 말한다. 그리고 밤하늘에서 유성이 떨어졌고, 달은 월식처럼 빛을 감추었고, 아침 이슬은 핏빛으로 물들었다고 한다. 다시 유령이 나타나고 그때 새벽닭이 울자 말없이 사라져 버리는데 유령이 사라진 이유를 새벽닭이 '낮의 신'을 불러온다는 믿음을 언급함으로써 이것을 설명한다. 모든 유령들은 날이 새면 몸을 숨겨야만 한다. 또한 수탉들이 크리스마스 이브에 울어대기도 하는데, 이는 유령, 마녀, 요정들의 주술과 행성들의 잘못된 정렬로 인한 사악한 영향을 멀리하기 위해 우는 것이라고 한다.

이러한 내용들을 잘 살펴두기 바란다. 종교적이거나 초자연적인 믿음과 관련된 문제가 시험이나 에세이에 자주 출제된다. 잘 준비해두기를!

상징

★ 유령의 출현
유령의 출현(죽은 덴마크 햄릿 왕의 모습으로 갑옷을 입고 있음)은 앞으로 덴마크와 주인공에게 일어날 끔찍한 일에 대한 경고라고 볼 수 있다.

인용문[구]

1. 나의 신 앞에서,
   만약 내 눈의 분별적이고 정확한 보증이 없었다면
   난 유령을 결단코 믿을 수 없었을 것이다.
   호레이쇼, 마셀러스와 버나도는 막 유령을 보았다. 호레이쇼는 유령이 사라지자 위와 같은 대사를 한다. 호레이쇼는 그가 지금 막 눈으로 확인한 유령을 믿는다고 말하고 있다.

2. 내가 알지 못하는 특별한 생각
   그러나 내 생각의 범위를 통틀어
   이것은 우리 국가에 기묘한 (전쟁) 발발을 예견한다.
   유령은 지금 막 사라졌고, 호레이쇼, 마셀러스와 버나도는 이 상황을 논의하고 있다. 모두는 이것이 무엇인가를 의미한다고 생각한다. 호레이쇼는 이 대사에서 이 상황을 어떻게 해석해야 할지 모르겠지만 덴마크에 무엇인가 좋지 않은 일이 곧 일어날 것이라고 확신한다.

어휘 · 표현 연구

unfold yourself 당신을 드러내라, 나타내 보여라, 당신의 신원을 밝혀라

rivals 동료 (이 경우, 보초 근무를 함께 서는 사람을 뜻함)

jump at this dead hour 정확한 이 시간에

hath a stomach in't (어떤 것에 대해) 용기를 가져라 (hath=have의 단수, 직설법 고어)

romage 소란

partisan 창 모양의 무기

extravagant and erring 방랑하는 (extravagant-과한, erring-잘못한)

Act I Scene 2

Plot Summary

More characters are introduced to the audience in this scene. It opens with King Claudius speaking to some members of his court. These include Queen Gertrude, Hamlet (son of the late King Hamlet), Polonius (an advisor to the king), and Polonius' two adult children, Laertes and Ophelia. King Claudius dominates the scene. He speaks eloquently of honouring the dead King Hamlet and of his mixed feelings about marrying Gertrude. He asserts that life should go on.

◀ 사진출처 wikipedia
The Death of Niobe's Children,
Abraham Bloemaert, 1591

Next, he deals with rumors of a planned attack on Denmark by Fortinbras, the young son of slain King Fortinbras of Norway. He instructs two messengers, Voltemand and Cornelius, to carry a message to the present leader in Norway, the uncle of young Fortinbras. The letter gives details of the activities of Fortinbras and requests that the Norwegian ruler stop these activities.

When the messengers leave, King Claudius deals with a request of Laertes to return to his studies in France. The king asks the advice of Laertes' father, Polonius. Since Polonius has given Laertes his permission to leave, the king also grants the request.

Last, the king speaks to Hamlet and urges him to give up his mourning for his late father and stay in Denmark. Hamlet's mother, Queen Gertrude, also pleads with Hamlet and he reluctantly agrees to stay. The king and queen are very pleased and leave.

In a soliloquy, Hamlet reveals his unhappiness. He praises the memory of his father and is very critical of the marriage of his mother to his uncle, King Claudius.

Horatio, Marcellus and Bernardo enter and tell Hamlet about the ghost. After some discussion, Hamlet agrees to join them on guard duty that evening.

Scene Analysis and Focus Study Points

New characters and information are introduced to the audience. The comments made by King Claudius at the beginning of the scene and by Hamlet in his soliloquy are important. As King Claudius talks to some of his advisors, he gives the audience several new pieces of information. He tells his advisors (and the audience) of his mixed feelings about marrying his sister-in-law (Gertrude, widow of the late King Hamlet) but that he did so because of their advice. More information is given about young Prince Fortinbras of Norway and his plans to cause trouble in Denmark and what King Claudius plans to do to prevent it. King Claudius appears to be a competent king. It would be wise to study his words and decisions carefully. You might be asked to write a short essay about what kind of king he appears to be. Can you find suitable quotes to make your essay more effective?

Hamlet's soliloquy is full of rage at the world and in particular at his mother's behaviour. He believes she is weak to have married her brother-in-law so quickly. Hamlet also shows signs of depression and mentions suicide. Make sure you understand his mood! How he feels about everything has a big effect on his actions later in the play.

When Horatio, Marcellus and Bernardo meet with Hamlet, he is, at first, skeptical that the ghost is that of his father and he questions them about the ghost's appearance. When he is convinced, he agrees to join them that evening. Hamlet's mood changes during the conversation. After they leave, his words express excitement at this new situation, impatience at having to wait and also some anxiety that foul play is somehow involved.

Note how cleverly Hamlet questions the information about the ghost. Could you write an essay (with suitable quotes) about how he was able to convince himself that joining his friends that evening would be a good idea?

After his friends leave at the end of the scene, Hamlet's comments reveal that his mood has changed. It is now a mixture of several conflicting emotions. Could you explain this in a few paragraphs or a short essay? Make sure you understand what he is saying and what he is thinking. Find some quotes to support your opinion.

🔎 Quotes

1. *A little more than kin and less than kind!*

    Hamlet is commenting to himself on the words of King Claudius. The king refers to Hamlet being his cousin ("kinsman" in this meaning) and his son. In fact, Hamlet is only the nephew (and now "step-son") of King Claudius and Hamlet is mocking the king's words as being falsely friendly.

2. *Frailty, thy name is woman!*

    These words are part of Hamlet's first soliloquy. He is upset at his mother's marriage to his father's brother so soon after his father's death. He considers his mother (and all women) to be weak.

3. *My father's spirit – in arms? All is not well.*
   I doubt some foul play.

   Hamlet speaks these words just at the end of the scene. He appears to believe that the ghost is that of his dead father. However, he wonders why the ghost is wearing armour and he suspects that foul play is involved somehow.

Vocabulary

kind   a pun. "Kind" can mean "similar" In this case, Hamlet is saying he is not similar to King Claudius in any way.

sun   a pun on the word "son" or "sunshine" (meaning royal favor).

obsequious sorrow   solemn sorrowful behavior (suitable for a funeral)

Hyperion   a god in Greek mythology

Niobe   A mortal woman in Greek mythology. When her 14 children were killed, she mourned so sadly that her actions are considered to be a model for anyone who suffers a loss.

cap-a-pe   head to foot

beaver   protection for his face

Useful Web Sites

Many useful web sites can be found with information about virtually any subject concerning *Hamlet*.

The following were consulted for this information on this scene.
Some information on Hyperion: http://en.wikipedia.org/wiki/Hyperion_(mythology)
Some information on Niobe: http://en.wikipedia.org/wiki/Niobe

Act Analysis

★ 제1막 2장

줄거리

2장에는 더 많은 인물들이 소개된다. 2장이 시작되면, 클라우디우스 왕이 왕실에 모여 있는 대신들을 향해 이야기를 꺼낸다. 거트루드 왕비, 햄릿 왕자(죽은 햄릿 왕의 아들), 폴로니우스(재상), 폴로니우스의 아들인 래어티스와 딸 오필리아도 함께 있다. 클라우디우스 왕이 2장에서 가장 두드러진다. 그는 선왕인 햄릿 왕에 대해 추모 인사를 한 후 형수인 거트루드를 아내로 삼은 것에 대한 자신의 복잡한 감정에 대해 감동적인 연설을 한다.

▶ 사진출처 wikipedia
니오베와 니오베 자식들의 죽음
아브라함 블루마트, 작품, 1591

다음으로 그는 포틴브라스 왕자(노르웨이의 선왕 포틴브라스의 아들)가 덴마크를 공격하려 하고 있다는 소식을 전하며 볼티먼드와 코넬리우스가 사신이 되어 노르웨이 현왕(포틴브라스의 삼촌)에게 서신을 전하고 오라고 한다. 그 서신에는 포틴브라스 왕자가 벌이는 만행이 세세히 적혀 있고 노르웨이의 현왕으로서 그의 행동을 막아달라는 청이 들어 있다.

사신들이 떠나자, 클라우디우스 왕은 학업을 위해 프랑스로 돌아가겠다는 래어티스의 청을 들어준다. 클라우디우스 왕은 래어티스의 아버지인 폴로니우스의 의견을 묻는다. 폴로니우스는 이미 돌아가도 좋다는 허락을 했다고 말하자 왕 역시 동의해준다.

마지막으로, 왕은 햄릿에게 아버지의 죽음을 애도하는 일을 그만 그치라고 하면서 덴마크에 계속 있어 달라고 한다. 햄릿의 어머니인 거트루드 왕비 역시 햄릿에게 남아 있으라고 부탁한다. 햄릿은 마지못해 알겠다고 답한다. 왕과 왕비는 매우 기뻐하면서 무대를 떠난다.

햄릿은 독백을 통해 마음이 편치 않음을 토로한다. 아버지에 대한 기억들을 찬양하면서 숙부인 클라우디우스와 결혼한 어머니에 대해 매우 비판적이다.

호레이쇼, 마셀러스, 버나도가 등장하여 햄릿에게 유령에 대한 이야기를 한다. 햄릿은 그들과 이야기를 나누고 함께 보초를 서기로 한다.

📄 분석

새로운 인물과 정보가 관객들에게 소개된다. 2장에 나오는 클라우디우스 왕의 대사와 햄릿의 독백은 중요한 구절들이다. 클라우디우스 왕이 그의 조언자들에게 이야기를 할 때, 그는 관객들에게 새로운 사실들을 알려준다. 왕은 왕의 조언자들에게 (그리고 관객들에게) 그의 형수(거트루드, 햄릿 왕의 미망인)와 결혼하는 것에 대해 감정이 복잡했지만, 그들의 충고 때문에 결혼했다고 이야기한다. 노르웨이의 젊은 왕자 포틴브라스와 덴마크를 침공하려는 그의 계획, 그리고 클라우디우스 왕이 그 계획을 막기 위해 어떤 일을 할 것인지에 대해 더 많은 정보가 주어진다. 클라우디우스 왕은 유능한 왕처럼 보인다. 왕의 대사와 결정들을 주의 깊게 공부하는 것이 좋다. 왕이 어떤 종류의 사람으로 나타나는지에 대해 짧은 에세이를 써보라는 질문을 받을 수도 있다. 여러분의 글을 더 효과적으로 만들어 줄 수 있는 적당한 인용구들을 찾을 수 있겠는가?

햄릿의 독백에는 세상에 대한 분노, 특히 어머니의 행동에 대한 분노가 가득 차 있다. 어머니와 숙부의 재혼이 빨리 이루어진 것은 어머니가 약한 사람이기 때문이라고 믿는다. 햄릿은 자신의 우울한 심경을 보이고 자살에 대해 언급한다. 그의 감정 상태를 잘 이해해 두기 바란다! 세상에 대한 그의 감정은 극의 후반부에 나타나는 햄릿의 행동에 큰 영향을 준다.

호레이쇼, 마셀러스, 버나도가 햄릿을 만났을 때, 처음에 그는 유령이 그의 아버지라는 이야기를 믿지 않고 유령의 생김새에 대해 그들에게 물어본다. 그가 확신했을 때, 햄릿은 그 날 밤, 친구들과 함께 보초를 서기로 결심한다. 햄릿의 감정은 대화가 진행되며 변화된다. 무대에 혼자 남았을 때 새로운 상황에 대한 흥분과 기다려야만 한다는 초조함, 그리고 어딘가 더러운 음모가 연루되어 있다는 걱정스러움을 관객들에게 드러낸다.

햄릿이 유령에 대해 얼마나 세세히 묻고 있는지를 보자. 그날 밤 햄릿이 친구들과 함께 보초 서는 것이 좋겠다고 어떻게 스스로를 확신시킬 수 있었는지에 대한 에세이를 (적절한 인용구와 함께) 쓸 수 있겠는가?

이번 장의 마지막에 친구들이 떠나고 난 뒤, 햄릿의 대사는 그의 마음이 변화되었다는 것을 보여준다. 여러 상충되는 감정들이 복잡하게 얽혀 있다고 한다. 이에 대한 짧은 글이나 에세이를 적어볼 수 있겠는가? 햄릿의 말과 생각들을 이해해야만 한다. 여러분의 의견을 뒷받침할 수 있는 인용구들도 찾아보도록 하자.

🔍 인용문[구]

1. **친척보단 가깝지만 닮진 않았군.**

   햄릿은 클라우디우스 왕이 한 말에 대해 자신에게 말하고 있다. 왕은 햄릿을 자신의 친족(여기서는 사촌이라는 뜻보다는 친척을 의미한다)이며 그의 아들이라 칭한다. 사실 햄릿은 클라우디우스 왕의 조카(그리고 지금은 양아들)이다. 햄릿은 왕의 거짓된 친절이 들어 있는 말을 비웃고 있다.

2. 약한 자여, 그대의 이름은 여자!

    이 대사는 햄릿의 첫 번째 독백이다. 아버지가 돌아가신지 얼마 되지 않아, 아버지의 형제와 결혼한 어머니로 인해 마음이 어지럽다. 그는 어머니를 (그리고 모든 여자들을) 유약한 존재라고 생각한다.

3. 갑옷을 입은 내 아버지의 영이라니? 옳지 않다.

    무엇인가 더러운 음모가 있었을 거야.

    이 장의 마지막에 나오는 햄릿의 대사이다. 햄릿은 유령이 죽은 아버지라는 것을 믿게 된다. 하지만 왜 유령이 갑옷을 입고 있는지에 대해 의아해하며 어딘가 더러운 음모가 연루되어 있다는 의심을 품는다.

어휘 · 표현 연구

kind 동음이의어를 사용한 말장난. 'kind'는 '비슷한'이라는 의미도 있다. 여기서는 햄릿이 자신은 클라우디우스 왕과 전혀 비슷하지 않다고 말하는 것이다.

sun 동음이의어를 이용한 말장난. 'son'과 'sunshine'(왕실의 총애를 의미함)

obsequious sorrow 엄중히 비탄에 잠긴 행동 (장례식에 적절하다)

Hyperion 그리스 신화에 나오는 신 (Uranus 와 Gaea 사이에 태어난 거인)

Niobe 죽음의 운명을 지닌 그리스 신화에 나오는 여자. 그녀의 14명의 아이들이 살해되었을 때, 그녀는 처참히 비통해했고, 그녀의 행동은 상실로 인해 고통 받는 사람의 전형이 되었다.

cap-a-pe 머리부터 발끝까지

beaver (중세 투구의) 얼굴 가리개 (방어물)

Act Analysis

★ Act I Scene 3

Plot Summary

Laertes meets his sister Ophelia to say good bye before catching the boat to return to France. Laertes gives her some brotherly advice. He tells her that Hamlet may not be able to control his destiny very well. Since he is prince, he might be required to end up in a political marriage instead of a marriage of love. Laertes urges Ophelia to remain chaste. Ophelia agrees to heed his advice, while urging him to obey proper conduct as well.

Polonius (their father) enters and counsels Laertes with a few rules of life. Laertes departs for the waiting ship.

Polonius, ever watchful and protective of Ophelia's chastity and reputation, orders her to avoid Hamlet altogether. She agrees to obey him.

Scene Analysis and Focus Study Points

This scene reveals to the audience more of the character of Polonius and Laertes and introduces Ophelia. It is important to note that both Laertes and Polonius feel they have the right to tell Ophelia how to behave regarding Hamlet. In fact, Polonius is quite patronizing in his words to her. It seems obvious that she loves Hamlet but she is also willing to obey her brother and father. It does not appear that she has much confidence in her own feelings or decisions. Note carefully how she responds to what her father and brother say to her. Her replies give an indication of her character. Although she agrees to obey them both, she tells her brother she expects him to lead a moral life in France. Could you write an essay (with suitable quotes) to describe Ophelia's character? Make sure you understand what her actions and words say about her character.

The advice that Polonius gives both Laertes and Ophelia shows he is a fussy old man who loves to talk. Note that he seems to be very concerned that neither will do anything that is bad for the honour of the family. You should be able to write a good essay (with suitable quotes) to show this side of his character. Could you do that?

Symbolism

★ **The actions of Polonius, Laertes and Ophelia**
The actions of Polonius, Laertes and Ophelia in this scene are symbolic of the dominance of old people over younger ones and of males over females. In the first case, Polonius feels he has the right to give advice to his two adult children. In the second case, Polonius and Laertes feel they have the right to give advice to Ophelia because she is a woman. From their words, it appears they don't think she is capable of making good decisions concerning her relationship with Hamlet.

Quotes

1. *Neither a borrower nor a lender be,*
   For loan oft loses both itself and friend,
   And borrowing dulls the edge of husbandry.

   Polonius is giving some advice to his son Laertes just before his son leaves for France. With these words, he is telling Laertes not to borrow or lend money. He says that if you lend money it is likely that you will lose a friend and the money too. He also says that borrowing money weakens one's ability to be frugal.

2. *This above all, to thine own self be true,*
   And it must follow, as the night the day,
   Thou canst not then be false to any man.

   These lines immediately follow the quote above. Polonius concludes his advice to Laertes in saying that he should always hold on to his beliefs about honorable behavior. He says that if you can continue to be a good person you will be a good friend too.

Vocabulary

toy to play with

primy youthful

cautel dishonest

buttons buds like on a flower

husbandry frugal management

Useful Web Sites

Many useful web sites can be found with information about virtually any subject concerning *Hamlet*.

The following was consulted for this information on this scene.

A source of famous idioms and quotes: http://www.goenglish.com/NeitherABorrowerNorALenderBe.asp

제1막 3장

줄거리

래어티스는 프랑스로 돌아가는 배를 타기 전 여동생인 오필리아와 작별 인사를 나누기 위해 만난다. 래어티스는 여동생에게 오빠로서 충고를 한다. 햄릿은 자신의 운명을 마음대로 정할 수 없는 사람일지도 모른다고 한다. 왕자의 신분이기 때문에 사랑을 위한 결혼보다는 정략결혼을 할 수도 있다고 한다. 래어티스는 오필리아에게 순결을 지키라고 강조한다. 오필리아는 충고를 따르겠다고 답하면서, 오빠 역시 행동을 조심하라고 한다.

폴로니우스(그들의 아버지)가 등장하고, 래어티스에게 몇 가지 삶의 지침에 대해 말한다. 래어티스는 자신을 기다리고 있는 배로 떠난다.

오필리아의 순결과 평판을 신경 쓰던 폴로니우스는 오필리아에게 햄릿과 함께 있는 걸 피하라고 명한다. 오필리아는 아버지의 말을 따르겠다고 답한다.

분석

이번 장은 관객들에게 폴로니우스와 래어티스를 더 자세히 보여주면서 여주인공인 오필리아를 소개한다. 폴로니우스와 래어티스 둘 모두 햄릿에 대한 오필리아의 태도를 결정할 수 있다고 여기는 것에 주목하는 것이 중요하다. 사실 오필리아를 대하는 폴로니우스의 태도는 상당히 거만하다. 오필리아는 햄릿을 사랑하고 있는 것 같지만, 아버지와 오빠의 말에 순종하려고 하고 자신의 감정이나 결정에 그다지 자신감이 있어 보이지 않는 것 같다. 그녀가 아버지와 오빠의 말에 어떻게 대답하는지를 살펴보자. 그 대답들에서 오필리아의 성격을 찾을 수 있다. 비록 그녀가 아버지와 오빠 모두의 말을 따르겠다고 하지만, 오빠에게 오빠 역시 프랑스에서 도덕적인 삶을 살기를 기대한다는 말을 한다. 오필리아의 성격을 묘사하는 에세이를(적절한 대사를 인용하여) 쓸 수 있겠는가?

래어티스와 오필리아 모두에게 하는 폴로니우스의 충고는 폴로니우스가 말하기 좋아하는 수다쟁이 늙은이라는 사실을 보여준다. 그의 두 자녀가 가문의 명예에 해가 될 만한 행동을 할 것에 대해 폴로니우스가 아주 걱정하는 것을 잘 생각해보자. 적절한 인용구를 사용해서 그의 성격을 논하는 훌륭한 에세이를 쓸 수 있어야 한다.

상징

★ **폴로니우스, 래어티스, 오필리아의 행동**
이번 장에서 보이는 폴로니우스, 래어티스, 오필리아의 행동에서 '연장자와 젊은이' 그리고

'남성과 여성' 사이의 우열이 드러난다. 우선, 폴로니우스는 장성한 두 자녀에게 어른으로서 조언을 할 수 있다고 여긴다. 둘째, 폴로니우스와 래어티스는 여자인 오필리아에게 충고할 권리가 있다고 생각한다. 그들의 대화를 보면, 여자인 오필리아는 햄릿과의 관계를 놓고 옳은 판단을 내릴 수 없다고 생각하고 있다.

🔍 인용문[구]

1. 돈은 빌리지도 빌려주지도 말아라.
   돈을 빌려주면 돈과 사람 모두를 잃는다.
   그리고 돈을 빌리게 되면 절약하는 마음이 무디어진다.
   폴로니우스는 아들 래어티스가 프랑스로 떠나기 전 조언을 한다. 그는 래어티스에게 돈을 빌리거나 빌려주지 말라고 한다. 만약 돈을 빌려준다면 그것은 친구도 돈도 잃어버리는 것과 같다고 말한다. 또 돈을 빌리는 것은 절약하는 능력을 상실하게 만든다고 한다.

2. 무엇보다도, 너 자신에게 충실하도록 하여라.
   그렇다면 밤이 낮을 따라 나오듯
   넌 다른 이에게도 충실한 사람이 될 수 있을 거다.
   이 대사는 위의 인용구 바로 다음에 온다. 폴로니우스는 래어티스에게 명예로운 행동에 대한 신념을 항상 지켜야 한다면서 조언을 매듭짓는다. 좋은 사람이 되려고 항상 노력하면 좋은 친구 역시 될 수 있다고 말한다.

📘 어휘 · 표현 연구

toy ~놀다, 장난하다
primy 청년다운, 젊은이의
cautel 부정직한
buttons 꽃에 있는 봉오리들
husbandry 절약 능력

Act I Scene 4

Plot Summary

In this short scene, Hamlet, Horatio, and Marcellus wait for the ghost on the wall of the castle. It is cold and just after midnight. As they wait they hear the sounds of a party being held by the king. It is noisy with the sounds of kettledrums, trumpets and the firing of canon. Hamlet says Danes are mocked in other countries for partying too much.

Suddenly the ghost appears. Hamlet speaks to it but it remains silent and beckons for Hamlet to follow. Hamlet tries to follow but Horatio and Marcellus hold him back. There is a brief struggle before Hamlet is able to follow the ghost. Horatio and Marcellus briefly express their concern and then go after Hamlet and the ghost.

Scene Analysis and Focus Study Points:

As the three men are waiting for the ghost to appear, they hear the sounds of a loud party. Hamlet reveals that he is disgusted with the partying going on in the castle and in the country in general. He claims that other people mock the Danes for their drunken ways.

Hamlet is clearly frightened by the appearance of the ghost. However, from his words it appears that he willingly believes the ghost to be the spirit of his dead father, the late King Hamlet of Denmark. Hamlet is eloquent in his speech to the ghost as he implores it to speak to him. When the ghost beckons Hamlet to follow him, Hamlet resolutely tries to obey. He is aggressively forceful with his two friends when they try to prevent him from following the ghost. When they fear for his safety, he claims that he does not care about his life or about the safety of his soul. When his friends persist, he threatens to kill them if they do not stop.

Make sure you understand what he says to justify taking the risk of following the ghost. It does not appear that he values his life or safety very much.

Symbolism

★ The appearance of the ghost in full armour
The appearance of the ghost in full armour could be symbolic of the violence and death in the play.

Quotes

1. *Angels and ministers of grace defend us!*
   Be thou a spirit of health or goblin damned,
   Bring with thee airs from heaven or blasts from hell,
   Be thy intents wicked or charitable,

   Hamlet is addressing the ghost just after it has appeared. He is clearly frightened and asks for divine protection. He is also intensely curious about why it has appeared and he asks if it is good or evil, whether it comes from heaven or hell and if it intends to do evil or good things.

2. *Why, what should be the fear?*
   I do not set my life at a pin's fee,
   And for my soul, what can it do to that,
   Being a thing immortal as itself?
   It waves me forth again. I'll follow it.

Hamlet is arguing with his companions. He wants to follow the ghost and claims he is not worried about his life or his soul. He insists that he will follow the ghost.

3. *Something is rotten in the state of Denmark.*

Marcellus speaks this line as he and Horatio are trying to decide whether to follow Hamlet and the ghost. Marcellus is speculating that the ghost's appearance indicates that there are bad things happening in Denmark.

Vocabulary

takes his rouses   partying hard

The triumph of his pledge   to drink the whole cupful in one long drink

canonized   blessed by the Church burial ceremony

cerements   a type of burial cloth made of waxed linen

beetles   to stick out/ overhang

Useful Web Sites

Many useful web sites can be found with information about virtually any subject concerning *Hamlet*.

The following was consulted for this information on this scene.

Some essays on the ghost: http://sv2.123helpme.com/search.asp?text=Hamlet+Ghost

Act Analysis

제1막 4장

줄거리

4장은 짧은 장으로, 햄릿, 호레이쇼, 마셀러스가 성벽 위에서 유령을 기다리고 있다. 막 자정을 넘긴 추운 밤이다. 그들은 왕의 파티에서 새어 나오는 소리를 듣고 있다. 케틀드럼, 트럼펫, 대포 소리로 사방이 시끄럽다. 햄릿은 덴마크의 너무 많은 파티를 놓고 이웃 나라들이 욕을 한다고 말한다.

그때 유령이 갑자기 나타난다. 햄릿이 유령에게 말을 걸지만 유령은 조용히 햄릿에게 따라오라는 신호만을 한다. 유령을 따라가려는 햄릿을 호레이쇼와 마셀러스가 말린다. 햄릿이 유령을 따라가기 전 짧은 다툼이 벌어진다. 호레이쇼와 마셀러스는 그들의 걱정에 대해 간략히 말하며 햄릿과 유령의 뒤를 따른다.

분석

햄릿, 호레이쇼, 마셀러스 세 사람은 유령이 나타나길 기다리면서 파티장에서 들려오는 시끄러운 소리를 듣는다. 햄릿은 성과 나라 전체에서 끊임없이 열리는 파티에 진절머리가 난다고 밝히며 이웃 나라들이 덴마크의 주정을 놓고 욕을 하고 있다고 한다.

햄릿은 유령이 나타나자 깜짝 놀라지만 유령이 돌아가신 아버지, 덴마크 햄릿 왕의 영혼이길 믿고 싶어 한다. 햄릿은 유령에게 대화를 나누길 원한다며 설득력 있게 말한다. 유령이 햄릿에게 따라오라는 손짓을 하자, 햄릿은 단호히 유령을 따라가려고 한다. 두 친구들에게 자신을 말리지 말라고 위협한다. 친구들이 햄릿의 안전을 걱정하자, 자신은 목숨도 영혼의 안전도 신경쓰지 않는다고 답한다. 친구들이 계속 말리자, 가만 있지 않으면 그들의 목을 베겠다고 소리친다.

유령을 따라가는 일을 정당화하기 위해 그가 무엇을 이야기하는지 잘 이해해야 한다. 햄릿은 그의 목숨이나 안전에 대해 그리 소중히 여기지 않고 있다.

상징

★ 갑옷을 입은 유령의 모습
  갑옷을 입고 나타난 유령의 모습은 폭력과 죽음이 극의 후반부에 전개될 것임을 암시한다.

인용문[구]

1. 천사들과 자비의 군신들이여, 우리를 보호하소서!
   그대의 안녕의 영을 허락하든지, 악귀를 파멸하소서.

천국으로부터 그대의 바람을 보내든지, 지옥의 돌풍을 보내소서.
당신의 목적을 사악하게 하든지, 자비롭게 하소서.
햄릿은 유령이 나타나자 말을 걸려고 한다. 그는 의심할 여지없이 겁에 질렸고, 신의 보호를 구한다. 그리고 유령이 왜 나타났는지를 강력하게 알고 싶어 하며, 악령인지 아닌지, 천국에서 왔는지 지옥에서 왔는지, 그리고 악을 행하려고 하는 것인지 아니면 선을 행하려고 하는 것인지에 대해 묻고 있다.

2. 왜, 두려워해야 하지?
나는 나의 삶을 한 푼의 가치도 없게 하지 않아
그리고 나의 영혼을 위해 무엇을 할 수 있겠어?
그 자체가 불멸의 존재라면
그 사실이 나를 다시 전진하게 하네. 난 그것을 따라가겠네.
햄릿은 동료들과 다투고 있다. 햄릿은 유령을 따라가길 원하고 그의 생명과 영혼에 대해 걱정하지 말라고 주장한다. 그는 유령을 따라갈 것이라고 단언한다.

3. 무엇인가가 덴마크 내에서 썩고 있다.
마셀러스는 그와 호레이쇼가 햄릿과 유령을 따라가야 하는지를 놓고 위와 같은 대사를 한다.
마셀러스는 유령의 모습에서 덴마크에서 좋지 않은 일이 일어나고 있음을 추측하고 있다.

어휘 · 표현 연구

takes his rouses 힘껏 먹고, 마시고, 춤추며 파티 하는 것
The triumph of his pledge 한 잔 전부를 한 번에 길게 마시다
canonized 교회 장례장에 의해 추도된
cerements 밀랍을 입힌 마직물로 만든 수의(壽衣)
beetles 두드러지다/ (앞쪽으로) 돌출되다

Act Analysis

⋆Act I Scene 5

Plot Summary

On another part of the castle wall, Hamlet and the Ghost speak to each other. The ghost tells Hamlet that he is the spirit of his father and that Hamlet is to take revenge because he was murdered, not bitten by a poisonous snake. Hamlet is shocked when the ghost goes on to tell him that he was murdered by his own brother, Claudius.

The ghost tells Hamlet how Gertrude was seduced by Claudius. However, the ghost does not want Hamlet to seek any kind of revenge against her. He makes Hamlet promise that he will leave her deeds to be judged and punished by God. At this point, the dawn comes, forcing the ghost to return to purgatory where he must undergo purification for sins he committed before he was killed.

Hamlet is very angry. He swears that he will remember the ghost and what the ghost asked of him. He also swears that he will forget all trivial matters and that his life will now be focused on one event, avenging his father's murder.

Horatio and Marcellus find him. They are curious about what happened but Hamlet refuses to tell them very much except that the ghost was real. Instead of providing more information, he insists that they pledge that they will never reveal to anyone the events surrounding the ghost. The ghost calls up from below for them to promise to say nothing when they seem hesitant to do so. Before the scene ends, Hamlet warns his friends that he may appear crazy in the future but that they must not offer any opinion on his behavior. He does not tell them why he will be doing this.

🗋 Scene analysis and Focus Study Points

The ghost reveals that he was King Hamlet in real life and that he was murdered by his brother, Claudius, not killed by a snake bite as was reported. He says that Claudius poured a poison called henbona (henbane) into his ear while he slept in the garden one afternoon. He also tells Hamlet that his mother was seduced by Claudius. The ghost wants Hamlet to seek revenge against Claudius for his murder but says that he must not do anything to his mother. Instead she will be judged by God for her sins. Although it is not exactly clear if Gertrude was seduced by Claudius before or after King Hamlet was murdered, it seems possible that she and Claudius were having an affair before King Hamlet was murdered. That could explain in part, why King Hamlet was murdered and why Gertrude married Claudius within two months of the murder. What do you think?

The dawn is approaching so the ghost must leave. Hamlet is consumed with thoughts of revenge and vows to think of nothing else in his life. Make sure you understand what he promises himself in his soliloquy after the ghost vanishes. The ghost's request for vengeance is the main driving force for Hamlet for the rest of the play.

Hamlet seems to have thought of a plan to get his revenge by the time he meets Horatio and Marcellus again. He swears them to secrecy about what happened with the ghost. Hamlet also tells them he may appear mad in the near future and he makes them swear again not to say anything that might make people suspicious of his actions. Although they are his friends, he is keeping a lot of information from them. Why do you think he is doing this? Is it possible he is afraid that Claudius will suspect he is plotting revenge if he appears normal? Do some research on the historical background for this play to see why Shakespeare decided to make Hamlet appear crazy.

Symbolism

There are no important symbols in this chapter except for the presence of the ghost in armour. It could be symbolic of violence and death in the future

Quotes

1. *And therefore as a stranger give it welcome.*
   There are more things in heaven and earth, Horatio,
   Than are dreamt of in your philosophy.

   Hamlet is speaking these lines to Horatio. Horatio is very puzzled by Hamlet's insistence that both he and Marcellus swear on Hamlet's sword that they will say nothing about the ghost. Hamlet is saying to Horatio that there are reasons for this but that he can not tell him what they are and so he must just accept it.

Vocabulary

hebona a poison (henbane)

posset make sour

eager acidic

luxury sexual desire/ lust

Hic et ubique Latin meaning here and everywhere

Useful Web Sites

Many useful web sites can be found with information about virtually any subject concerning *Hamlet*.

The following was consulted for this information on this scene.

Some essays on the ghost: http://www.123helpme.com/search.asp?text=hamlet

Act Analysis

★ 제1막 5장

줄거리

성벽 위, 햄릿과 유령이 이야기를 나눈다. 유령은 햄릿의 아버지의 혼이라 하면서 독사에게 물려 죽은 것이 아니라 살해 당했다고 하며 복수를 부탁한다. 아우인 클라우디우스 손에 독살되어 죽은 것이라는 유령의 말을 들은 햄릿은 경악을 한다.

유령은 클라우디우스가 거트루드를 어떻게 유혹했는지를 말해준다. 하지만 햄릿에게 어머니에게는 복수하지 말라고 부탁한다. 어머니의 처신에 대해 판단하고 벌하는 것은 신에게 맡기라고 한다. 동이 터 오자, 유령은 죽기 전에 행한 죄를 정화시킬 연옥으로 돌아가야 한다고 말한다.

햄릿은 매우 분개한다. 그는 유령을 기억하고 유령이 부탁한 것을 잊지 않겠다고 맹세한다. 그리고 이제는 사소한 일들은 잊고 인생의 모든 초점을 아버지의 원수 갚는 일에 두겠다고 맹세한다.

호레이쇼와 마셀러스가 햄릿을 찾아온다. 그들은 무슨 일이 일어났는지 궁금해하지만, 햄릿은 입을 다물고 다만 유령은 실재한다고만 이야기한다. 자세한 이야기를 해주지 않은 채 유령에 대해 함구할 것을 약속하라고 한다. 호레이쇼와 마셀러스가 맹세를 주저하자 유령이 지하에서 맹세하라고 말한다. 이 장이 끝나기 전, 햄릿은 그들에게 앞으로 자기가 이상한 행동을 할지라도 자기에 대해 어떠한 의견도 내놓지 말아야 한다고 경고한다. 자신이 왜 그러한 행동을 할지에 대해서는 말해주지 않는다.

분석

유령은 자신은 생전에 햄릿 왕이었고, 자기는 독사에 물려 죽은 것이 아니라 아우인 클라우디우스에게 살해 당한 것이라고 밝힌다. 어느 날 오후, 정원에서 잠들어 있는 자기에게 클라우디우스가 헤보나라는 독을 귀에 부었고 햄릿의 어머니를 유혹했다고 한다. 유령은 햄릿이 자기를 살해한 클라우디우스에게 복수를 해주길 바라지만, 어머니에게는 아무 일도 하지 말라고 한다. 그녀의 죄는 신의 손에 맡기자고 한다. 거트루드 왕비가 클라우디우스에게 유혹된 것이 햄릿 왕이 살해되기 전인지 후인지는 명확하지 않지만, 아마도 왕비와 클라우디우스는 햄릿 왕이 죽기 전부터 통정한 것으로 보인다. 이는 왜 햄릿 왕이 살해 당했는지와 남편이 죽은 지 두 달도 되지 않아 클라우디우스와 재혼한 왕비의 행동을 부분적으로 설명해줄 수도 있을 것이다. 여러분은 어떻게 생각하는가?

새벽이 밝자 유령은 떠난다. 햄릿은 복수로 마음이 불타올라 복수 이외의 일에는 신경 쓰지 않겠다고 맹세한다. 유령이 사라지고 나서 하는 독백에서 햄릿이 어떠한 약속을 스스로에게 하고 있는지 이해해야 한다. 복수를 위한 유령의 부탁은 극의 이후 부분에서 햄릿의 행동을 이끄는 주요한 원동력이다.

호레이쇼와 마셀러스가 다시 왔을 때, 햄릿은 이미 복수에 대한 계획을 세우고 있다는 것을 알 수 있다. 햄릿은 두 친구에게 유령에 대해 비밀로 해줄 것을 맹세하라고 한다. 그리고 조만간 자기가 미친 것처럼 행동할 수도 있는데, 사람들이 그의 행동을 의심할 만한 어떠한 말도 하지 않을 것을 맹세하도록 한다. 비록 그들이 햄릿의 친구이기는 하지만, 햄릿은 그들에게 많은 일들에 대해 입을 다물려고 한다. 왜 햄릿이 이러한 행동을 한다고 생각하는가? 만약 햄릿이 지극히 일상적으로 행동한다면 그가 복수를 꾸미고 있다고 클라우디우스가 의심할 것이라는 햄릿의 두려움은 가능성이 있는 것일까? 왜 셰익스피어가 햄릿이 미친 것처럼 보이도록 만들기로 정했는지를 알아보기 위해 이 연극의 역사적 배경을 조사해 보자.

상징

갑옷을 입은 유령의 출현 외에는 상징으로 볼 것이 없다. 유령의 모습은 미래에 폭력과 죽음이 나타날 것을 암시한다.

인용문[구]

1. 고로, 낯선 이가 환대하듯이
하늘과 이 세상에는 자네의 철학 속에서 꿈꿨던 것들보다
더 많은 것들이 존재하네, 호레이쇼.
햄릿은 호레이쇼에게 위와 같이 말하고 있다. 호레이쇼는 마셀러스와 자신에게 유령에 대해 함구할 것을 칼로 맹세하라는 햄릿의 강요에 매우 당혹스러워 한다. 햄릿은 자신의 요구에는 이유가 있지만 그 이유는 말해줄 수 없다면서 그냥 받아들이라고 말하고 있다.

어휘 · 표현 연구

hebona 독약(사리풀- 유럽산 독풀)
posset 신맛이 나게 하다 (뜨거운 우유에 포도주, 설탕, 향료 따위를 탄 것)
eage 신 맛 나는, 짜릿한 맛 나는
luxury 호색(好色)/ 정욕
Hic et ubique 라틴어로 여기, 저기 그리고 어디든지

Test For Act I

A. Match the following people or events in Column A with answers from Column B.

Column A

① Polonius
② Horatio
③ Claudius
④ Laertes
⑤ Gertrude
⑥ Ghost
⑦ Ophelia

Column B

____ Is Ophelia's brother
____ Laertes' father
____ Saw a ghost
____ Is Hamlet's step-father
____ Is Polonius' daughter
____ Tells Hamlet to stop wearing black clothes
____ Hamlet's father

B. Place the following events in the proper chronological order.

____ Horatio tells Hamlet about the ghost who resembled King Hamlet.
____ Laertes warns Ophelia of wasting her affections.
____ Hamlet swears the soldiers to secrecy.
____ Hamlet agrees to stay in court.
____ Polonius gives Laertes advice about finances.
____ The ghost appears to the soldiers.
____ Polonius forbids Ophelia to spend time with Hamlet.
____ Hamlet talks to the ghost of his father.

Hamlet

C. **Identify the following quotes.** (Note: Answer these questions in COMPLETE sentences. For some of these questions your answer may require more than one sentence. You will lose marks for incomplete answers!)

1. *'Tis sweet and commendable in your nature, Hamlet,*
   To give these mourning duties to your father

   Who said this?

   Describe the circumstances.

   ---

2. *O, that this too too solid flesh would melt*
   Thaw and resolve itself into a dew!
   Or that the Everlasting had not fix'd
   His canon 'gainst self-slaughter!

   Who said this?

   What has just happened?

   ---

3. *But, good my brother,*
   Do not, as some ungracious pastors do,
   Show me the steep and thorny way to heaven
   Whiles, like a puffed and reckless libertine,
   Himself the primrose path of dalliance treads

   Who is speaking and to whom?

   What is the meaning of these words (and why were they spoken)?

   ----

4. *Neither a borrower nor a lender be,*
   For loan oft loses both itself and friend,

   Who said this and to whom was this spoken?

   Why were these words spoken?

   ----

5. *Something is rotten in the state of Denmark.*

   Who said this?

   What were the circumstances?

D. Write a short paragraph (3 or more sentences as needed) **to answer the following:**

1. What does Polonius tell Ophelia?

2. Summarize what the ghost of Hamlet's father told him.

3. Polonius gives about 10 pieces of advice to Laertes. Itemize five (or more).

4. Describe the superstitious belief concerning roosters crowing.

5. What does the ghost say Hamlet should do about Queen Gertrude?

Superstitions from Act I Scene I

> **Question** In Act I of the play of *Hamlet* by William Shakespeare, a number of superstitions are mentioned. Write an essay giving details of these beliefs.

The people in the time of Shakespeare were quite superstitious. Superstitious beliefs play a significant role in Act I Scene 1 of the play *Hamlet* by William Shakespeare. In this scene, a ghost is seen twice one cold night by three men. Two of these men (Marcellus and Bernardo) have seen it on two separate nights during their shift as guards on the wall of a castle. For this night they have invited a friend (Horatio) who is more educated than they are. It is their hope that he can communicate with the ghost to learn why it has appeared. However, the ghost appears and disappears twice that evening without speaking. The three men discuss what this event may mean and they mention a number of superstitions as they strive to understand what has happened. These superstitions are based either on supernatural beliefs or religious beliefs and probably firmly captured the imagination of the audience.

After the ghost disappears for the first time, the men agree that it resembled the late King Hamlet of Denmark dressed in full armour. They recount the late king's defeat (and killing) of the King of Norway (King Fortinbras) in a recent battle and the rumours that his son (Prince Fortinbras) is seeking revenge. From this they conclude that war or some sort of civil unrest will come to Denmark. Horatio agrees that the appearance of the ghost is an evil omen and he quotes some supernatural superstitions that are believed to have occurred just before the assassination of Julius Caesar. He says that corpses rose from their graves and walked the streets of Rome speaking nonsense. In addition there were reports of meteors trailing sparks of light, disturbing signs on the face of the sun and a near total eclipse of the moon. Dew containing blood was also reported. Horatio considers the appearance of the ghost to be a similar sort of situation which portends evil events coming to Denmark.

The ghost reappears and Horatio tries to speak to it. However it disappears just as a rooster crows. The three men immediately try to understand why.

Horatio says that he has heard that the crowing of a rooster summons the god of the day and that all ghosts must immediately go to their hiding places. Since they just saw the ghost disappear as a rooster crowed, they believe that proves this religious belief. Marcellus says that he has heard that sometimes roosters crow all night on Christmas Eve. This makes the night so holy that nothing evil (witches, ghosts, fairy spells, or bad planetary alignments) has any influence. Horatio says he has heard that too.

This essay shows some superstitions that were probably believed by the people watching the play. The superstitions are based on either supernatural concepts or religious beliefs. The first example consists of several reported supernatural incidents that preceded the death of Emperor Julius Caesar. The second example (which is based on religious ideas) seems to explain the abrupt disappearance of the ghost just as the rooster crows before dawn. By the use of these superstitions in this first scene of the play, it is likely that the interest of the audience would be firmly captured.

1막 1장에 나오는 미신적 요소들

Question 윌리엄 셰익스피어의 「햄릿」 1막에는 많은 미신적 요소들이 들어 있다. 미신을 이야기하는 부분을 찾아 에세이를 작성해보자.

셰익스피어 시대의 사람들은 꽤나 미신적이라고 알려져 있다. 윌리엄 셰익스피어의 「햄릿」 1막 1장에는 미신적인 믿음이 작품 속에서 중요한 역할을 하고 있다. 이 장에서, 세 친구들은 어느 추운 밤 유령을 두 번 목격하게 된다. 이들 중 두 인물(마셀러스와 버나도)은 성벽 위에서 보초를 서던 중 이틀 동안 유령을 만나게 되는데 그날 밤, 그들보다 교육 수준이 높은 친구(호레이쇼)를 불러온다. 호레이쇼가 유령과 이야기를 한다면 왜 유령이 나타난 것인지를 알아낼 수 있을 것이라고 생각한다. 하지만 유령은 아무 말도 하지 않은 채 두 번이나 밤에 모습을 나타냈다 사라진다. 세 친구는 유령의 출현을 놓고 그 의미를 찾으려 한다. 그리고 수많은 미신적인 요소들을 끌어 들여 최근에 일어난 일들을 해석하려 한다. 이러한 미신들은 초자연적이거나 종교적인 믿음을 바탕으로 한 것들로 아마도 확실히 관객들의 상상력을 자극할 수 있었을 것이다.

처음 유령이 사라지고 그들은 유령의 모습이 덴마크의 선왕, 햄릿 왕이 갑옷을 입고 있는 모습 같다고 한다. 햄릿 왕이 전투에서 노르웨이의 포틴브라스 왕을 물리친 일(그리고 전사시킨 일)을 자세히 이야기하며, 그의 아들인 포틴브라스 왕자가 복수를 준비하고 있다고 말한다. 이를 바탕으로 곧 덴마크에 전쟁이 일어나거나 국민들이 동요할 일이 일어날 것이라는 결론을 내린다. 호레이쇼 역시 유령의 출현은 나쁜 징조라 하면서, 줄리어스 시저가 살해되기 전 일어났던 초자연적인 미신 이야기들을 꺼내 놓는다. 시체들이 무덤에서 일어나 로마 거리를 배회하며 이상한 소리들을 냈다고 한다. 그리고 유성이 하늘에서 떨어지고 태양도 불안한 모습을 보이고 달은 월식의 형태를 가졌으며, 새벽 이슬은 핏빛으로 물들었다고 한다. 호레이쇼는 유령의 출현을 덴마크에 다가올 불운에 대한 암시라고 받아들인다.

유령이 다시 나타나자 호레이쇼는 유령에게 말을 걸어본다. 하지만 때마침 울어대는 수탉 소리로 유령은 사라진다. 세 친구는 바로 유령이 사라진 이유를 이해해보려 한다. 호레이쇼는 수탉이 우는 것은 낮의 신을 불러내는 것이므로, 모든 유령들은 재빨리 그들의 은둔지로 돌아가야 한다는 이야기를 들었다고 한다. 그들은 수탉의 울음소리와 함께 유령이 사라지는 것을 보았으므로 그것이 이 종교적 믿음을 증명한다고 믿었을 것이다. 마셀러스는 크리스마스 이브에는 밤새도록 수탉이 울어대기도 한다고 말한다. 그

밤은 매우 신성한 밤이므로 어떠한 사악한 기운(마녀, 유령, 요정들의 주문, 행성들의 잘못된 정렬 등)도 힘을 발휘하지 못한다고 한다. 호레이쇼 역시 그 이야기를 들었다고 한다.

이 글을 통해 그 당시 연극을 관람하던 관객들이 믿던 미신적인 요소에 대해 논해보았다. 미신은 초자연적인 개념이나 종교적인 믿음에 의해 생겨난 것이다. 첫 번째 예로 든 것은 줄리어스 시저 황제가 죽기 전에 나타난 몇 가지 초자연적인 사건들을 말하고 있고, 두 번째 예(종교적인 믿음을 바탕으로)는 동이 트기 전에 울어대는 수탉 소리에 갑자기 유령이 모습을 감추는 것에 대해 설명하고 있다. 작품의 1막 1장에서 이러한 미신적인 이야기들을 꺼내 놓음으로써 관객들의 시선을 확실히 붙잡았을 것이다.

Polonius:
Therefore, since brevity is the soul of wit,
And tediousness the limbs and outward flourishes,
I will be brief. Your noble son is mad.
(Act II Scene 2)

그러므로, 간결함은 기지의 생명이며
장황함은 그 수족과 겉치레에 불과하니
간략하게 말하면 왕자는 미쳤습니다.
(2막 2장 폴로니우스 대사 중에서)

Act II

Hamlet believes he can obtain his proof of the guilt of Claudius by watching his reaction to the play.

햄릿은 연극을 보는 클라우디우스의 반응을 관찰함으로써 그가 유죄라는 증거를 얻을 수 있다고 확신한다.

★★★

★★★

Act Analysis

Act II Scene 1

Plot Summary

The scene opens with Polonius sending Reynaldo, his servant, to Paris to give Laertes money and some letters. However, Polonius wants Reynaldo to spy on Laertes as he is concerned for his family name. Reynaldo had intended to discretely look into Laertes' actions. He is astounded when he is told that he should do whatever is necessary to find out about Laertes' behaviour. However, Reynaldo should not do anything that would dishonour Laertes. Although this is not the way Reynaldo would have handled things, he agrees to follow Polonius' plan.

Ophelia enters as Reynaldo leaves. She is obviously distressed and tells her father that Hamlet came to see her. He was untidily dressed and in dirty clothes. His behaviour disturbed her greatly. He grabbed her wrist, studied her for a while, nodded his head three times, sighed very mournfully and left the room while watching her continuously over his shoulder.

Polonius immediately concludes that Hamlet is mad and that the reason is because he is desperately in love with Ophelia. He asks Ophelia if she did anything recently to upset Hamlet. Ophelia replies that she has obeyed her father's advice to stop seeing Hamlet and that she even sent his letters back to him. Polonius concludes that this is the cause of Hamlet's apparent madness. He tells Ophelia that they must report this incident to the King.

📄 Scene Analysis and Focus Study Points

This scene opens after some time has passed (perhaps several months) since the end of Act I Scene 5. Recall that, at that time, Laertes (son of Polonius) had just been given permission by King Claudius to return to his studies in France. Also, on the evening of that same day, Hamlet sees a ghost claiming to be the spirit of his father, makes plans for revenge and makes his companions swear that they will say nothing about the ghost. His companions are also told not to make comments on Hamlet's behaviour if it seems strange.

Polonius plays the major role in this scene. First he has a meeting with a servant, Reynaldo, who is leaving immediately for France to visit Laertes. The servant is instructed to give Laertes some money and letters. Polonius also wants Reynaldo to spy on Laertes. Thus it appears that enough time has gone by for Laertes to travel from Denmark to France and resume his life there. Now it appears that his father wants to know more about his son's behaviour. Note carefully what Polonius says to the servant. His instructions are very detailed. He claims to be concerned that Laertes may bring dishonour to the family by his actions and he assumes the worst. He suggests several types of questions for Reynaldo to ask to make sure that any information discovered will be accurate. Do you think his actions clearly show that he likes to control situations? The audience would probably find this scene amusing because his words show him to be a fussy, nosey father who is getting so old he forgets what he is saying at times.

Another clue that time has passed is contained in the dialogue between Polonius and Ophelia at the end of the scene. Evidently

Hamlet has been acting strangely recently. When Ophelia tells her father about Hamlet's recent and unexpected visit and his strange behaviour, Polonius immediately concludes that Hamlet is desperately in love with her. He believes that this bizarre behaviour was caused by him when he ordered Ophelia never to see Hamlet again (Act I Scene 3). He had thought that Hamlet's motives in his attention toward his daughter were dishonourable and not out of genuine love. The scene ends with him resolving to relay this conclusion to the king and queen since they are also concerned about Hamlet's strange behaviour and want to know the reason for it.

Note that Polonius is the main person in this scene. From his words, the audience learns a lot more about his character. Does it seem that he is someone who likes to control situations? Does it appear that he is more concerned with both Laertes and Ophelia maintaining the family honour than anything else? What do you think? It is very likely you will be assigned an essay about the character of Polonius. Consider the following adjectives; *verbose, pompous, nosey, controlling, dictatorial.* Do you know the meaning of these words? Do these adjectives apply to Polonius? Can you think of other synonyms? Could you find suitable quotes to show that some (or all) of these adjectives apply to Polonius? This scene contains much useful information and many potential quotes for a good essay. You would be wise to make some notes to prepare for an essay assignment!

Symbolism

* The number three

The number three is mentioned when Ophelia says Hamlet nodded his head three times as he held her arm. Since the number three is sometimes associated with the supernatural, this could be symbolic of strange events to come later in the play.

🔎 Quotes

1. *Marry, sir, here's my drift,*
   And I believe it is a fetch of warrant.
   You laying these slight sullies on my son
   As 'twere a thing a little soiled i' th' working,

   Polonius is beginning his lengthy instructions to his servant on how to spy on Laertes. The second line of this quote shows how pleased he is with his idea of how to collect accurate information about his son. This also shows what a big ego Polonius has. (His later instructions to his servant show him to be pompous and verbose!)

📖 Vocabulary

quaintly carefully and with skill

windlasses going by a non direct route (toward some information)

Act Analysis

✲ 제2막 1장

줄거리

2막이 열리면 폴로니우스가 하인 레이날도를 불러 래어티스에게 전할 돈과 편지를 주며 파리로 가라고 한다. 그러나 폴로니우스는 가문의 명예에 대한 걱정으로 레이날도에게 래어티스를 살피고 오라고 한다. 레이날도는 래어티스의 행동을 일일이 살펴보고 오는 게 목표였다. 레이날도는 래어티스의 행동을 알아낼 수 있는 일이라면 무엇이든 하라는 말을 듣고 놀란다. 하지만 그는 래어티스를 불명예스럽게 하는 일은 그 어떤 일도 할 수 없는 것이었다. 비록 레이날도는 자신이 할 수 있는 일은 아니지만 폴로니우스의 계획은 따르겠다고 한다.

레이날도가 떠나자 오필리아가 들어온다. 그녀는 얼이 나간 표정으로 아버지를 찾아와 햄릿이 자기를 찾아왔었다고 한다. 햄릿의 옷은 풀어헤쳐져 있었고 더러웠으며 그의 행동은 매우 당황스러웠다고 한다. 자기의 손목을 잡더니 뚫어져라 쳐다보고, 고개를 세 번 끄덕이고는 아주 슬픈 큰 한숨을 내쉬었다고 한다. 그리고 어깨 너머로 자기를 계속 쳐다보면서 방을 나갔다고 한다.

폴로니우스는 햄릿이 실성한 것이고 그 이유는 그가 필사적으로 오필리아에게 사랑을 갈구하기 때문이라고 결론짓는다. 그리고 혹시 오필리아가 최근에 햄릿의 마음을 상하게 만든 적이 있는지를 묻는다. 오필리아는 아버지의 조언대로 햄릿을 그만 만나기로 하고 햄릿에게 편지를 돌려보냈다고 대답한다. 폴로니우스는 바로 그 이유가 햄릿을 미치게 만든 것이라고 확신한다. 그리고 햄릿의 상황을 왕에게 보고해야겠다고 말한다.

📄 분석

2막의 시간적 배경은 1막 5장이 끝난 후 시간이 꽤 (아마도 몇 달 정도가) 흐른 후이다. 1막의 마지막 장면을 다시 생각해보자. 래어티스(폴로니우스의 아들)는 클라우디우스 왕에게 프랑스로 돌아가 공부를 하고 싶다고 청했고 왕은 허락을 내렸다. 또한 같은 날 저녁에 햄릿은 자신의 아버지라고 주장하는 유령을 만나 복수를 위한 계획을 세웠고, 그의 두 친구에게 유령에 대해서는 함구하겠다는 맹세를 강요하고 앞으로 자기가 이상한 행동을 할지라도 아무런 참견을 하지 말라고 한다.

이번 장에서는 폴로니우스가 중요한 역할을 한다. 우선 그는 래어티스를 방문하기 위해 곧 프랑스로 떠나려는 하인 레이날도를 부른다. 레이날도는 돈과 편지를 래어티스에게 전하고 오라는 지시를 받는다. 폴로니우스는 또한 레이날도가 그의 아들 래어티스의 행동을 감시하기를 원한다. 사실 이번 장면은 래어티스가 덴마크를 떠나 프랑스로 돌아가서 그곳에서의 생활을 다시 시작한 후 충분한 시간이 지났음을 보여준다. 이제 래어티스의 아버지는 아들의 행동에 대해 더 많은 것들을 알고 싶어 하는 모습을 보인다. 폴로니우스가 하인에게 무엇을 지시하는지 잘 살펴보자. 그의 지시는 매우 구체적이다. 아들의 행동이 가문의 명예에 먹칠할까 걱정하며 가장 최악의 상황을 생각한다. 아들의 생활을 정확히 알아보기 위해 몇 가지 질문을 하인에게 일러준다. 폴로니우스의 행동은 그가 모든 상황을 통제하기를 원하는가를 정확히 보여주고 있다고 생각하는가? 이번 장에서 폴로니우스의 대사들은 자신의 젊은 시절의 모습은 잊은 채 말 많고 성가신 아버지의 모습을 보여주고 있으므로 관객들은 흥미롭게 이 장을 지켜볼 것이다.

1장의 마지막에 나오는 폴로니우스와 오필리아의 대화에서 시간이 흘렀다는 또 다른 증거를 찾을 수 있다. 분명 햄릿은 최근 이상한 행동을 보이고 있다. 오필리아가 아버지에게 최근 햄릿의 느닷없는 방문과 이상한 행동에 대해 이야기할 때, 폴로니우스는 즉각 햄릿이 필사적으로 오필리아에게 사랑을 갈구하고 있는 것이라고 결론짓는다. 폴로니우스는 이런 기이한 햄릿의 행동이 오필리아에게 햄릿을 다시는 만나지 말라고 이야기한 자신 때문이라고(1막 3장) 믿어버린다. 오필리아에 대한 햄릿의 관심은 동기가 불순하고 진심 어린 사랑이 아니라고 생각한다. 왕과 왕비가 햄릿의 이상한 행동을 걱정하고 그 이유를 알고 싶어 하기 때문에 햄릿의 상태를 그들에게 알려야겠다고 결심하면서 1장은 끝이 난다.

이번 장에서는 폴로니우스가 중요 인물이라는 점을 적어두자. 관객들은 그의 대사를 통해 폴로니우스의 성격에 대해 많은 사실들을 알게 된다. 상황을 통제하기 원하는 사람처럼 보이지 않는가? 그리고 다른 어떤 것보다 가문의 명예를 지키기 위해 래어티스와 오필리아에게 더 많은 걱정을 보인다는 것을 알 수 있겠는가? 여러분의 생각은 어떠한가? 폴로니우스라는 인물에 대한 에세이 과제가 주어질 가능성이 매우 높다. 다음 형용사들에 주목해 보도록 하자. verbose(말이 많은), pompous(거만한), nosey(참견을 좋아하는), controlling(지배적인), dictatorial(명령적인). 이 단어들의 의미를 알 수 있겠는가? 이러한 형용사들을 폴로니우스에게 사용할 수 있을 것인가? 다른 동의어들을 생각할 수 있겠는가? 폴로니우스에 대해 말할 때 위의 형용사들 중 일부(혹은 전체)를 사용하고 있는 인용구들을 찾을 수 있겠는가? 이번 장에는 좋은 에세이를 쓰기에 적합한 많은 유용한 정보와 가능한 인용구들이 포함되어 있다. 에세이 과제를 위해서는 약간의 노트를 해두는 것이 좋을 것이다!

상징

★ 숫자 3

오필리아는 햄릿이 자기의 팔을 붙잡고는 고개를 3번 끄덕였다고 말할 때 숫자 3이 언급된다. 숫자 3은 보통 초자연적인 사건들과 연관되는 수로, 앞으로 이상한 일들이 발생하게 될 것이라는 것을 상징하고 있다.

🔍 인용문[구]

1. 진실로, 이봐, 내 본의는 여기 있네.
   나는 묘안이라고 믿네만,
   말하자면, 작은 모욕적인 오점들로
   내 아들의 명예를 약간만 실추시키게.
   폴로니우스가 하인을 불러 래어티스를 어떻게 감시할 것인지를 놓고 장황한 지시를 내리고 있다. 두 번째 인용구는 아들에 대한 정확한 정보를 어떻게 수집할 것인지에 대한 자신의 생각에 흡족해하는 것을 보여준다. 폴로니우스는 자아를 뽐내기 좋아한다는 것을 알 수 있다 (하인에게 내리는 지시의 후반부는 그가 얼마나 장황하고 거만한 사람인지를 보여준다).

📖 어휘 · 표현 연구

quaintly 정교하게, 진귀하게
windlasses (어떤 정보를 향해) 아무런 노선 없이 향하는

Act II Scene 2

Plot Summary

This long scene takes place within a very short period of time after Act II Scene 1. It opens with King Claudius and Queen Gertrude welcoming two of Hamlet's childhood friends, Rosencrantz and Guildenstern. They are told about Hamlet's strange behaviour and that no one knows the reason. Both gentlemen agree to spy on Hamlet to find out the reason. They leave the stage to try to find him.

At this point, Polonius enters to announce that the messengers sent to Norway have returned with good news regarding Prince Fortinbras. Polonius also tells the king and queen that he has discovered the cause of Hamlet's strange behaviour and that he will tell them after they hear the messengers' news. While Polonius leaves to get the two messengers, Queen Gertrude speculates that Hamlet's strange behaviour is caused by grief over his father's death as well as disgust over her hasty marriage to her brother-in-law, Claudius.

Voltemand and Cornelius, the messengers sent to Norway, enter and report that the King of Norway was very upset to learn that Prince Fortinbras was raising an army to attack Denmark without his knowledge. He immediately ordered the arrest of Prince Fortinbras and rebuked him. As a result, Prince Fortinbras promised to give up his plans to attack Denmark. The king was very pleased and gave the prince an annual income and permission to take his troops to fight in Poland. The king also asked King Claudius if Prince Fortinbras could cross Denmark with his army on the way to Poland. King Claudius is very pleased with this information and his two messengers leave.

Polonius tells the king and queen that he believes Hamlet's madness is caused by Ophelia's rejecting his affections. As proof, he reads a letter that Hamlet wrote to Ophelia expressing his deep love for her. The king and queen discuss this. They are a bit skeptical of this as the reason so Polonius suggests that he will arrange a meeting between Hamlet and Ophelia in a lobby of the palace where Hamlet frequently goes. Polonius suggests that the king and queen hide nearby and listen to see if they think Hamlet's madness is caused by deep love of Ophelia. At that moment, Hamlet appears reading a book. Polonius suggests the king and queen leave and he will go and chat with Hamlet.

During the chat, Polonius fails to understand Hamlet. Hamlet claims to believe that Polonius is a seller of fish and he evades Polonius' questions by changing the subject abruptly several times. Polonius leaves but not before he acknowledges that there appears to be some logical meaning in Hamlet's ranting although he is now more convinced than ever that Hamlet is crazy. Rosencrantz and Guildenstern enter as he leaves.

Hamlet greets them with affection although he has reservations as to why they have come. Hamlet speaks to them in the same irrational way that he did to Polonius. He is suspicious that they have been sent to spy on him by the king. Eventually he forces them to admit it.

The topic and tone of the conversation change completely when Rosencrantz informs Hamlet that an acting company is on their way to perform a play at the castle. When Polonius returns to tell Hamlet about the players, Hamlet once again insults him. Hamlet makes a remark about a "fair daughter" in a play and Polonius believes Hamlet is talking about Ophelia.

When the players arrive, Hamlet requests that the lead actor (whom he recognizes) recite a passage about the death of King Priam during the Trojan War. The lead actor does so with great passion. Hamlet instructs Polonius to take excellent care of the players while they are staying at the castle. As the actors leave with Polonius, Hamlet speaks quietly to the lead actor. He asks if they can perform a play called *The Murder of Gonzago*. The lead player agrees. Hamlet also asks if he can insert 12 to 16 new lines into the play. The lead actor agrees to Hamlet's request and leaves. Rosencrantz and Guildenstern also leave. Hamlet is alone on stage and reveals to the audience in a soliloquy his frustration at not being able to summon the courage or motivation to seek the revenge that he promised the ghost of his father. He also reveals the reason for choosing that particular play for tomorrow's entertainment. Since it involves a murder, Hamlet hopes to see the guilt of his father's murder in King Claudius' reaction to the play.

Scene Analysis and Focus Study Points

Two new characters (Rosencrantz and Guildenstern) have been introduced. Hamlet is initially pleased to see them but quickly becomes suspicious of why they are there. He forces them to admit that the king hired them to spy on him. Note how cleverly Hamlet dominates the conversation with them with his foolish words. Do you think they are very clever young men?

More information is given about Prince Fortinbras and his plans to attack Denmark. Evidently the King of Norway was against that plan and has now convinced Prince Fortinbras to attack Poland instead. The King of Norway asks King Claudius of Denmark for permission to let Prince Fortinbras march his army through Denmark to Poland.

Polonius is shown repeatedly during this scene to be a pompous fool. He talks in a tedious and verbose way. He has a very lengthy conversation with the king and queen about Hamlet's behaviour and his theory of the cause. He talks in such a wordy fashion that the queen has to ask him to stick to the point. His plan to set up a fake conversation between Ophelia and Hamlet, for the king and queen to listen to, is risky and unfair to Ophelia.

Hamlet's conversations with Polonius and almost everyone else in this scene show how skilful he is with words. His words are irrational most of the time as well as insulting to almost everyone. He is giving a very convincing demonstration of madness. This is an excellent essay topic. Could you write an organized essay (with quotes) showing how Hamlet is trying to convince others that he is crazy?

The arrival of the actors dramatically changes Hamlet's mood and actions. He requests that the lead actor demonstrate his acting ability with a portion of a play dealing with the death of King Priam during the Trojan War. The actor does this with great passion and Hamlet is impressed. Hamlet arranges for them to play *The Murder of Gonzago* the following night. He also requests that the lead actor insert about 12 to 16 extra lines into the play that he (Hamlet) will write.

After everyone leaves the stage, Hamlet reveals his thoughts in a final soliloquy. He is upset because the actor could show anger and shed tears for something imaginary while he can't do it in real life. He is angry with himself because he is procrastinating and failing to take revenge for his father's death. Realizing that he has to act to make a difference, he plots a way to show his uncle's part in his father's death. The play he has chosen will closely mirror the murder of King Hamlet (according to the ghost's story) and will include a speech written by Hamlet himself. Hamlet believes he can obtain his proof of the guilt of Claudius by watching his reaction to the play. He believes that Claudius will react strongly if he is guilty. Hamlet claims he needs this "proof" because he has some doubt about whether or not the ghost was his father or just an evil spirit trying to get him into trouble.

🔍 Quotes

1. *Therefore, since brevity is the soul of wit,*
   And tediousness the limbs and outward flourishes,
   I will be brief. Your noble son is mad.

   Poloniusis is speaking to the king and queen. He seems to be promising to be brief in his explanation of Hamlet's madness. (In fact he continues talking tediously on and on.)

2. *More matter, with less art.*

   This quote comes soon after the one above. Queen Gertrude is urging Polonius to be more specific and less wordy in his explanations.

3. *Though this be madness, yet there is method in't.*

   Polonius notes that although Hamlet appears to be mad there is some reasoning in his words.

4. *Why, then 'tis none to you, for there is nothing either good or bad but thinking makes it so. To me it is a prison.*

   Hamlet is talking with Rosencrantz and Guildenstern. He has just declared that Denmark is a prison and Rosencrantz disagrees. Hamlet replies with the quote above. He is saying that nothing is either "good" or "bad". "Good" and "bad" depend on your opinion. He concludes by saying that he feels that Denmark is a prison.

5. *The play's the thing Wherein I'll catch the conscience of the king.*

   Hamlet believes that when the play is performed his uncle (King Claudius) will reveal his guilt in his father's murder.

Vocabulary

gentry good manners

Perpend carefully think about

machine meaning his body

played the desk or table book heard secrets without any emotional reaction

pregnant full of meaning

too dear a halfpenny of very little value

tarre provoke

row of the pious chanson verse from a hymn

bisson rheum to tear so heavy you can't see

drab some one paid for sexual intercourse

🌐 Useful Web Sites

Many useful web sites can be found with information about virtually any subject concerning *Hamlet*.

The following were consulted for this information on this scene.

Some information on summary, analysis and overview: http://www.bookrags.com/Hamlet

Some information about Hecuba: http://www.britannica.com/eb/article-9039783/Hecuba

Act Analysis

★ 제2막 2장

줄거리

2장은 2막 1장으로부터 시간이 얼마 지나지 않은 때이다. 2장은 클라우디우스 왕과 거트루드 왕비가 햄릿의 어린 시절 친구인 젠크란츠와 길덴스턴을 맞이하는 장면으로 시작된다. 왕과 왕비는 최근 햄릿의 행동이 이상해졌고, 그 이유를 아무도 찾지 못하고 있다고 말한다. 두 친구는 그 원인을 찾아보기 위해 그를 염탐하겠다고 하면서 햄릿을 찾아 나선다.

그때, 폴로니우스가 들어와 노르웨이로 보낸 사신들이 포틴브라스 왕자에 대한 좋은 소식을 안고 돌아왔다고 전한다. 그리고 왕과 왕비에게 햄릿이 이상하게 변한 원인을 알아냈다고 말하지만 우선 사신들을 만나보라고 한다. 폴로니우스가 사신들을 데리고 오는 동안, 거트루드는 햄릿이 변한 이유가 아버지의 죽음에 대한 슬픔과 숙부인 클라우리우디우스와 서둘러 결혼한 자신에 대한 혐오감 때문일 거라고 말한다.

노르웨이의 사신으로 갔던 볼티먼드와 코넬리우스가 등장하여 노르웨이 왕이 자신의 허락도 없이 포틴브라스 왕자가 덴마크를 공격할 군사를 모으고 있다는 소식을 듣고 매우 화를 냈다고 보고한다. 노르웨이 왕은 곧 포틴브라스 왕자를 불러 힐책했고 그 결과, 포틴브라스 왕자는 덴마크를 공격하려던 계획을 포기하게 되었다고 한다. 노르웨이 왕은 포틴브라스 왕자의 대답에 매우 기뻐하면서 왕자에게 연봉을 지급하고 폴란드 공격권을 내주었다고 한다. 노르웨이 왕은 클라우디우스 왕에게 만약 포틴브라스 왕자가 폴란드를 침공하려 할 때 덴마크가 포틴브라스 왕자와 그의 군대에게 길을 내줄 수 있는지 물었다. 클라우디우스 왕은 이 내용에 매우 기뻐하고 두 사신은 무대를 떠난다.

폴로니우스는 왕과 왕비에게 햄릿이 실성하게 된 원인은 오필리아가 그의 사랑을 받아주지 않기 때문이라고 말한다. 그 증거로 그는 오필리아에 대한 깊은 사랑을 담은 햄릿의 편지를 읽는다. 왕과 왕비는 이를 듣고 이야기를 나눈다. 폴로니우스의 말을 믿지 못하는 듯 보이자, 폴로니우스는 햄릿이 자주 지나가는 궁전의 복도에서 오필리아와 햄릿이 만날 수 있도록 준비하겠다고 한다. 그리고 왕과 왕비가 근처에 숨어 햄릿이 실성한 이유가 오필리아 때문인지 아닌지 확인해보자고 한다. 그때, 햄릿이 책을 읽으며 등장한다. 폴로니우스는 왕과 왕비에게 자리를 피해달라고 하고 햄릿에게 말을 건다.

폴로니우스는 햄릿과 이야기를 나누지만 햄릿의 마음을 파악하지 못한다. 햄릿은 폴로니우스를 포주라 부르더니 화제를 갑자기 바꾸어가며 폴로니우스의 질문을 교묘히 피해간다. 폴로니우스는 햄릿이 완전히 미쳤다고 생각하기는 하지만, 햄릿의 말에는 논리가 있다고 생각하며 무대를 떠난다. 그 뒤를 이어 로젠크란츠와 길덴스턴이 등장한다.

햄릿은 그들이 왜 왔는지에 대한 의문은 있지만 반가이 맞는다. 햄릿은 폴로니우스에게 말하던 것처럼 그들에게도 이상한 말을 한다. 햄릿은 그들을 왕이 보낸 스파이라고 의심한다. 그리고 그들에게 그 사실을 고백하게 만든다.

로젠크란츠가 햄릿에게 왕궁으로 오는 길에 극단을 만났다고 말하자 대화의 주제와 분위기가 바뀐다. 폴로니우스가 등장하여 햄릿에게 배우들이 도착했음을 알리자 햄릿은 폴로니우스에게 다시 무례한 행동을 한다. 햄릿이 어느 연극에 나오는 '아름다운 딸'에 대한 비평을 하자, 폴로니우스는 그 대상이 오필리아라고 믿는다.

배우들이 등장하고 햄릿은 그 중 한 주연배우를 알아보고는 트로이 전쟁 때 죽음을 맞은 프리암(프리아모스)의 이야기를 해달라고 청한다. 그 배우는 열정적으로 대사를 읊는다. 햄릿은 폴로니우스에게 배우들이 성에 머무는 동안 잘 대접해주라고 한다. 폴로니우스가 다른 배우들을 데리고 나가는 동안, 햄릿은 조용히 그 배우를 부른다. 그리고는 「곤자고의 암살」을 준비해줄 수 있느냐고 묻는다. 배우가 그렇다고 답하자, 자신이 12~16줄의 대사를 삽입했으면 좋겠다고 말한다. 배우는 알았다고 답하면서 물러난다. 로젠크란츠와 길덴스턴마저 퇴장하자, 햄릿은 무대에 혼자 남아 독백으로 아버지의 유령에게 약속한 복수를 향한 용기와 동기가 부족한 자신에 좌절감을 드러낸다. 그리고 「곤자고의 암살」이라는 연극을 왜 보여달라고 했는지를 밝힌다. 암살 장면이 있기 때문에 햄릿은 이 연극에 대한 클라우디우스 왕의 반응에서 아버지를 살해한 것에 대한 증거를 보고 싶기 때문이라고 한다.

분석

새로운 두 등장인물이 나온다(로젠크란츠와 길덴스턴). 처음에 그들을 보고 햄릿은 반가워하지만 이내 그들이 왜 거기에 있는가에 대해 의심한다. 햄릿은 자신을 감시하기 위해 왕에게 고용되었다는 사실을 인정하라고 친구들에게 강요한다. 새로운 두 등장인물과의 대화에서 엉뚱한 단어들로 현명하게 대화를 이끌어가고 있는 햄릿을 주목하자. 여러분은 이들이 매우 똑똑한 젊은이들이라고 생각되는가?

포틴브라스 왕자와 덴마크를 공격하려는 그의 계획에 대한 더 많은 정보들이 나타난다. 노르웨이의 왕은 분명히 그 계획에 대해 반대 입장을 보였고, 대신 포틴브라스 왕자에게 폴란드를 침공하라고 설득했다. 노르웨이 왕은 덴마크의 왕 클라우디우스에게 포틴브라스 왕자가 폴란드로 가는 길에 그의 군대가 덴마크를 지나갈 수 있도록 요청한다.

폴로니우스는 이번 장에서 거만하고 멍청한 모습을 반복적으로 보여준다. 그는 지루하고 장황한 방식으로 이야기한다. 햄릿의 행동과 그 원인에 대한 자신의 생각을 왕과 왕비 앞에서 매우 장황하게 풀어놓는다. 그가 너무 장황하게 이야기해서 왕비는 요점만 말할 것을 요청하기도 한다. 왕과 왕비가 들을 수 있도록 오필리아와 햄릿 사이에 거짓 대화를 꾸미려는 그의 계획은 위험한 일이면서 오필리아에게는 부당한 처사이기도 하다.

이번 장에서 햄릿이 폴로니우스나 다른 사람들과 나누는 대화는 그가 얼마나 능숙하게 단어를 사용하는가를 보여준다. 그가 사용하는 단어들은 대부분 비이성적이면서 거의 모든 사람들을 모욕하고 있다. 그는 자신이 미쳤다는 사실을 매우 설득력있게 보여주고 있다. 이 부분은 훌륭한 에세이 주제이기도 하다. (인용구를 사용하여) 햄릿이 자신이 미쳤다고 다른 사람들이 생각하도록 하기 위해 어떻게 행동하고 있는지를 놓고 에세이를 작성해 보라.

배우들의 등장은 햄릿의 기분과 행동을 극적으로 변화시킨다. 햄릿은 주연배우에게 트로이 전쟁 중에 죽은 프리암 왕의 이야기를 다룬 연극을 통해 그의 연기 능력을 보여 줄 것을 요청한다. 그 배우는 매우 열정적으로 연기하였으며 햄릿은 감명을 받게 된다. 햄릿은 그날 밤 그들에게 「곤자고의 암살」이라는 연극을 준비시킨다. 또한 주연배우에게 자신이 작성한 12줄에서 16줄 정도의 대사를 연극에 넣어달라고 요청한다.

모두가 퇴장한 후, 햄릿은 그의 마지막 독백을 통해 현재의 심경을 나타낸다. 햄릿은 배우가 상상 속의 상황에서도 분노를 표현하며 눈물을 떨어뜨리는 데 비해 자신은 현실 상황에서도 그러지 못함에 화가 치민다. 햄릿은 아버지의 죽음에 대한 복수를 실행하지 못하고 있는 것에 대해 스스로 화를 낸다. 무언가 행동을 해야지만 달라질 거라는 걸 깨닫고는, 아버지의 죽음에서 삼촌이 저지른 일을 보여주기 위한 방법을 구상한다. 그가 선택한 연극은 (유령의 이야기에 의한) 햄릿 왕의 죽음을 가장 근접하게 보여줄 것이고, 햄릿 스스로가 직접 작성한 대사를 포함할 것이다. 햄릿은 연극을 보는 클라우디우스의 반응을 관찰함으로써 그가 유죄라는 증거를 얻을 수 있다고 확신한다. 클라우디우스가 만약 유죄라면 강하게 반응할 것이라고 햄릿은 생각한다. 햄릿 자신도 유령이 자신의 아버지인지 아니면 자신을 곤경에 빠트리려는 사악한 영혼인지에 대해서 의심스럽기 때문에 이러한 '증거'가 필요하다고 주장한다.

🔍 인용문[구]

1. 그러므로 간결함은 기지의 생명이며
   장황함은 그 수족과 겉치레에 불과하니
   간략하게 말하면 왕자는 미쳤습니다.
   폴로니우스가 왕과 왕비에게 말하고 있다. 그는 햄릿의 광기를 간략하게 설명할 것처럼 보인다(실제로 그는 계속해서 장황한 이야기를 꺼낸다).

2. 덜 치장한 말이 더 나은 내용이네.

이는 위의 인용구 바로 다음에 나온다. 거트루드 왕비가 폴로니우스에게 설명할 때 조금 더 구체적으로 말하고 장황하게 설명하지 말 것을 촉구하고 있다.

3. 실성한 사람치고는 조리가 있습니다.
폴로니우스는 햄릿이 실성한 듯 보여도 그의 말 이 논리적이라고 지적했다.

4. 왜 그렇지? 그렇다면 자네들에게는 무관하네.
세상에는 좋은 것도 나쁜 것도 없지. 다만 생각이 그렇게 만들뿐이야.
나에게는 감옥이지.
햄릿이 로젠크란츠와 길덴스턴에게 말하고 있다. 그는 덴마크는 감옥이라고 주장하고 로젠크란츠는 동의하지 않았다. 햄릿은 위의 인용문으로 대답했다. 그는 그 어떤 것도 '좋거나, 나쁘지' 않다고 말하고 있다. '좋은 것'과 '나쁜 것'은 견해에 달렸다고 말한다. 자신은 덴마크가 감옥이라고 생각한다며 결론짓는다.

5. 연극이다!
그 연극 속에서 나는 왕의 양심을 붙잡을 것이다.
햄릿은 연극이 공연되면 삼촌이 아버지를 죽인 것에 대한 죄책감을 드러낼 것이라고 믿는다.

어휘·표현 연구

gentry 친절

Perpend 심사숙고하다

machine '그의 몸'을 의미한다.

played the desk or table book 아무런 감정적인 반응을 보이지 않고 비밀을 들었다

pregnant 중대한 의미를 내포하고 있는

too dear a halfpenny 매우 적은 가치

tarre 화나게 하다, 격분하게 하다

row of the pious chanson 성가 (찬가)의 1절

bisson rheum 앞을 볼 수 없을 만큼 눈물을 흘리다

drab 매춘부

Test For Act II

A. Match the following people or events in Column A with answers from Column B.

Column A

① Polonius
② Rosencrantz
③ Claudius
④ Laertes
⑤ Hamlet
⑥ Ophelia

Column B

____ is hired to spy on Hamlet
____ believes that Hamlet is mad
____ talks like a fool
____ hires two spies
____ is frightened by Hamlet
____ is living in Paris

B. Place the following events in the proper chronological order.

____ Polonius explains to the king and queen how he knows why Hamlet is crazy.

____ Claudius and Gertrude hire Hamlet's two childhood friends to spy on him.

____ Hamlet asks the lead actor to add extra lines into the play.

____ Hamlet makes Rosencrantz and Guildenstern admit they are spying on him.

____ Ophelia reports to her father a strange encounter with Hamlet.

____ Hamlet asks the lead actor if they can perform *The Murder of Gonzago*.

____ Two messengers report to the king that Denmark is no longer threatened by Prince Fortinbras.

____ Polonius gives instructions to his servant to spy on his son.

____ Hamlet greets a group of players who have come to perform at the castle.

____ Hamlet reveals in a soliloquy how he hopes the play will uncover the king's guilt.

C. **Identify the following quotes.** (Note: Answer these questions in COMPLETE sentences. For some of these questions your answer may require more than one sentence. You will lose marks for incomplete answers!)

1. *You shall do marvellous wisely, good Reynaldo,*
   Before you visit him, to make inquire
   Of his behavior.

   Who said this?

   _____

   _____

   Describe the circumstances.

   _____

   _____

2. *O, my lord, my lord, I have been so affrighted!*

   Who said these words and to whom?

   _____

   _____

   Describe the circumstances.

   _____

   _____

3. *This in obedience hath my daughter shown me,*
   And more above, hath his solicitings,

   Who said this and to whom?

   Describe the circumstances.

   ---

4. *More matter, with less art.*

   Who said these words and to whom?

   Why were these words spoken?

   ---

5. *I'll have grounds*
   More relative than this: the play's the thing
   Wherein I'll catch the conscience of the king.

   Who is speaking and to whom?

   What do these words mean?

Hamlet

D. Write a short paragraph (3 or more sentences as needed) **to answer the following:**

1. Some time has passed since the end of Act I and the beginning of Act II. Give two examples that show this.

2. The audience learns more about Polonius. Why do you think the audience might find him comical?

3. Briefly describe Rosencrantz and Guildenstern and their role in the play so far.

4. The messengers from Norway bring King Claudius some interesting pieces of information. What does the king learn and is he pleased?

5. Describe Hamlet's plan to confirm the king's guilt in the murder of his father.

Hamlet - Insanity

In the play *Hamlet* by William Shakespeare, the situation of insanity is used in two quite different ways. In both cases, it is used as a literary device to enhance the plot.

The first is when Hamlet (after he sees the ghost) implies (Act I Scene 5) to his companions, Horatio, Marcellus and Bernardo that his future actions may seem strange. The audience is quickly introduced to his bizarre behavior with his peculiar visit to Ophelia and his foolish conversations with everyone he speaks to. Why does he do this? He is definitely not mad! His heartfelt soliloquies reveal an intelligent, young man trying to balance his desire for revenge and his hesitancy in acting too quickly. From the play, it is not obvious why he has chosen to do this. He seems to be waiting for something. In fact, reading the historical basis for this play reveals some similarities in real life. Evidently, according to ancient Danish sagas, sometime in the distant past, a king was killed by his brother who promptly married his widow. The son of the dead king plotted revenge but was not powerful enough to succeed initially. To keep the new king (his uncle) unaware of his scheming, he pretended to be crazy as he awaited the ideal opportunity.

The second way Hamlet uses insanity is in the treatment of the character, Ophelia. She is portrayed as a sweet and obedient young woman who is quite willing to follow the advice of her father and brother. She is articulate and is probably quite bright and beautiful too. Unfortunately, the social restrictions on her (from her brother and father) do not allow her much flexibility in managing her life. She appears to love Hamlet but the situation degenerates when Hamlet becomes verbally abusive. No doubt this causes her extreme anxiety. When Hamlet kills her father and appears to show no remorse, she goes mad. Her foolish songs and speech show that issues with her father's accidental murder and unrequited love for Hamlet are still on her mind.

햄릿의 광기

윌리엄 셰익스피어의 「햄릿」에 나오는 광기의 모습은 두 가지이다. 둘 모두 극의 구성을 더욱 흥미롭게 만들어주기 위한 문학적 기제로 사용되고 있다.

첫째, 1막 5장에서 유령을 만나고 난 뒤, 햄릿은 호레이쇼, 마셀러스, 버나도에게 자신의 행동이 이상해질 것이라는 말을 한다. 곧이어 관객들은 햄릿이 오필리아를 찾아가 이상한 행동을 하고, 만나는 사람들에게 엉뚱한 말을 하는 걸 보게 된다. 햄릿은 왜 이러한 행동을 하는 걸까? 그는 정말로 실성한 것이 아니다! 그의 진심이 담긴 독백을 통해 지적인 한 청년이 복수에 불타는 마음과 더딘 행동 사이에서 괴로워하고 있는 것이 보인다. 작품에서는 왜 그가 광기를 부리는 행동을 택하였는지에 대해서는 명확히 나오지 않는다. 무언가를 기다리고 있는 듯하다. 사실 이 작품의 역사적 배경을 살펴보면, 실제 일어났던 사건과 유사하다는 것을 알 수 있다. 오래 전에 쓰인 고대 덴마크의 사가(saga)를 보면, 왕을 죽이고 미망인이 된 왕비와 재빨리 혼인을 한 왕의 이야기가 있다. 죽은 왕의 아들은 복수를 꿈꿨지만, 처음에는 그에게는 복수를 할 만한 힘이 없었다. 새로운 왕(숙부)에게 자신의 계획을 들키지 않기 위해, 실성한 척 행동하며 복수의 시간을 기다렸다고 한다.

둘째, 햄릿의 광기는 오필리아를 대할 때 나타난다. 오필리아는 아버지와 오빠의 조언을 따르는 사랑스럽고 순종적인 여인으로 나온다. 그리고 그녀는 똑똑하고 아름다운 여인으로 묘사되어 있다. 하지만 불행히도 스스로의 삶을 주관하도록 많은 유연성을 사회적 제약(아버지와 오빠)은 허락하지 않는다. 그녀는 햄릿을 사랑하지만, 햄릿에게 가혹한 폭언을 듣고 난 후 상황은 악화된다. 그녀의 고뇌는 굉장했을 것이다. 자기 아버지를 죽이고도 가책을 느끼지 않는 햄릿을 본 그녀는 미쳐 버린다. 그녀의 엉뚱한 말과 노래는 아버지의 우발적 죽음에 대한 문제와 아직 남아 있는 햄릿에 대한 짝사랑을 보여준다.

Hamlet:
To be, or not to be: that is the question:
Whether 'tis nobler in the mind to suffer
The slings and arrows of outrageous fortune,
Or to take arms against a sea of troubles,
And by opposing end them?
(Act III Scene 1)

사느냐 죽느냐 그것이 문제로다.
가혹한 운명의 투석들과 화살들로 고통을 당할 것인가.
아니면 괴로움의 바다를 향해 무장을 하고 맞서 이 고통을 끝낼 것인가?
(3막 1장 햄릿의 대사 중에서)

Act III

Claudius is very upset by the play that Hamlet put on.
He decides to send Hamlet to England with Rosencrantz and
Guildenstern immediately.

클라우디우스는 햄릿이 준비한 연극으로 인해매우 화가 나 있다.
그는 햄릿을 즉시 로젠크란츠와 길덴스턴과 함께 영국으로 보내기로 한다.

★★★

★★★

Act Analysis

Act III Scene 1

Plot Summary

King Claudius asks Rosencrantz and Guildenstern if they have discovered the cause of Hamlet's madness. They report that although they had a friendly meeting with him, they did not find the cause. They mention that a group of actors appeared whom Hamlet knew and that he seemed pleased to see them again. Rosencrantz and Guildenstern also tell the king and queen that Hamlet asked the actors to present a play. Polonius confirms this and tells the king and queen that Hamlet hopes they will attend. The king and queen are happy that Hamlet is interested in something new. They urge Rosencrantz and Guildenstern to continue seeing Hamlet in order to encourage his interest in new things.

Claudius asks Gertrude to leave so that he and Polonius can observe a clandestine meeting Polonius has arranged between Hamlet and Ophelia. When Gertrude leaves, Polonius instructs Ophelia to sit where Hamlet will see her when he enters and pretend to read a book (probably the Bible or a prayer book). The king and Polonius hide behind a curtain just as Hamlet appears.

Hamlet enters and gives a long soliloquy about committing suicide. Suddenly he sees Ophelia. When she tries to return some gifts that he had given her, he claims he never gave her any. They have a lengthy conversation that Hamlet dominates with irrational comments. He insults her and women in general, repeatedly. He also tells her he never loved her and as he leaves he urges her to go to a convent.

As Ophelia laments the change in Hamlet, Claudius and Polonius appear from their hiding place. Claudius is not convinced that Hamlet is mad with love. Instead he is very suspicious that Hamlet is plotting something dangerous. He quickly decides that he will send Hamlet to England to collect some money that the English owe the Danes. Claudius hopes the change in scenery and activity will help Hamlet abandon his irrational behavior. Polonius is still convinced that unrequited love is the source of Hamlet's actions. However, he does not argue with Claudius' plan. Claudius ends the scene saying that Hamlet must be closely watched.

Scene analysis and Focus Study Points

The king and queen get new information about Hamlet. Both seem pleased that Hamlet was interested in the arrival of the actors and that a play will be presented that evening. Polonius says that Hamlet wanted him to urge the king and queen to attend. Note that in the dialogue of Act II Scene 2, Hamlet never said that to Polonius. Is it possible that Hamlet said that to Polonius in a conversation that is not part of the play? Perhaps Polonius made it up to appear that he was a good friend of Hamlet and that he was just telling the king and queen that Hamlet hoped they would come to the play. What do you think? Polonius has shown the audience that he likes to control situations. Is he doing that again here?

Hamlet's treatment of Ophelia at their meeting is cruel and heartless. His comments to her and about women in general are savage and insulting. In conclusion, he says she should go to a nunnery (convent) as soon as possible. (Note: Some sources have suggested that when Hamlet mentioned "nunnery" he really meant a "brothel" or a "whorehouse". What do you think?)

Polonius shows his complete lack of concern for Ophelia's feelings when he arranged her meeting with Hamlet. He clearly wants the king to see Hamlet as a person driven mad with love. Hamlet's treatment of Ophelia is very unkind and she is devastated. However Polonius ignores her anguish and only seems to care that he has "proved" his point to the king.

Note that Claudius is not convinced Polonius is right. Instead he is suspicious that Hamlet is plotting something dangerous. Claudius shows that he is capable of quick thinking because he announces that Hamlet will immediately be sent to England and watched closely from now on.

Symbolism

- **Hamlet's soliloquy and Ophelia reading a book**
  The contrast between Hamlet's lengthy soliloquy about suicide and Ophelia reading a book (probably the Bible or prayer book) could be symbolic of the struggle between evil and good.

Quotes

1. *We are oft to blame in this,*
   'Tis too much proved, that with devotion's visage
   And pious action we do sugar o'er
   The devil himself.

   Polonius says this just after he tells Ophelia to pretend to read from a book (probably the Bible or prayer book) when Hamlet arrives. In these words he seems to be thinking aloud. He is saying that often, evil people mask their actions and thoughts by pretending to be devout.

2. *O, 'tis too true.*
   How smart a lash that speech doth give my conscience!
   The harlot's cheek, beautied with plast'ring art,
   Is not more ugly to the thing that helps it
   Than is my deed to my most painted word.
   O heavy burden!

   King Claudius speaks these lines immediately after quote number 1 above. The words of Polonius have made him feel very guilty about murdering King Hamlet.

3. *To be, or not to be: that is the question:*
   Whether 'tis nobler in the mind to suffer
   The slings and arrows of outrageous fortune,
   Or to take arms against a sea of troubles,
   And by opposing end them?

   This is the beginning of a very famous soliloquy by Hamlet just before he sees Ophelia. Hamlet reveals that he is considering suicide when he says "To be, or not to be: that is the question". He wonders if it is nobler to deal with life's misery or fight against it by simply ending his life.

4. *To die, to sleep –*
   To sleep – perchance to dream: ay, there's the rub,
   For in that sleep of death what dreams may come
   When we have shuffled off this mortal coil,
   Must give us pause.

   These lines are part of the same soliloquy mentioned above. Here, Hamlet is revealing his fear of suicide. He is comparing death to sleeping but is afraid of what sort of dreams he may have when he is dead.

5. *But that the dread of something after death,*
   The undiscovered country, from whose bourn
   No traveller returns, puzzles the will,
   And makes us rather bear those ills we have,
   Than fly to others that we know not of?

   Hamlet is concluding his soliloquy by saying that the fear of what lies ahead for us after death is what keeps many from committing suicide.

6. *Get thee to a nunnery. Why wouldst thou be a breeder of sinners?*

   Hamlet is insulting Ophelia. In this passage he goes on to tell her all women are treacherous and no good and that she would be better off in a convent (nunnery).

7. *It shall be so.*
   Madness in great ones must not unwatched go.

   King Claudius speaks these lines at the end of the scene He is saying to Polonius that Hamlet will be sent to England and be watched closely.

Vocabulary

drift of conference directing the conversation

forward to be sounded to seem willing to answer questions

niggard of question not talkative

quietus a legal term meaning discharge fully

orisons prayers

Act Analysis

제3막 1장

줄거리

클라우디우스 왕은 로젠크란츠와 길덴스턴에게 햄릿을 실성하게 만든 원인을 찾았는지 묻는다. 그들은 햄릿 왕자와 반가운 만남을 가졌지만, 그 원인을 아직 알아내지 못했다고 답한다. 햄릿이 알고 지내던 배우들이 왕궁을 방문했는데 그들을 다시 만나 왕자가 기뻐하고 있다고 전한다. 그리고 햄릿이 배우들에게 연극을 공연해 달라고 했다고 왕과 왕비에게 말한다. 폴로니우스도 나서며 햄릿 왕자가 왕과 왕비도 참석해주길 바란다고 말한다. 햄릿이 흥미를 갖는 일이 생겼다는 말에 왕과 왕비는 기뻐한다. 그리고 로젠크란츠와 길덴스턴에게 햄릿이 새로운 많은 것들에 관심을 기울일 수 있도록 어서 그에게 가보라고 한다.

클라우디우스는 폴로니우스가 준비한 햄릿과 오필리아의 은밀한 만남을 지켜봐야 하니, 거트루드에게 들어가라고 말한다. 거트루드가 떠나자, 폴로니우스는 햄릿이 들어오면 보일 자리에 오필리아를 앉으라고 한 후 책(성경이거나 기도책)을 읽고 있으라고 한다. 왕과 클라우디우스가 커튼 뒤로 몸을 숨기자 햄릿이 나타난다.

햄릿은 자살에 대한 긴 독백을 시작한다. 그러다 오필리아를 본다. 오필리아가 햄릿에게 받은 선물을 돌려주려 하자, 자신은 아무것도 준 것이 없다고 말한다. 둘은 오랫동안 이야기를 나누는데, 햄릿은 이상한 말들만 한다. 그리고 오필리아와 여성들을 모욕하는 말을 해댄다. 그러면서 자기는 오필리아를 사랑한 적이 없다고 말하며 떠나면서 당장 수녀원으로 가버리라고 한다.

오필리아는 햄릿의 변해버린 모습에 슬퍼진다. 클라우디우스와 폴로니우스가 숨어 있던 곳에서 나온다. 클라우디우스는 햄릿이 사랑 때문에 미친 것이 아니라고 한다. 오히려 햄릿이 뭔가 위험한 일을 꾸미고 있는 것 같다고 말한다. 그리고 햄릿을 영국으로 보내 빚을 받아 오게 해야겠다고 결심한다. 햄릿이 이국적인 풍경과 체험을 하면 온전한 정신으로 돌아올 수 있을 것이라고 한다. 폴로니우스는 여전히 햄릿이 실성한 것은 짝사랑 때문이라고 우기지만, 클라우디우스의 계획을 반대하지는 않는다. 클라우디우스는 햄릿을 좀 더 가까이에서 살펴봐야겠다고 말하면서 1장이 끝난다.

분석

왕과 왕비는 햄릿에 대한 새로운 소식을 듣는다. 햄릿이 왕궁을 방문한 극단을 보고 관심을 보였다는 말과 오늘 밤 연극을 상연할 것이라는 이야기를 듣고는 좋아한다. 폴로니우스는 햄릿에게 왕과 왕비도 연극을 보러 오기를 바라고 있다고 전한다. 2막 2장을 보면, 햄릿은 폴로니우스에게 그런 말을 하지 않았다. 폴로니우스와 햄릿이 나눈 대화가 생략된 것일까? 아마 폴로니우스는 왕과 왕비 앞에서 자신은 햄릿의 좋은 친구라는 것을 보여주기 위해 그러한 이야기를 꺼냈을지도 모른다. 여러분의 생각은 어떠한가? 폴로니우스는 관객들 앞에서 상황을 통제하기 좋아하는 자신의 성격을 계속해서 보여왔다. 지금도 역시 그러한 행동으로 보아야 하는가?

이번 장에서 햄릿이 오필리아를 대하는 태도는 매정하고 냉혹하다. 오필리아와 여성들을 놓고 잔인하고 모욕적인 말들을 한다. 마지막으로 오필리아에게 당장 수녀원으로 가버리라고 한다(Note: 햄릿이 말하고 있는 '수녀원'은 '사창가'를 뜻하는 것이라는 해석이 있기도 하다. 여러분은 어떻게 생각하는가?)

폴로니우스가 햄릿과 오필리아의 만남을 주선하는 장면을 보면, 그는 딸의 감정을 전혀 염려하지 않고 있다. 단지 왕에게 햄릿이 미친 이유는 사랑 때문임을 보여주고 싶어 한다. 햄릿의 태도는 매우 무례했고, 결국 오필리아는 상처를 입는다. 하지만 폴로니우스는 오필리아의 괴로움은 무시한 채 단지 왕에게 자신이 '밝혀낸' 말에 대해서만 걱정하고 있다.

클라우디우스가 폴로니우스의 말을 믿지 않는다는 것을 주목해 보자. 대신 왕은 햄릿이 뭔가 위험한 일을 꾸미고 있다고 의심하게 된다. 햄릿을 영국으로 빨리 보내고 더욱 면밀히 햄릿을 지켜봐야겠다는 말로 미루어 클라우디우스는 눈치가 빠른 사람임을 알 수 있다.

상징

★ 햄릿의 독백과 오필리아의 책

자살에 대한 햄릿의 긴 독백과 오필리아가 읽고 있는 책(성경이나 기도책)의 대비는 악과 선의 싸움을 뜻한다.

인용문[구]

1. 이런 행동에 종종 비난이 따르지만– 수없이 일어나는 일이니까.
   겉치레뿐인 헌신의 얼굴로 경건한 행동을 하는 것은
   악마 그 자체에 사탕발림을 하는 것이지.
   폴로니우스가 오필리아에게 햄릿이 도착하면 기도책을 읽고 있는 척하라고 지시한 후에 하는 혼잣말이다. 그는 악한 이들은 자신들의 행동과 생각을 경건한 척(신앙심이 두터운 척)하며 가린다는 말을 자주한다.

2. 오, 진정 사실이다!
   나의 양심에 채찍질하는 이 얼마나 현명한 말인가!
   분을 발라 단장한 창녀의 뺨이 그 분가루보다 추하듯이

가장 잘 채색한 나의 말보다 나의 행실이 흉하구나!
오, 무거운 짐이여!
왕 클라우디우스가 위의 대사 뒤에 하는 말이다. 폴로니우스의 말들은 그가 햄릿 왕을 죽인 것에 대해 죄책감을 드러낸다.

3. 사느냐 죽느냐, 그것이 문제로다.
   어느 것이 더 고귀한가.
   가혹한 운명의 투석들과 화살들로 고통을 당할 것인가,
   아니면 괴로움의 바다를 향해 무장을 하고 맞서
   이 고통을 끝낼 것인가?
   이 말은 햄릿이 오필리아를 만나기 직전에 하는 말로 햄릿 독백 중 가장 유명한 독백의 도입부이다. "사느냐 죽느냐, 그것이 문제로다."라는 말을 할 당시 햄릿은 자살을 생각한다는 걸 드러낸다. 만약 삶을 끝낸다면 비참하고 힘겨운 삶이 좀 더 고상해지지 않을까 생각하고 있다.

4. 죽는 것은 잠드는 것
   잠이 들면 꿈을 꾼다. 아, 이것이 문제구나.
   운명의 굴레를 모두 벗어버리고
   죽음의 잠을 자게 되면 어떠한 꿈을 꾸게 될까?
   망설일 수밖에 없구나.
   이 대사는 위에서 언급된 독백의 일부분이다. 여기서, 햄릿은 자살에 대한 자신의 두려움을 드러낸다. 그는 자살을 잠자는 것에 비교하고 있으며, 자신이 죽었을 때 어떤 꿈을 꿀지 두려워하고 있다.

5. 사후의 불안과
   어느 나그네도 돌아온 적 없는 저 미지의 세계가
   결심을 망설이게 하는구나.
   그래서 우리가 알지 못하는 것을 향해 비상하게 하기보다는
   차라리 현재의 고통을 참게 만드는구나.
   햄릿은 죽음 뒤 우리 앞에 놓일 것들에 대한 두려움이 자살을 어렵게 만드는 것이라 말하며 독백을 끝맺는다.

6. 수녀원으로 가시오.
   무엇 때문에 당신은 죄인들의 번식가가 되려고 하는가?

햄릿이 오필리아를 모욕하고 있다. 이 문장 속에 그는 모든 여자는 신뢰할 수 없고 선하지 않기 때문에 차라리 수녀원에 있는 편이 좋을 거라고 말하고 있다. (※번식가-아이를 낳기 때문에 이런 표현을 씀)

7. **그렇게 해야 한다.**
왕자의 광기를 방치한 상태로 보내서는 안 된다.
마지막 장면에 나오는 클라우디우스 왕의 대사이다. 폴로니우스에게 햄릿을 영국으로 보낼 것이고 그를 면밀히 감시할 것이라고 말하고 있다.

어휘 · 표현 연구

drift of conference   담화를 지시하는
forward to be sounded   질문에 기꺼이 대답하려는 듯하다
niggard of question   수다스럽지 않은
quietus   법률 용어로서 '완전히 무효로 하다(취소시키다)'는 의미
orisons   기도, 기원

Act Analysis

⁎Act III Scene 2

Plot Summary

As the scene opens, Hamlet gives last minute instructions to the players. As they leave to make final preparations, Polonius, Rosencrantz and Guildenstern enter. Polonius confirms for Hamlet that the king and queen are planning to see the play. Hamlet dismisses them to urge the players to get ready.

Horatio enters and chats with Hamlet. Hamlet praises Horatio generously. He tells Horatio that one scene of the play (that they will see soon) is very similar to the ghost's description of how Hamlet's father was murdered. He hopes that when King Claudius sees it, he will show his guilt. He says he will be watching the king closely and he urges Horatio to do so as well.

The king, queen, Polonius, Ophelia, Rosencrantz, Guildenstern, other court nobles and the actors appear. Hamlet rejects the request of his mother to sit near her. Instead he sits near Ophelia. As they get ready for the play to begin, Hamlet chats in an irrational way with the king, Polonius, the queen and Ophelia. His comments to Ophelia are quite sexual in nature.

The play begins with a dumb show (a pantomime, action without words). It shows a king and queen very much in love. The king then falls asleep in a garden. Another man comes in, takes the crown from the head of the king and kisses it. He then kills the king by pouring poison in his ear. The queen discovers the dead king and is distraught. The murderer and several others comfort the queen and remove the body. The murderer woos the queen. At first she resists but, eventually, accepts his love.

Ophelia wonders aloud if this is the plot of the play. A player announces that the play is about to begin. The actor queen and king enter and talk of their love for each other. The actor king predicts his death soon because he feels weak. He suggests the actor queen remarry but she angrily rejects that idea. The actor king says he is tired and wishes to take a nap. He does so and the actor queen leaves.

There is a brief conversation between Hamlet, Ophelia, Claudius and Gertrude about the play. Hamlet's comments are sarcastic and impolite.

An actor appears called Lucianus. He is the nephew of the actor king. He sees the sleeping actor king and pours poison into his ear. Hamlet says to everyone that the king has been poisoned and that soon they will see how the murderer wins the love of the widowed queen.

King Claudius stands up and leaves angrily. The play is stopped and everyone leaves except Hamlet and Horatio. Hamlet and Horatio are convinced that Claudius killed King Hamlet just as the ghost said.

Rosencrantz and Guildenstern enter the room to tell Hamlet that both the king and queen are very troubled and that the queen wishes to speak with him before he goes to bed. They ask Hamlet again why he has been so upset lately. Hamlet demands to know why they are spying on him. He tells them that he is too clever to be caught in their traps. Polonius enters and also tells Hamlet that the queen wishes to speak with him before he goes to bed. Once again Hamlet makes fun of Polonius. Hamlet promises to see his mother soon. Everyone leaves at Hamlet's request. In a brief soliloquy, Hamlet shows that he is very tense at the outcome of the day's activities. He resolves to see his mother immediately and he plans to speak forcefully to her.

Scene analysis and Focus Study Points

As the scene opens, Hamlet is worried about how the actors will present the crucial scenes in the play. He gives them some long and tedious suggestions. Note how fussy he is about how he wants these professional actors to act.

While the king, queen, Ophelia, Polonius, and everyone else wait for the play to begin, Hamlet converses in a foolish way with everyone. He insults Ophelia with sexual comments. Hamlet is clearly continuing to portray himself as crazy.

Hamlet and Horatio are convinced that King Claudius is guilty of murdering King Hamlet. Note how skilfully Hamlet makes sure the king realizes that this play is similar to his murder of King Hamlet. After the actor king and queen portray their strong love, King Claudius seems suspicious that the plot contains something offensive. Hamlet says it is all in fun. After the murder scene, Hamlet tells everyone seated near him that the murderer will become king and win the love of the widowed queen. King Claudius realizes what has been going on and leaves the play in anger. The result that Hamlet had hoped for occurred.

The scene with Hamlet's childhood friends, Rosencrantz and Guildenstern, confirms again that Hamlet knows exactly what their motives are in asking him about his crazy actions. He tells them he is too smart to be fooled by their questions. Thus, their role as effective spies for the king is at an end.

The final soliloquy by Hamlet is very important because it reveals his intense stress over the events of the day. He now feels he has his proof that King Claudius is guilty of the murder of his father. He reminds himself that he must see his mother before he goes to bed. He also reminds himself that the ghost of his father did not want him to hurt his mother. He resolves not to harm her although he intends to be verbally forceful when he speaks to her.

Symbolism

- **The actions in the play**
  The actions in the play that portray the love of the actor king and queen for each other as well as the murder of the king are symbolic of the actions of Claudius and Gertrude.

- **A raven**
  Hamlet refers to a "croaking raven" just as Lucianus begins the scene where he murders the sleeping actor king. Ravens are symbolic of evil acts such as murder.

Quotes

1. *Give me that man*
   That is not passion's slave, and I will wear him
   In my heart's core, ay, in my heart of heart,
   As I do thee.

   Hamlet is praising Horatio's common sense just before he tells him about the real reason for the play.

2. *The lady protests too much, methinks.*

   Hamlet has just asked his mother, Queen Gertrude, what she thinks of the actor queen's lengthy promise never to remarry if her beloved husband dies. She says that the actor queen's reply sounds insincere.

3. *Begin,*
   murderer. Leave thy damnable faces and begin.
   Come, the croaking raven doth bellow for revenge.

   Hamlet is impatient for Lucianus to begin his scene of murdering the sleeping actor king. His reference to a raven is symbolic of the evil that is represented in the actions of this scene.

4. *I will speak daggers to her, but use none.*
   My tongue and soul in this be hypocrites:
   How in my words somever she be shent,
   To give them seals never, my soul, consent!

   Hamlet speaks these words in a soliloquy at the end of the scene just before he goes to see his mother. He reminds himself of his promise to the ghost that he will not harm her. However, he resolves to speak harshly to her about her behavior.

Vocabulary

robustious periwig-pated   a noisy actor who is wearing a wig

be idle   pretend to be an idiot

choler   anger (however, Hamlet intentionally misunderstands the word as nauseated)

shent   censure

Act Analysis

제3막 2장

줄거리

2장의 시작에서 햄릿은 배우에게 연기에 대한 마지막 지시를 내리고 있다. 마지막 총 점검을 하러 그들이 나가려 할 때 폴로니우스, 로젠크란츠, 길덴스턴이 등장한다. 폴로니우스는 왕과 왕비가 이 연극을 볼 계획이라고 햄릿에게 확인시켜 준다. 햄릿은 그들에게 배우들을 재촉해달라고 내보낸다.

호레이쇼가 등장하고 햄릿과 이야기를 나눈다. 햄릿은 호레이쇼를 후하게 칭찬한다. 그리고 호레이쇼에게 아버지의 죽음에 대해 유령이 말한 내용과 비슷한 장면이 연극에 나올 것이라고 말한다. 클라우디우스 왕이 그 장면을 보며 죄책감을 드러내기를 바라고 있다. 물론 자기도 왕의 표정을 자세히 살피겠지만, 호레이쇼 역시 왕을 자세히 살펴주기를 바란다고 한다.

왕, 왕비, 폴로니우스, 오필리아, 로젠크란츠, 길덴스턴, 그리고 다른 귀족들과 배우들이 등장한다. 햄릿은 곁에 앉으라는 어머니의 청을 거절하고, 오필리아 곁에 앉는다. 연극이 시작되기 전, 햄릿은 왕, 폴로니우스, 왕비, 오필리아에게 이상한 말들을 한다. 오필리아에게 하는 말은 꽤나 성적인 내용들이다.

연극은 대사가 없는 무언극으로 시작한다. 왕과 왕비가 등장하고 둘의 사랑은 매우 깊은 듯이 보인다. 왕이 정원에서 잠을 잔다. 다른 남자가 등장하고 왕의 머리에서 왕관을 벗긴 후 왕관에 입을 맞춘다. 그리고 왕의 귀에 독약을 부어 왕을 죽인다. 왕비가 돌아와 왕의 죽음을 보고는 슬퍼한다. 그 남자와 다른 몇몇이 더 등장하여 왕비를 위로하고 시체를 데리고 나간다. 살인자는 왕비에게 사랑을 구애한다. 왕비는 처음에는 거절하였으나, 결국은 그 남자의 사랑을 받아들인다.

오필리아는 지금 본 것이 연극의 줄거리인지를 의아해 한다. 한 배우가 등장하여 연극이 곧 시작될 것이라고 말한다. 왕과 왕비 역할을 하는 배우가 등장하여 서로에 대한 애정을 속삭인다. 왕은 약해지는 자신이 느껴진다면서 죽음을 예감한다. 왕은 왕비에게 재혼을 제안하고, 왕비는 화를 내며 그럴 수 없다고 한다. 왕은 피곤하다면서 낮잠을 자길 원한다. 왕이 눕고 왕비가 떠난다.

연극을 보던 중 햄릿, 오필리아, 클라우디우스, 거트루드가 잠시 이야기를 나눈다. 햄릿은 매우 무례하고 빈정대는 말투로 대답을 한다.

루치아누스 역을 맡은 배우가 등장한다. 그는 왕의 조카이다. 왕의 자는 모습을 보고는 독약을 왕의 귀에 붓는다. 햄릿은 모든 사람들에게 이제 독이 왕에게 퍼졌고, 살인자는 미망인이 된 왕비에게 어떻게 사랑을 구애하는지 보게될 것이라고 말한다.

클라우디우스 왕은 자리에서 일어나 화를 내며 퇴장한다. 연극은 중단되고 햄릿과 호레이쇼만이 남은 채 모두 자리를 떠난다. 햄릿은 호레이쇼에게 유령이 말한 대로 클라우디우스가 햄릿 왕을 죽인 것이 확실하다고 말한다.

로젠크란츠와 길덴스턴이 등장하여 햄릿에게 왕과 왕비 모두 굉장히 힘들어 하고 있으며 왕비가 햄릿이 잠자리에 들기 전 그와 이야기를 나누고 싶어 한다고 말한다. 그들은 햄릿에게 왜 이렇게 요즘 기분이 언짢아 있는지를 다시 묻는다. 햄릿은 그들에게 왜 자신을 염탐하는지 알기를 원한다. 그리고 자기는 너무 영리하기 때문에 그들이 만든 함정에는 빠지지 않을 것이라고 말한다. 폴로니우스가 등장하여 왕비가 햄릿이 잠자리에 들기 전 그와 이야기를 나누고 싶어 한다고 전한다. 햄릿은 다시 한 번 폴로니우스를 놀린다. 그리고 곧 어머니를 만나러 가겠다고 말해준다. 햄릿의 명대로 모두는 퇴장한다. 햄릿은 짧은 독백을 통해 오늘 일어난 일로 인해 굉장히 긴장되었다고 말한다. 그는 즉시 어머니를 만나기로 결심하고 확실하게 사실을 밝혀야겠다고 한다.

분석

2장에서 햄릿은 배우들이 중요한 장면을 잘 보여줄 수 있을지를 걱정한다. 햄릿은 배우들에게 연기에 대해 길고 장황한 설명을 한다. 배우들이 연기를 잘해주기를 바라는 햄릿의 초조한 모습을 살필 수 있다.

왕, 왕비, 오필리아, 폴로니우스와 다른 사람들이 객석에 앉아 연극을 기다리는 동안, 햄릿은 모두에게 엉뚱한 말을 한다. 성적인 말들로 오필리아를 모욕한다. 햄릿은 자기가 미쳤다는 것을 명확하게 계속 보여주고 있는 것이다.

햄릿과 호레이쇼는 클라우디우스 왕이 햄릿 왕을 죽인 것을 확신한다. 연극의 내용이 햄릿 왕의 살해와 유사하다는 것을 왕에게 보이기 위해 햄릿이 얼마나 교묘하게 행동을 하는지 살펴보자. 극 중에 왕과 왕비가 등장하여 서로에 대한 사랑이 얼마나 깊은지를 보여주었을 때, 클라우디우스 왕은 연극의 내용이 불쾌해지리라는 것을 알았을 것이다. 햄릿은 그냥 재미로 보는 연극이라고만 말한다. 살해 장면이 나오고 난 뒤, 햄릿은 자신 옆에 앉은 모두에게 이제 곧 살인자는 왕이 될 것이고, 미망인이 된 왕비와 사랑을 하게 된다고 말한다. 클라우디우스 왕은 앞으로 어떠한 내용이 전개될 것인지를 알고는 화가 나서 나가버린다. 햄릿이 바라던 일이 일어났다.

햄릿의 어릴 적 친구인 로젠크란츠와 길덴스턴이 등장하는 장면은, 그들이 햄릿의 미친 행동에 대해 질문하는 의도를 햄릿이 정확하게 알고 있다는 것을 다시 한번 확인시켜 준다. 햄릿은 두 친구에게 자신은 매우 똑똑하기 때문에 그들의 질문 따위에는 넘어가지 않을 것이라고 말한다. 따라서 왕을 위한 사실상의 염탐꾼들 역할은 실패한 것이라고 볼 수 있다.

마지막에 나오는 햄릿의 독백은 중요하다. 오늘 일어난 일로 인해 햄릿이 얼마나 긴장하고 있는지가 나타난다. 지금 그는 클라우디우스가 자신의 아버지를 죽인 것이 확실하다는 증거를 잡았다고 생각한다. 그리고 잠들기 전 어머니를 만나러 가야 한다는 것을 기억해낸다. 그리고 어머니를 다치게 해서는 안 된다는 유령의 말도 기억해낸다. 햄릿은 어머니를 다치지 않게, 어머니에게 이야기할 때 대신 말로만 강압적일 작정이다.

상징

★ 연극의 내용

연극에는 서로를 사랑하는 왕과 왕비에 관한 이야기와 왕을 죽이는 살인자가 나온다. 연극의 내용은 클라우디우스와 거트루드를 빗대는 이야기라고 할 수 있다.

★ 까마귀

잠들어 있는 왕을 살해하는 루치아누스의 장면이 시작되기 전, 햄릿은 '울어대는 까마귀'라는 말을 한다. 까마귀는 살인과 같은 사악한 일을 상징한다.

인용문[구]

1. 감정의 노예가 아닌 그를 나에게 주오.
   난 그를 내 심장의 중심부에, 아, 내 심장 안에 간직할 것이오.
   난 자네를 이렇게 대하고 있소.
   햄릿이 연극의 진짜 이유를 호레이쇼에게 말하기 전, 호레이쇼의 분별력을 칭송하고 있다.

2. 내 생각에는 여자가 지나치게 맹세를 하는 것 같구나.
   햄릿은 자신의 어머니인 거트루드에게 왕비 역할을 한 배우가 만약 자신의 사랑하는 남편이 죽으면 절대로 재혼하지 않을 것이라는 장황한 약속을 한 것에 대한 생각을 물었다. 왕비는 연극 속 왕비의 대답은 위선적이라고 말한다.

3. 살인자여, 시작하라.
   제기랄, 가증스러운 얼굴들은 떠나고 어서 시작하라.
   오라, 울어대는 까마귀여 복수를 향해 울부짖어라.
   햄릿은 루치아누스가 자고 있는 왕을 살해하는 장면을 빨리 보고 싶어 한다. 그는 이 장면에서 악행을 대변하는 악의 상징으로 까마귀를 언급한다.

4. 난 그녀에게 비수 꽂힌 말을 할 것이다. 칼날은 쓰지 말자.
   내 혀와 영혼이 모순될 것이다.
   비록 내 말이 아무리 그녀를 힐책할지라도
   내 영혼아, 결코 그 말들을 절대로 실행해서는 안 된다!

   햄릿이 어머니를 보러 가기 직전 마지막 부분에서 위와 같은 독백을 한다. 유령에게 어머니를 해치지 않을 것이라고 했던 자신의 약속을 상기하기는 하지만, 어머니의 행동에 대해 가혹하게 말하겠다고 다짐한다.

어휘·표현 연구

robustious periwig-pated 가발을 쓴 시끄러운 배우
be idle 천치(정신박약자)인 척을 하는
choler 분노(그러나 햄릿은 의도적으로 이 말을 '메스꺼운'이라는 말로 오해한다.)
shent 비난하다, 책망하다

Act III Scene 3

Plot Summary

This scene opens with Claudius speaking to Rosencrantz and Guildenstern. He is very upset by the play that Hamlet put on. Rosencrantz and Guildenstern are ordered to take Hamlet to England immediately. They leave just as Polonius enters. Polonius tells the king that Hamlet is going talk to Gertrude and that he will hide and listen to the conversation. He leaves with the King's permission to do so.

In a lengthy soliloquy, Claudius admits to killing his brother, King Hamlet. He is suffering a lot of guilt. Seeing the play made his guilt worse. He wonders if he can receive forgiveness through prayer even though he is still enjoying the results of his crime (i.e. being king, being married to Gertrude, etc). He asks for divine help from angels to resolve this dilemma.

Hamlet enters the room silently behind Claudius as he is kneeling and trying to pray. He draws his sword and prepares to kill Claudius. Although this seems like the perfect chance for Hamlet to kill Claudius, he hesitates. Hamlet is afraid that Claudius' sins might be forgiven because he is at prayer. He believes that if the sins are forgiven then Claudius will go to heaven. Since Hamlet wants the worst punishment (purgatory or hell) for Claudius, he decides not to kill him at this time. Instead he chooses to wait until Claudius has done something sinful and kill him before he can be forgiven. He leaves to see his mother.

After Hamlet leaves, Claudius stops trying to ask for forgiveness because he realizes his prayers are not sincere.

Scene analysis and Focus Study Points

Claudius decides to send Hamlet to England with Rosencrantz and Guildenstern immediately. Note the reason he gives. He claims to be worried that Hamlet is dangerous. In fact he is probably convinced that Hamlet knows that he killed King Hamlet and also how he did it. Clearly he is afraid of Hamlet seeking revenge.

Rosencrantz and Guildenstern believe the king's reason for sending Hamlet away. Both vow to do what they can to keep the king safe. Note carefully what Rosencrantz says. He says that a king supports so much that is important in society. When a king is harmed, many other things are harmed as well. He appears to be flattering the king excessively!

Polonius reports that Hamlet is going to see his mother and that he plans to spy on them. The king gives permission. Polonius is once again showing how nosey he is. He also tries to make the king grateful for his apparent "care and concern" for the welfare of the king. Note what he says to the king when he tells him of his plans. He speaks much more than necessary and he flatters the king several times while telling him what he wants to do.

The soliloquy of Claudius is significant. He confesses his crime of murder and admits to strong feelings of guilt. Claudius falls on his knees in prayer trying to receive forgiveness for his crime. However, he realizes he will probably not be successful because he is enjoying the results of his crime too much. He likes being king with all the power and wealth that comes with it. He also likes being married to Gertrude and he is not willing to give any of that up. Note his words and his reasoning in his soliloquy as he struggles with this situation. Analysing what he says and his reasoning would make a great essay topic. Be prepared!

Hamlet is presented with the perfect opportunity to kill the king as he kneels trying to pray. However, Hamlet hesitates once again. He sees the king praying and he believes that the king may be forgiven for his crimes. He believes that people who have their sins forgiven just before dying will immediately go to heaven. Since Hamlet wants the worst possible punishment for the king, purgatory at least or hell, he decides to wait for a better opportunity. He will wait until the king has done something "sinful" such as getting drunk, swearing, etc and then kill him. In this way, the king will die with sins on his soul and thus have to spend time in purgatory. If the sins are really bad, the king will go to hell. Hamlet clearly wants total revenge. Note his reasoning as he hesitates once again. Note also that Hamlet leaves too soon to hear the king give up his prayers for forgiveness. What do Hamlet's words reveal about his character? Could you write an essay about why he chose not to kill Claudius?

Symbolism

When Claudius speaks of his crime he mentions that, "*It hath the primal eldest curse upon't, / A brother's murder*" (Line 37). The term "*primal eldest curse*" is probably symbolic of the curse on Cain for murdering his brother Abel. (See Genesis 4:1-16, King James Version of the Bible)

🔎 Quotes

1. *The cess of majesty*
   Dies not alone, but like a gulf doth draw
   What's near it with it;

   This quote is part of a longer speech by Rosencrantz to King Claudius just after the king has ordered him and Guildenstern to take Hamlet to England. He has promised to obey the king's orders by removing Hamlet from Denmark because the king believes Hamlet is dangerous. Rosencrantz is flattering the king with these words by saying that a king is so important and that anything bad that happens to a king, such as death, affects almost everything else.

2. *O, my offence is rank, it smells to heaven;*
   It hath the primal eldest curse upon't,
   A brother's murder.

   Claudius is expressing his guilt in his crime of murdering his brother, King Hamlet. He seems to be comparing it to the murder of Abel by his brother Cain in the King James Version of the Bible, Genesis 4:1-16.

3. *My words fly up, my thoughts remain below.*
   Words without thoughts never to heaven go.

   Claudius speaks these words just at the end of the scene. He realizes that he can not pray for forgiveness because his request will be insincere since he is not willing to give up the result of his murder (being king, being married to Gertrude, etc).

📖 Vocabulary

primal eldest curse   to refer to the curse of Cain, who killed his brother Abel

Act Analysis

★ 제3막 3장

줄거리

3장이 시작되면, 클라우디우스가 로젠크란츠와 길덴스턴에게 지시를 내린다. 그는 햄릿이 준비한 연극으로 인해 매우 화가 나 있다. 로젠크란츠와 길덴스턴은 즉시 햄릿을 영국으로 데리고 가라는 명령을 받는다. 그 둘이 떠나고 폴로니우스가 바로 들어온다. 폴로니우스는 햄릿이 거트루드를 만나러 갔다고 하면서 그 둘의 대화를 몰래 숨어 듣겠다고 한다. 왕은 그러라고 답하고 폴로니우스는 퇴장한다.

클라우디우스는 형인 햄릿 왕을 죽였다는 고백이 담긴 긴 독백을 한다. 그는 죄책감으로 매우 괴로워하고 있다. 연극을 보고 나자 그의 죄의식은 더욱 커졌다. 여전히 죄악의 결과를 즐기고 있기는 하지만(왕이 되어 있고 거트루드와 결혼을 하고), 기도를 한다면 자신의 죄가 용서받을 수 있는지를 묻는다. 그의 딜레마를 해결해줄 천사로부터 신의 도움을 바라고 있다.

햄릿이 등장하여 무릎을 꿇고 기도하는 클라우디우스를 조용히 바라본다. 칼을 꺼내 클라우디우스를 죽이려 한다. 이것이 클라우디우스를 죽일 최고의 기회인 것처럼 보이긴 하지만 햄릿은 망설인다. 클라우디우스가 기도를 통해 그의 죄를 용서받는 것은 아닌지 걱정스러워한다. 만약 그의 죄가 용서받으면 그를 천국으로 보내는 것이 된다고 생각한다. 햄릿은 클라우디우스가 지옥으로 떨어지길 바라기 때문에 지금은 때가 아니라고 여긴다. 그리고 클라우디우스가 나쁜 짓을 할 때까지 기다려 미처 그 죄악에 대해 용서를 구하지 못했을 때 죽이기로 하고, 어머니를 만나러 간다.

햄릿이 떠나고 난 뒤, 클라우디우스는 자신의 기도가 진실하지 못하다는 것을 알고는 참회의 기도를 멈춘다.

분석

클라우디우스는 햄릿을 즉시 로젠크란츠와 길덴스턴과 함께 영국으로 보내기로 한다. 그가 내놓은 이유를 살펴보도록 하자. 왕은 햄릿이 위험한 인물이라 걱정스럽다고 주장한다. 사실 자기가 햄릿 왕을 죽였다는 것과 그 방법에 대해서 햄릿이 알고 있다고 여긴 것이다. 왕은 분명히 햄릿의 복수를 두려워한다.

로젠크란츠와 길덴스턴은 햄릿을 멀리 보내려는 왕의 판단을 믿고 있다. 그 둘은 왕의 안전을 위해 무슨 일이든 하겠다고 맹세한다. 로젠크란츠가 하는 말을 잘 살펴보자. 왕은 사회의 중요한 많은 부분을 보살피고 있다고 말한다. 왕이 해를 입으면, 많은 다른 일들 또한 해를 입는다고 말하며 왕에게 심하게 아부하고 있다!

폴로니우스는 햄릿이 어머니를 만나러 갔다고 전하면서 자신이 숨어서 엿듣겠다고 하고 왕은 이를 허락한다. 폴로니우스는 자신이 얼마나 참견하기를 좋아하는지 다시 한 번 보여주고 왕의 안전을 자신이 보살피고 걱정하고 있음을 감사히 여기게 만들고 싶어 한다. 그가 왕에게 자신의 계획을 어떻게 말하는지 살펴보자. 그는 자신이 원하는 것을 말하는 동안 필요 이상의 말을 늘어놓고 여러 번 왕에게 아첨을 한다.

클라우디우스의 독백은 중요하다. 그는 자신의 살인죄를 고백하며 심한 죄의식에 고통받고 있음을 드러낸다. 클라우디우스는 죄를 용서받기 위해 무릎을 꿇고 기도를 한다. 하지만 죄악의 결과로 얻은 것들을 너무 많이 즐기고 있기 때문에 자신은 용서받을 수 없다고 여긴다. 모든 권력과 부를 쥐고 있는 왕의 자리를 즐기고 있는 것이다. 또한 거트루드와 결혼한 것 역시 그러하다면서 자신은 그 즐거움의 어떤 것도 포기할 수 없다고 한다. 현재의 상황에 괴로워하면서 하는 그의 독백에서 그의 말과 논리를 살펴보라. 햄릿의 대사와 그의 논리에 대한 문제는 훌륭한 에세이 주제이다. 잘 준비해 놓자!

햄릿은 무릎 꿇고 기도하고 있는 왕을 보고 절호의 기회가 왔음을 안다. 하지만 그는 다시 한 번 망설인다. 클라우디우스가 기도하는 모습을 보고 그의 죄가 용서받을 수도 있다고 믿는다. 사람이 죽기 전 자신의 죄를 용서받으면 그 사람은 천국에 갈 수 있다고 믿는 것이다. 클라우디우스가 지옥으로 떨어지길 바라기 때문에 다음 기회 즉, 술에 취해 있거나 욕을 하고 있거나 무언가 죄악을 저지르고 있을 때를 기다려 죽이기로 한다. 이런 식으로, 왕이 그의 영혼에 그러한 죄를 안고 죽으면 그는 연옥을 떠돌 테니 말이다. 만약 그 죄가 정말 크다면, 왕은 지옥으로 떨어질 것이다. 햄릿은 완전한 복수를 원하고 있다. 그가 다시 한 번 복수를 망설인 이유를 잘 살펴보자. 그리고 용서를 구하는 기도를 포기하는 왕을 보기 전에 성급히 떠나는 것을 기억하자. 햄릿의 대사들은 그의 성격의 어떤 점들을 보여주고 있는가? 햄릿이 왜 왕을 죽이지 않기로 결심하였는지에 대한 에세이를 작성해 보라.

상징

클라우디우스가 자신의 죄를 놓고 "형제의 살인이 최초의 저주가 되었구나."(Line 37)라고 말하고 있다. '최초의 저주'라 하는 것은 카인이 동생인 아벨을 죽인 것에 대한 저주를 나타내는 것이다.(창세기 4:1~16, 킹 제임스 성경 참조)

🔍 인용문[구]

1. 왕의 불운만으로 끝나는 것이 아닙니다.

마치 소용돌이처럼 그 주위의 것들까지 끌어들입니다.

이 인용구는 로젠크란츠가 클라우디우스 왕에게 말하는 조금 더 긴 내용의 일부이다. 왕이 그와 길덴스턴에게 햄릿을 영국으로 데려가라는 명령을 마친 직후 한 말이다. 그는 왕이 햄릿을 위험한 존재로 믿기 때문에 햄릿을 덴마크에서 제거하라는 왕의 명령에 복종할 것이라고 맹세한다. 로젠크란츠는 왕이 매우 중요한 존재이기에 왕이 죽는다면 (혹은 왕에게 안 좋은 일이 일어나면) 이는 나라의 모든 일에 영향을 주게 될 것이라고 아첨하고 있다.

2. 오, 내 죄의 악취가 하늘을 찌르는구나.
형제의 살인은 최초의 저주인데 말이다.
클라우디우스가 자신의 형제인 햄릿 왕을 죽인 범죄에 대해 죄책감을 드러내고 있다. 그는 자신의 범죄를 킹 제임스 성경(창세기 4장 1-16절)에 나오는 카인이 동생 아벨을 죽인 것에 비교하고 있다.

3. 말은 날아 올라가지만, 마음에 떠오르는 생각은 지상에 남는구나.
마음이 없는 말은 결코 하늘에 닿을 수 없는 거야.
마지막 장면에서 클라우디우스가 하는 말이다. 자신이 살인을 저지른 결과(왕이 된 것, 왕비 거트루드와 결혼한 것 등)를 포기하지 않고 있기에 용서를 비는 기도가 진실치 않다고 생각한다. 그러기에 자신은 용서를 구하는 기도를 더 이상 할 수 없음을 깨닫는다.

어휘·표현 연구

primal eldest curse 동생 아벨을 죽인 카인의 저주를 의미한다.

Act Analysis

Act III Scene 4

Plot Summary

As Polonius hides behind a curtain, Hamlet enters his mother's bedroom. When Hamlet becomes agitated, then angry and erratic, she panics and screams for help. Polonius, thinking that Hamlet is trying to kill her, also starts to yell for help. Hamlet hears Polonius, draws his sword and stabs at the sound, thinking it might be the king.

Hamlet is surprised and somewhat annoyed when he finds that it is only Polonius that he has killed. He mocks Polonius by saying he thought he was killing someone better. The Queen is horrified at what Hamlet has done. She tries to chastise him but Hamlet rebukes her saying his deed is nothing compared to killing a king and marrying the old king's wife. Hamlet lists all that he believes she has done wrong, including wronging her old husband's memory. He compares the differences between his father and Claudius. He attributes only good qualities to the old King and negative qualities to the new one. Gertrude begins to beg him to stop but he continues relentlessly.

The ghost enters but only Hamlet sees it. It says it is here to encourage Hamlet to pursue his revenge as he had promised. It urges Hamlet to help his mother accept what she has done. The ghost reminds Hamlet that he is not to pass judgement on Gertrude nor harm her. Hamlet's mother can not see the ghost and is even more convinced Hamlet is mad.

The ghost leaves and Hamlet urges Gertrude to stop sleeping with Claudius. Hamlet tells her he does not want her to reveal to the king what they have talked about and that he is not really mad. He feels that if she goes back to sleeping with the king, she will eventually tell him everything. Gertrude appears to agree.

Hamlet reminds Gertrude that he has been ordered to England with Rosencrantz and Guildenstern. Gertrude says she had forgotten that. Hamlet says he does not trust his companions at all. He implies that he has a plan to defeat their orders from the king.

The queen leaves followed by Hamlet dragging the body of Polonius.

Scene analysis and Focus Study Points

Polonius is again shown as a meddling, nosey, old man. When Gertrude becomes afraid of Hamlet and cries for help, Polonius foolishly cries out too while remaining hidden. Hamlet stabs through the curtain and kills him. Note that Hamlet shows no remorse. He never liked Polonius and he believes he got what he deserved for spying. Note that Hamlet twice mentions that he thought he was killing someone of a higher social rank (meaning the king).

Hamlet verbally attacks his mother's actions and morals. He compares both of her husbands in great detail. Note what he says about each man (King Hamlet and Claudius). His descriptions of the good qualities of his father and the poor qualities of King Claudius are vivid.

Gertrude was evidently unaware that Claudius had killed his brother, King Hamlet. She eventually pleads for Hamlet to be quiet but he continues. He is relentless in his criticism. Abruptly the ghost enters. It says basically two things to Hamlet. It reminds Hamlet that he has been slow in seeking the revenge that he promised and it reminds him not to harm or judge his mother. It disappears soon after speaking.

Gertrude thinks Hamlet is certainly mad because she can not see the ghost or hear it. Hamlet speaks passionately to her and says he is not mad now nor ever was mad. He urges her to see the error of her actions and behaviour. He urges her not to sleep with the king again. Hamlet is afraid that Gertrude will reveal to the king that Hamlet is not mad, and that he knows the details of his father's murder.

At the end of the scene, Hamlet reminds Gertrude that he has been ordered to England in the company of Rosencrantz and Guildenstern. He reveals that he does not trust them at all. He also implies that he has a plan to defeat their schemes and the king's orders. Note his words as he mentions this. He is evidently looking forward to springing his trap on them.

The scene ends with Gertrude leaving, followed by Hamlet dragging Polonius' body out of the area. The casual way Hamlet is treating the body further shows his disdain for Polonius and his complete lack of remorse.

Quotes

1. *Come, come, and sit you down. You shall not budge.*
   You go not till I set you up a glass
   Where you may see the inmost part of you!

   Hamlet has just begun speaking to his mother. These words say that he intends to show her how immoral her actions and behavior have been. The reference to "a glass" means a mirror (so she can see what she has done).

2. *Thou wretched, rash, intruding fool, farewell!*

I took thee for thy better.

Hamlet has just discovered that he has killed Polonius. His words indicate that he had hoped it had been King Claudius.

3. *Ha! Have you eyes?*
   You cannot call it love, for at your age
   The heyday in the blood is tame, it's humble,
   And waits upon the judgment, and what judgment
   Would step from this to this?

   Hamlet is being extremely critical of his mother's morals in these words. He is telling her that she is too old to feel the impetuous passions of youth. Instead he implies she used poor judgement in deciding to marry Claudius. These are really insulting words in any situation, but they are even more insulting because a son is speaking to his mother.

4. *Do not forget. This visitation*
   Is but to whet thy almost blunted purpose.
   But look, amazement on thy mother sits.
   O, step between her and her fighting soul!
   Conceit in weakest bodies strongest works.
   Speak to her, Hamlet.

   These are the only lines the ghost speaks to Hamlet as he is verbally abusing his mother. (Although she seems to believe what Hamlet has told her, she begs him to stop, but he continues to criticize her.) He reminds Hamlet of his promise to seek revenge against Claudius. He also reminds Hamlet not to harm his mother.

5. *Let it work;*
   For 'tis the sport to have the engineer
   Hoist with his own petar,

Hamlet has just reminded his mother that he must go to England. He tells her that he does not trust either Rosencrantz or Guildenstern, his companions. He knows they and the king have some evil plan for him. Hamlet says with these words that he also has a plan that will defeat them.

Vocabulary

lay home   to passionately criticize him

incorpora   empty air i.e. no one there

either   probably means "control"

Useful Web Sites

Many useful web sites can be found with information about virtually any subject concerning *Hamlet*.

The following was consulted for this information on this scene.

Some information on Polonius: http://glind.customer.netspace.net.au/polonius.html

Act Analysis

★ 제3막 4장

줄거리

폴로니우스는 거트루드 방 커튼 뒤로 몸을 숨기고 햄릿이 왕비의 침실로 들어온다. 햄릿이 흥분해서 화를 내고 이상한 행동을 하자, 왕비는 겁에 질려 도움을 요청한다. 폴로니우스는 햄릿이 왕비를 죽이려 하는 줄 알고 자신도 도와달라며 소리를 친다. 그 소리를 들은 햄릿은 왕이라고 생각하며 칼을 뽑아 찌른다.

햄릿은 자신이 죽인 사람이 폴로니우스였음을 알고 깜짝 놀라기는 하지만 화가 난 모습도 보인다. 햄릿은 더 나은 다른 사람을 죽였다고 생각했다고 말하면서 폴로니우스를 조롱한다. 왕비는 햄릿이 저지른 일을 보고 두려워한다. 왕비는 햄릿을 꾸짖으려 하지만, 햄릿은 그의 행동은 왕을 죽이고 왕의 부인을 가로챈 행동에 비한다면 아무것도 아니라고 한다. 햄릿은 죽은 남편에 대한 기억에 모욕을 준 것을 포함하여 어머니가 잘못 행동하고 있는 점을 말한다. 또한 그는 아버지와 클라우디우스의 차이점을 비교한다. 그는 선왕에게 좋은 자질이 있다고 생각하고 현왕에게는 나쁜 자질이 있다고 생각한다. 거트루드는 제발 그만하라고 부탁하지만, 햄릿은 무자비한 말들을 계속 이어나간다.

이때 유령이 나타나는데 오직 햄릿 눈에만 보인다. 유령은 햄릿이 약속한 대로 복수를 해나가도록 용기를 북돋아주려고 왔다고 한다. 그리고 햄릿에게 어머니가 무슨 일을 했는지 인정하도록 만들라고 한다. 또한 거트루드를 판단하려 하지도, 해를 입히지도 말기를 부탁했다는 것을 상기시킨다. 거트루드의 눈에는 아무것도 보이지 않았기에 햄릿이 미쳐버린 것이라고 더욱 확신하게 된다.

유령이 떠나자 햄릿은 거트루드에게 클라우디우스와 더 이상 잠자리를 같이 하지 말라고 다그친다. 햄릿은 어머니에게 자기와 있었던 일을 왕에게 일러바치지 않기를 바란다고 말하며 자신은 미친 것이 아니라고 한다. 햄릿은 만약 어머니가 왕과 다시 잠자리에 든다면, 결국 왕에게 모든 것을 말하게 될 것이라고 느낀다. 거트루드는 말하지 않겠다고 답해준다.

햄릿은 거트루드에게 자신은 로젠크란츠와 길덴스턴과 함께 영국으로 가게 되었다는 것을 상기시킨다. 거트루드는 그 일을 잊고 있었다고 말한다. 햄릿은 그들을 전혀 믿지 않는다고 한다. 그리고 왕에게 받은 그들의 계획을 뒤집을 것임을 암시한다.

햄릿은 폴로니우스의 시체를 끌고 나가고 거트루드는 혼자 남는다.

📄 분석

폴로니우스는 참견을 좋아하는 간섭쟁이 늙은이라는 것을 다시 한 번 보여준다. 거트루드가 햄릿을 두려워하며 도움을 청하자, 폴로니우스는 몸을 숨긴 상태에서 바보처럼 소리를 지른다. 햄릿은 커튼으로 칼을 찔러 넣어 그를 죽인다. 그 후 어떠한 죄책감도 느끼지 않는 햄릿을 주목하도록 하자. 햄릿은 결코 폴로니우스를 좋아한 적이 없기에 염탐꾼 노릇을 한 대가로 죽어 마땅하다고 생각한다. 그리고 좀 더 높은 사람(왕)을 죽였다고 생각했다고 두 번이나 말한다.

햄릿은 어머니의 행동과 도덕성을 놓고 언어적인 공격을 가한다. 어머니의 두 남편을 일일이 비교한다. 햄릿 왕과 클라우디우스를 어떻게 묘사하고 있는지를 살펴보자. 햄릿 왕의 좋은 점과 클라우디우스 왕의 나쁜 점에 대해 그는 명확하게 묘사하고 있다.

거트루드는 분명히 클라우디우스가 형인 햄릿 왕을 죽였다는 것을 모르고 있다. 그녀는 결국 햄릿에게 제발 조용히 할 것을 부탁하지만 햄릿은 말을 멈추지 않는다. 그는 왕비를 사정없이 비난한다. 그때 갑자기 유령이 나타난다. 그리고 햄릿에게 두 가지를 이야기한다. 햄릿이 복수하는 일을 약속대로 빨리 처리하지 못하고 있다는 것과 어머니에게 상처를 주거나 판단하지 말아야 한다는 이야기이다. 그 말을 남기고 유령은 사라진다.

거트루드는 유령의 모습을 보지도 못하고 유령의 소리를 듣지도 못하기 때문에 햄릿이 확실히 미친 것이라고 생각한다. 햄릿은 자신은 지금도, 전에도 미치지 않았다고 힘주어 말한다. 그리고 어머니의 잘못된 행동을 보라고 다그친다. 그리고 다시는 숙부와 잠자리를 같이 하지 말라고 한다. 햄릿은 어머니가 왕에게 가서 자신이 미친 것이 아니라는 것과 아버지의 죽음에 대해 자세히 알고 있다는 사실을 이야기할까 걱정한다.

마지막 장면에서 햄릿은 거트루드에게 로젠크란츠와 길덴스턴과 함께 영국으로 가게 되었다는 것을 상기시킨다. 그리고 자신은 그들을 전혀 믿지 않는다고 한다. 또한 왕의 계획과 명령에 대한 대비책이 있음을 드러낸다. 이것을 말하는 햄릿의 대사를 보도록 하자. 그는 분명히 자신 앞에 놓인 덫을 그들에게 돌려주고 싶어 한다.

햄릿이 폴로니우스의 시체를 끌고 나가고 거트루드가 혼자 남는 장면으로 3막이 끝난다. 아무렇지 않게 시체를 끌고 나가는 장면은 햄릿이 폴로니우스를 경멸하고 있다는 것과 어떠한 양심의 가책도 받고 있지 않음을 보여주는 것이다.

🔍 인용문[구]

1. 자, 이리로 와서 앉으세요. 움직이지 말고요.
   당신의 마음속 가장 깊은 곳까지 볼 수 있는 거울을 보일 테니 그때까지 당신은 나갈 수 없습니다.
햄릿이 어머니에게 막 이야기하기 시작했다. 햄릿이 어머니의 행동이 얼마나 비도덕적이었나를 보이려고 의도적으로 하는 말이다. 여기서 말하는 '유리'는 거울을 의미한다(어머니의 행동을 스스로 볼 수 있도록).

2. 이 가엾고, 경솔하고, 참견쟁이 바보 같으니라구, 잘 가거라!
난 네가 너의 왕인 줄 알았는데.
햄릿은 자신이 죽인 사람이 폴로니우스였다는 것을 알게 되었다. 이 대사에는 죽인 사람이 폴로니우스가 아닌 클라우디우스 왕이였기를 바라는 마음을 드러낸다.

3. 하! 보십시오.
그것을 사랑이라 말하지 마세요.
당신의 나이가 되면 정열도 길들여지고,
겸허히 분별력을 갖기 마련인데
어머니는 어떤 분별력으로 이곳에 이르게 된 겁니까?
햄릿은 어머니의 도덕성을 놓고 맹렬한 비난을 가하고 있다. 어머니가 충동적으로 젊음의 열정을 느끼기에는 너무 늦었다고 말한다. 대신 클라우디우스와 결혼하기로 결정한 것은 서투른 판단이었다는 것을 암시하고 있다. 이 인용문은 어떤 상황에서도 모욕적인 말이지만 아들이 어머니에게 한 말이기에 더욱 모욕적이라 할 수 있다.

4. 잊지 말거라. 너의 방문은
다 무뎌진 너의 칼날을 갈기 위해서다.
하지만 보아라. 경악해서 앉아 있는 너의 어머니를.
오, 그녀와 싸우고 있는 그녀의 영혼 사이로 다가가라.
약한 자일수록 강한 독단이 있음을
그녀에게 이야기해라, 햄릿.
이 말은 햄릿이 어머니에게 폭언을 가하고 있을 때 유령이 나타나 햄릿에게 하는 대사이다 (햄릿의 어머니는 비록 햄릿이 하는 말을 믿는 것처럼 보이기는 하지만, 그에게 자신을 비난하는 일을 그만해 달라고 청한다). 유령은 클라우디우스에게 복수하겠다는 그의 약속을 햄릿에게 상기시킨다. 또한 어머니는 해치지 말라고 했던 것을 일깨운다.

5. 일을 행하라죠.
제조자가 자신이 만든 폭탄을 폭파시키는
재미있는 조롱거리가 될 겁니다.

햄릿이 어머니에게 자신은 영국으로 가야만 한다는 걸 상기시킨다. 그리고 로젠크란츠와 길덴스턴 둘 누구도 동료로서 믿지 못하겠다고 말한다. 그는 친구들과 왕이 자신을 해치려는 악행을 계획하고 있다는 것을 알고 있다. 햄릿은 이 말을 통해 자신도 그들을 향한 계획을 가지고 있음을 암시한다.

어휘·표현 연구

lay home 격하게 그를 힐난하다

incorporeal 빈 공기, 즉 아무도 없는(실체가 없는)

either 아마도 '지배, 통제력'을 의미한다.

Test For Act III

A. **Match the following people or events in Column A with answers from Column B.**

Column A	Column B
① The ghost	____ Makes crude, sexual comments
② Polonius	____ Is confused and very unhappy
③ Ophelia	____ Ineffective spies
④ Hamlet	____ Sees something that makes him angry
⑤ Claudius	____ Is praised highly by Hamlet
⑥ Rosencrantz and Guildenstern	____ Screams for help first
⑦ Horatio	____ A nosey person
⑧ Gertrude	____ Warns Hamlet of two promises

B. **Place the following in the proper chronological order.**

____ Ophelia is teased and taunted by Hamlet.

____ Hamlet does the famous "To Be or Not To Be" soliloquy.

____ Claudius and Polonius arrange for Hamlet to meet apparently by accident with Ophelia.

____ Claudius arranges with Guildenstern and Rosencrantz to take Hamlet away to England.

____ The play is performed showing the death of a king by his brother.

____ Hamlet visits with his mother.

____ Hamlet kills Polonius.

____ Hamlet see Claudius praying.

____ Claudius leaves abruptly.

____ Horatio is asked to watch for the king's reaction to the play.

C. **Identify the following quotes.** (Note: Answer these questions in COMPLETE sentences. For some of these questions your answer may require more than one sentence. You will lose marks for incomplete answers!)

1. *To be, or not to be: that is the question:*
   Whether 'tis nobler in the mind to suffer
   The slings and arrows of outrageous fortune,
   Or to take arms against a sea of troubles,
   And by opposing end them?

   Who said this and to whom are these words spoken?

   What is the speaker saying?

2. *If thou dost marry, I'll give thee this plague for*
   thy dowry: be thou as chaste as ice, as pure as
   snow, thou shalt not escape calumny.

   Who is speaking and to whom?

   Describe the circumstances here?

3. *The lady protests too much, methinks.*

   Who is speaking and to whom?

   Why were these words spoken and what do they refer to?

4. *O, my offence is rank it smells to heaven;*
   It hath the primal eldest curse upon't,
   A brother's murder.

   Who is speaking and to whom?

   Describe the circumstances.

5. *Do not forget: this visitation*
   Is but to whet thy almost blunted purpose.

   Who says these words and to whom?

   Why are these words spoken? (Describe the situation.)

D. Write a short paragraph (3 or more sentences as needed) **to answer the following:**

1. Why does the ghost appear again in scene 4?

2. What does King Claudius' plan in order to get rid of Hamlet?

3. After talking with his mother, what does Hamlet say about the trip to England?

4. Is Hamlet's plan to use the play as a trap for Claudius successful?

5. Why does Hamlet decide not to kill King Claudius in scene 3?

Hamlet - Oedipus Complex

An "Oedipus Complex" refers to a stage in the sexual development of young men (age 3-5) when they see their father as a competitor for the sexual affection of their mother. Does Hamlet have such a complex? Research will show that scholars of the character of Hamlet in Shakespeare's play are divided over that issue. Certainly, Hamlet seems to be very focused on the sex life of his mother. In the scene just after the play when he goes to her room, he is verbally abusive and intensely descriptive of how she spends her nights in bed with Claudius. Those who say Hamlet has an Oedipus Complex point to this extreme focus on her sex life. Others believe Hamlet is just trying to shock Gertrude into looking at her relationship with Claudius. She certainly appears to love Claudius but Hamlet wants to have her listen to his charges that Claudius murdered her former husband, the late King Hamlet.

Does Hamlet have an Oedipus Complex? From what you have read in this play, what do you think?

햄릿과 오이디푸스 콤플렉스

'오이디푸스 콤플렉스'는 성적인 발달단계에 나타나는 현상으로 남자 아이(3~5세)가 어머니에 대한 성적 애착 면에서 아버지를 경쟁자로 보면서 겪게되는 콤플렉스이다. 그렇다면 햄릿이 '오이디푸스 콤플렉스'를 가지고 있다고 볼 수 있는가? 리서치는 셰익스피어의 햄릿을 연구하는 학자들이 이 문제를 놓고 설전을 벌이고 있다는 것을 보여줄 것이다. 확실히, 햄릿은 어머니의 성적인 생활에 매우 많은 관심을 두고 있다. 어머니의 방을 찾아간 장면을 보면, 햄릿은 어머니가 클라우디우스와 침대에서 어떻게 밤을 보내고 있는지를 강하게 묘사하며 언어적인 폭력을 가한다. 햄릿이 '오이디푸스 콤플렉스'를 가지고 있다고 주장하는 이들은 어머니의 성적인 영역에 대한 이러한 지나친 관심을 지적한다. 그러나 다른 한편에서는 햄릿의 이러한 행동은 단지 거트루드와 클라우디우스와의 관계를 보게 하여 어머니에게 불쾌감을 주려는 것뿐이라고 보기도 한다. 거트루드는 확실히 클라우디우스를 사랑하는 것처럼 보이지만 햄릿은 클라우디우스가 전 남편인 햄릿 왕을 죽인 살인자라고 밝히는 자신의 말을 들어주길 바라고 있다.

햄릿은 '오이디푸스 콤플렉스'를 가진 것일까? 작품을 읽은 여러분은 어떠한 의견을 내놓을 수 있겠는가?

더 알아보기

★ 〈오이디푸스〉

그리스의 3대 비극 시인 중 한 명인 소포클레스의 작품이다. 이 작품은 '인간에게는 주어진 운명이 있고, 그 운명은 어떠한 노력으로도 극복되지 않는다.'라는 주제를 담고 있다.

오이디푸스가 태어나기 전, 그의 아버지인 라이오스(테베의 왕)에게는 "아비를 죽이고 어미를 범하는 아들이 태어난다."라는 신탁이 내려졌다. 그리하여 이오카스테 왕비에게서 아들이 태어나자 그들에게 내려진 신탁을 두려워한 나머지 아이의 발을 묶어 산에다 버린다(그리하여, 부은 발이라는 뜻

▶ 사진출처 wikipedia
오이디푸스와 스핑크스

을 가진 오이디푸스라는 이름이 붙여지게 된 것이다). 하지만 이 아이는 이웃 나라 코린토스의 목동이 데려가게 되고, 아이는 코린토스의 왕자로 자라게 된다. 청년이 된 오이디푸스는 델포이에서 "아비를 죽이고 어미를 범한다."라는 신탁을 받게된다. 그 운명을 피하기 위해 코린토스를 떠나 테베를 방랑하던 중 한 노인을 만나 시비 끝에 그를 죽이고 만다. 그 노인이 자기 아버지란 것을 몰랐던 것이다. 그때 테베에는 스핑크스라는 괴물이 나타나 사람들을 잡아먹고 있었다. 오이디푸스는 스핑크스의 수수께끼를 풀어 그 괴물을 죽이고, 이오카스테 여왕의 약속대로 그녀와 결혼한 후 테베의 왕이 된다. 그녀가 자신의 어머니인 줄 모르고 아내로 삼은 것이다.

오이디푸스는 이오카스테(어머니)와의 사이에서 네 명의 자녀를 둔다. 그러던 중 테베에 역병이 돌게 되고, 그 원인을 물으러 아폴론 신전에 갔다가 "선왕인 라이오스 왕을 죽인 자를 찾아 복수하면 역병을 물리칠 수 있다."라는 신탁을 듣게 된다. 오이디푸스는 라이오스 왕의 살인자를 찾던 중, 자신이 아버지를 죽인 살인자이면서 어머니를 범한 라이오스의 아들임을 알게 된다. 이오카스테는 신탁의 무서운 결과에 두려워하며 자살을 하고, 괴로워하던 오이디푸스는 자신의 두 눈을 뽑아 장님이 된다. 딸 안티고네의 도움으로 방랑의 길을 떠나는데, 그는 만나는 모든 사람들에게 미움을 받다 죽게되고 나머지 그의 자녀들도 왕위를 다투다 모두 죽는다는 비극이다. 자신의 운명을 피하기 위해 발버둥 쳤으나 결국 신들이 부여한 운명을 거역하지 못한다는 것을 보여주는 이야기이다.

★ 〈오이디푸스 콤플렉스〉

오스트리아의 정신분석학자 프로이드(Freud)가 그리스신화 〈오이디푸스〉에서 따온 정신분석학적 용어이다. 남자 아이들(주로 남근기, 3~5세)에게서 나타나는 현상으로 어머니에 대한 성적인 애착을 갖고 아버지를 경쟁자로 보는 성향을 뜻한다. 아이들은 '아버지처럼 어머니를 사랑하고 싶다'는 바람과 '아버지처럼 되고 싶다'는 갈망을 통해 아버지와의 '동일시'를 일으키게 되고 이때 초자아가 발달되는 것이라고 한다.

프로이드는 이 시기를 성공적으로 극복해야만 정상적인 성애가 발달할 수 있다고 했다. 여자 아이가 아버지에 대한 성적인 애착을 가지면서 어머니를 경쟁자로 여기는 것은 엘렉트라 콤플렉스(Electra Complex)라고 한다.

Claudius:
O Gertrude, Gertrude,
When sorrows come, they come not single spies,
But in battalions:
(Act IV Scene 5)

오, 거트루드, 거트루드
슬픔이 엄습할 때는 하나씩 숨어서 오는 것이 아니라
군대처럼 몰려오는군요!
(4막 5장 클라우디우스의 대사 중에서)

Act IV

Ophelia sings and talks in a foolish manner. Her songs seem to focus on lost love, betrayal in love and death.

오필리아는 실성한 모습으로 노래하고 이야기한다. 그녀의 노래는 잃어버린 사랑, 사랑의 배신, 죽음을 담고 있다.

★★★

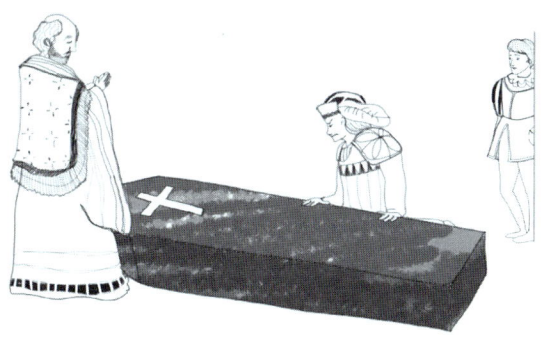

★★★

Act Analysis

Act IV Scene 1

Plot Summary

This short scene opens with Claudius asking Gertrude why she is upset. She asks Rosencrantz and Guildenstern to leave them for a couple of minutes. Gertrude tells Claudius that Hamlet is mad and that he has killed Polonius and has taken the body away. Claudius is shocked and realizes he will be blamed for sheltering a mad person (Hamlet). He speaks of loving Hamlet but he also says they must send him away as soon as the sun sets. He voices a concern that Hamlet is a threat to everyone.

Claudius summons Rosencrantz and Guildenstern to tell them to find Hamlet. When they locate Polonius' body, they are to bring it to the chapel. However, they are to be gentle with Hamlet.

After they leave to do his bidding, Gertrude and Claudius go to speak to the king's counsellors to see how they can avoid any responsibility in this crime.

Scene analysis and Focus Study Points

Gertrude tells Claudius that Hamlet is mad. As proof, she mentions the murder of Polonius. However, in the previous scene (Act III Scene 4) a lot more happened than just the murder of Polonius. Does she really think that Hamlet is crazy? If she does, why didn't she mention his abusive ranting or the conversation with the ghost that she could not see? Is it possible she totally believes everything Hamlet told her and is now starting to reject the king by not telling him the whole story? What do you think? Note carefully what she says in this scene (and what she does not say)! This could be a good essay question. Could you defend your opinion?

Claudius states that while Hamlet is present, everyone is in danger. He is probably happy that Hamlet has given him a perfect reason to get him out of Denmark. He instructs Rosencrantz and Guildenstern to be gentle with Hamlet when they find him (and to bring the body of Polonius to the chapel). He also says he loves Hamlet and should have restrained him. The scene ends with his suggestion that he and Gertrude consult with wise friends (probably counsellors) to see how they can avoid scandal. Do you think he is really concerned about anything except avoiding scandal?

🔍 Quotes

1. *O heavy deed!*
   It had been so with us, had we been there.
   His liberty is full of threats to all,
   To you yourself, to us, to every one.

   Claudius is commenting on Hamlet's murder of Polonius. He is saying that perhaps he would have been killed by Hamlet if he had been there. He concludes that Hamlet is a threat to everyone!

2. *My soul is full of discord and dismay.*

   This is the last line of the scene. Claudius is saying that he is full of dismay at the actions of Hamlet.

📖 Vocabulary
brainish apprehension   insanity

Act Analysis

★ 제4막 1장

줄거리

4막 1장이 시작되면 클라우디우스가 등장하여 거트루드에게 왜 그리 슬퍼하고 있는지를 묻는다. 거트루드는 로젠크란츠와 길덴스턴에게 잠시 나가 있어 달라고 한다. 거트루드는 클라우디우스에게 햄릿이 미쳐서 폴로니우스를 죽이고 그 시체를 끌고 나갔다고 말한다. 클라우디우스는 깜짝 놀라며 정신이상자(햄릿)를 방치한 것에 대한 비난을 걱정한다. 햄릿을 사랑하기는 하지만 해가 뜨면 바로 멀리 보내야겠다고 한다. 햄릿이 모든 이들에게 위험이 된다는 우려를 표한다.

클라우디우스는 로젠크란츠와 길덴스턴을 불러 햄릿을 찾으라고 한다. 그리고 폴로니우스의 시체를 찾아 예배당으로 안치하라고 한다. 그리고 햄릿을 찾으면 그를 살살 다루어 데리고 오라고 한다.

왕의 명으로 로젠크란츠와 길덴스턴이 나가고, 거트루드와 클라우디우스는 이 사건의 책임을 피할 방법을 알아보기 위해 왕의 대신들과 이야기를 해야겠다며 나간다.

분석

거트루드는 클라우디우스에게 햄릿이 미쳤다고 말한다. 그리고 그 증거로 폴로니우스를 살해한 것을 이야기한다. 하지만 3막 4장에서는 폴로니우스의 살해 말고도 더 많은 일이 있었다. 거트루드는 햄릿이 확실히 미쳤다고 생각하는 걸까? 만약 그렇다면, 자신을 향해 퍼부었던 독설과 그녀는 볼 수 없었던 유령과의 이야기는 왜 말하지 않는 걸까? 그러한 일들은 첩자를 죽이는 일보다 더 괴상한 행동인데 말이다. 그렇다면 거트루드는 햄릿이 말한 모든 것을 완전히 믿으며 모든 이야기를 왕에게 하지 않음으로써 이제는 왕을 거절하기 시작했다는 것인가? 여러분의 생각은 어떠한가? 이번 장에서 거트루드가 말한 내용과 말하지 않은 내용을 잘 살펴보도록 하자. 좋은 에세이 질문이 될 것이다. 여러분의 주장을 옹호해 보라.

클라우디우스는 햄릿이 있는 동안은 모든 사람들이 위험하다고 말한다. 아마 그는 햄릿을 덴마크에서 쫓아낼 구실을 찾아내 기뻤을 것이다. 로젠크란츠와 길덴스턴에게 햄릿을 찾으면 햄릿을 부드럽게 대해야 한다고 지시한다. (그리고 폴로니우스의 시체는 예배당으로 옮기라고 한다.) 클라우디우스는 또한 자신은 햄릿을 사랑하지만 햄릿의 행동을 막아야만 했다고 이야기한다. 이번 장은 그들이 어떻게 사건을 피할 수 있는지 알아내기 위해 현명한 친구들(대신들)을 만나서 상의할 것을 언급하며 끝난다. 왕은 정말로 이번 사건으로 나올 추문 외에는 신경쓰는 게 없다고 여러분은 생각하는가?

🔍 인용문[구]

1. 어떻게 그런 일이!
   우리가 그곳에 있었다면 당할 뻔했군.
   그의 방종은 모두에게 위험천만해.
   당신에게도, 우리에게, 그리고 모두에게.
   클라우디우스가 햄릿이 폴로니우스를 살해한 것에 대해 말하고 있다. 아마 자신이 그곳에 있었다면 햄릿에게 살해되었을 것이라고 말한다. 햄릿이 모두에게 위험한 존재라고 결론짓는다!

2. 심령이 불안하고 뒤숭숭하다.
   이 장면의 마지막 대사이다. 클라우디우스는 햄릿의 행동이 심히 불안하다고 말한다.

📘 어휘 연구

brainish apprehension　　정신착란, 정신이상(광기)

Act Analysis

★ Act IV Scene 2

Plot Summary

This extremely short scene opens with Hamlet announcing that the body of Polonius has been safely hidden. Rosencrantz and Guildenstern appear and request politely that Hamlet tell them where the body is and that he accompany them to the king. Hamlet refuses to tell them where the body is and talks irrationally to them. When they insist, he agrees to see the king. They exit together.

Scene Analysis and Focus Study Points

Hamlet's conversation with Rosencrantz and Guildenstern is foolish and irrational. Why do you think he is still behaving this way? Do you think he wants them to believe he is still mad? Perhaps this is part of the plan he mentioned to his mother at the end of Act III Scene 4. At that time, he declared that he did not trust Rosencrantz and Guildenstern or the reason that the king was sending him to England. He suspected they were planning something foul. He also mentioned that he had a plan to defeat them. Is it possible he still wants them to believe he is mad so that they will not suspect he has a plan to defeat them? What do you think?

Symbolism

★ The body and dust
The reference to the body and dust being kin is probably a reference to words spoken during Christian burial ceremonies

("Ashes to ashes and dust to dust"). The meaning is that according to Christian belief we were created from dust and our bodies return to dust after death.

🔎 Quotes

1. *Compounded it with dust, whereto 'tis kin.*

    Hamlet is trying to confuse Rosencrantz and Guildenstern by speaking irrationally. He is probably making a reference to people returning to dust when they are dead.

2. *The body is with the king, but the king is not with the body. The king is a thing –*

    Hamlet is speaking irrationally to confuse Rosencrantz and Guildenstern again. This quote sounds like a riddle but there may be no meaning to it.

📖 Vocabulary

demanded of   interrogated

replication   an answer

Act Analysis

★ 제4막 2장

줄거리
2장은 아주 짧은 장면으로 햄릿이 폴로니우스의 시체를 잘 숨겼다고 말하면서 시작한다. 로젠크란츠와 길덴스턴이 등장하여 햄릿에게 시체가 어디 있는지를 조심스럽게 물으며 왕에게 함께 가자고 한다. 햄릿은 시체가 있는 곳을 말하지 않은 채 이상한 말만을 한다. 두 친구가 계속 청하자, 햄릿은 왕을 보러가기로 하면서 함께 퇴장한다.

분석
로젠크란츠와 길덴스턴과 나누는 햄릿의 대화는 엉뚱하고 분별없어 보인다. 왜 햄릿은 이와 같은 행동을 계속하는 걸까? 친구들도 자신이 미쳤다고 생각하게 만들려고 하는 걸까? 아마 이는 3막 4장 마지막 부분에서 어머니에게 털어놓은 계획의 일부일 것이다. 그 장면에서 햄릿은 강력하게 자신은 로젠크란츠와 길덴스턴을 믿지 않으며 또한 왕이 자신을 영국으로 보내려는 이유도 믿지 않는다고 이야기했다. 햄릿은 그들이 뭔가 비열한 음모를 꾸미고 있다고 의심하면서 동시에 그들에게 반격할 계획이 있다는 점도 언급한다. 햄릿은 그들이 여전히 자신이 미쳤다고 생각하게 만들어 자기가 그들을 반격할 다른 계획을 가지고 있음을 의심하지 않도록 만들려는 것일까? 여러분의 생각은 어떠한가?

상징
★ 육신과 흙
육신과 흙은 하나라고 말하는 것은 아마도 기독교식 장례 예식에 나오는 말일 것이다("흙에서 왔다 흙으로 돌아간다"). 기독교에서는 인간은 흙에서 만들어졌고, 죽고 나면 다시 흙으로 돌아간다고 믿고 있다.

인용문[구]
1. 그것(폴로니우스 시체)은 흙과 뒤섞였지. 둘은 친척 관계니까.
   햄릿은 로젠크란츠와 길덴스턴에게 비이성적인 말들을 하면서 그들을 혼란스럽게 만들려고 한다. 아마도 사람이 죽으면 흙으로 돌아간다는 말을 하는 듯하다.

2. 시체는 왕과 함께 있지. 그러나 왕은 시체와 함께 있지 않아.
   왕이 문제란 말이지…….
   햄릿이 로젠크란츠와 길덴스턴에게 이상한 말을 하여 또다시 그들을 혼란시킨다. 이 인용문은 수수께끼 같지만 아무런 의미도 없다고 할 수 있다.

 어휘 · 표현 연구

demanded of 심문받은

replication 대답, 응답

Act Analysis

⁂ Act IV Scene 3

Plot Summary

The scene opens with King Claudius and several of his counsellors. He informs them that he has sent men to find Hamlet and the body of Polonius. He also says that Hamlet is dangerous and should not be allowed to be free. Because the people love Hamlet, they will be watching to see how he is punished. They will be more concerned with Hamlet's punishment than the fact that he murdered someone. Claudius says that it would be acceptable to send him away.

Rosencrantz and Guildenstern arrive with Hamlet but they still do not know where the body of Polonius is hidden. At first, Hamlet will not tell Claudius where he has hidden the corpse. He talks foolishly about worms eating the body. Finally he mentions that the body is in the main hall and the king immediately orders attendants to go and check for it there.

Hamlet is told that he is to be sent away to England immediately because of Polonius' murder. Hamlet seems pleased and leaves. Claudius demands that his attendants get Hamlet on board as quickly as possible and they all leave except Claudius.

In a brief soliloquy, Claudius reveals that he will be sending a letter to the King of England to kill Hamlet as soon as he arrives. He says that Hamlet will be a constant source of danger to him until he is dead.

📄 Scene analysis and Focus Study Points

Hamlet's murder of Polonius gives the king more justification for sending Hamlet away. He claims this is the best punishment because the people love Hamlet and they will be more concerned about what kind of punishment he receives rather than the nature of the crime he committed.

Note how well recent events have favoured Claudius. He has been trying to find a way to get rid of Hamlet. Earlier (Act III Scene 3) Claudius told Rosencrantz and Guildenstern that he has decided to send Hamlet and them to England on diplomatic business. Now, Claudius knows he must punish Hamlet for the murder of Polonius. However, he is concerned about the public reaction. The people love Hamlet and will be more critical of the punishment than the fact that Hamlet killed someone. Thus, sending Hamlet away now is the perfect "punishment" for the murder of Polonius.

Claudius also reveals in a soliloquy that he has written a letter to the English king. This letter will accompany Hamlet, Rosencrantz and Guildenstern on their trip to England. The letter contains instructions to kill Hamlet as soon as possible. If everything works as Claudius hopes, he will appear completely blameless of Hamlet's death and he will be rid of a dangerous person in his life. Claudius is certainly trying to protect himself! Could you write an essay paraphrasing/analysing Claudius' soliloquy? This would be a good essay question. Make sure you are familiar with everything related to Claudius' decision.

Hamlet continues to act foolishly. Is it possible that he is still acting this way so that no one will suspect he is planning something? Many people feel that mad people are not capable of thinking rationally. Hamlet may be hoping that no one will suspect him. What do you believe? Could you write an essay justifying your opinion? Review also how he acts toward Rosencrantz and Guildenstern in the previous scene (Act IV Scene 2).

Symbolism

* The Diet of Worms

    In Hamlet's foolish talk to Claudius, he mentions that worms are dieting on the body of Polonius. He also says that it is possible for a king to move through the guts of a beggar. This can happen if a beggar eats a fish that ate a worm that ate a king. In this passage of the play, Shakespeare is making a pun on the words "diet" and "worms". The pun refers to a famous religious convention (called a "Diet") held in a small town called Worms in 1521. This convention was called "The Diet of Worms." In English this sounds amusing. In the play, Hamlet's words are mocking. Thus it seems possible that Shakespeare is mockingly expressing some anti-Roman Catholic sentiment. At the time this play was first produced, there was some conflict between the Roman Catholics and Protestants in England.

    When Claudius asks again where Polonius' body is, Hamlet says he is in heaven. He suggests Claudius send a messenger. He also says that if the messenger can not find Polonius then Hamlet suggests Claudius himself look in the "other place". This "other place" is a reference to hell and indicates that Hamlet feels hell is a good place for Claudius.

🔍 Quotes

1. *Yet must not we put the strong law on him:*
   He's loved of the distracted multitude,
   Who like not in their judgment, but their eyes,
   And where 'tis so, th' offender's scourge is weighed,
   But never the offence.

   Claudius is speaking to his counsellors. He is justifying the exile of Hamlet. He is saying that they can not punish Hamlet severely at home because the general population loves him and would focus more on the punishment than the crime.

2. *The present death of Hamlet. Do it, England,*
   For like the hectic in my blood he rages,
   And thou must cure me. Till I know 'tis done,
   Howe'er my haps, my joys were ne'er begun.

   Claudius is speaking in a soliloquy. He is saying that Hamlet must be killed during his visit to England. Until Hamlet is dead, Claudius feels he will have no safety or peace of mind.

📖 Vocabulary

variable service different dishes of food

cicatrice scar from a wound

🌐 Useful Web Sites

Many useful web sites can be found with information about virtually any subject concerning *Hamlet*.
The following was consulted for this information on this scene.
An extensive critical analysis: http://www.theatrehistory.com/british/hamlet001.html

Act Analysis

제4막 3장

줄거리

3장이 시작되면 클라우디우스 왕과 몇몇 왕실의 대신들이 보인다. 왕은 대신들에게 사람을 보내 햄릿과 폴로니우스의 시체를 찾아오라 했다고 말한다. 또한 햄릿은 위험한 인물이기 때문에 자유롭게 둘 수 없다고 한다. 백성들이 햄릿을 사랑하고 있기 때문에 햄릿에게 어떠한 벌이 내릴지 백성들이 지켜볼 것이라고 한다. 백성들은 햄릿이 누군가를 죽였다는 사실보다 햄릿에게 어떠한 처벌이 내려지는지에 더 관심을 가진다는 것이다. 클라우디우스는 햄릿을 멀리 보내는 것이 최선의 방법이라고 말한다.

로젠크란츠와 길덴스턴이 햄릿을 데리고 오지만 폴로니우스의 시체는 어디에 숨겼는지 아직 모른다고 한다. 처음에는 햄릿은 클라우디우스의 시체를 어디에 숨겼는지 왕에게 말하려 하지 않는다. 그리고 구더기들이 시체를 먹고 있다는 엉뚱한 말을 한다. 결국 햄릿은 시체가 중앙홀에 있다고 대답하고, 왕은 사람들을 보내 빨리 시체를 찾으라고 명령한다.

햄릿은 폴로니우스를 살해했기 때문에 즉시 영국으로 떠나야 한다는 말을 듣는다. 햄릿은 기쁜 것처럼 보이며 떠난다. 클라우디우스는 시종들에게 햄릿이 빨리 승선할 수 있도록 서두르라고 한 뒤 모두 물러나게 한다.

클라우디우스는 짧은 독백으로 햄릿이 도착하는 즉시 죽여 달라는 서신을 영국 왕에게 보낼 것을 밝힌다. 햄릿은 죽기 전까지 자신에게 끊임없는 위험이 될 것이라고 말한다.

분석

폴로니우스를 죽인 햄릿의 행동은 햄릿을 영국으로 보내려는 왕의 의도를 더욱 타당하게 만들어준다. 백성들이 햄릿을 사랑하기 때문에, 그들은 햄릿이 저지른 일보다는 햄릿이 받게 될 처벌에 더욱 관심을 가질 것이라고 하면서 외국으로 보내는 것이 최선의 방책이라고 한다.

근래의 사건들이 클라우디우스에게 얼마나 유리하게 작용했는지를 살펴보자. 클라우디우스는 햄릿을 처치할 방법을 찾고 있었다. 3막 3장을 보면, 클라우디우스는 로젠크란츠와 길덴스턴에게 영국과의 외교 문제를 해결하기 위해 햄릿과 그들을 영국으로 보낼 것이라고 이야기했다. 이제, 폴로니우스의 살인죄로 햄릿을 처벌해야만 하는 걸 알고 있다. 그러나 그는 백성들의 반응을 염려한다. 백성들은 햄릿을 사랑하므로, 햄릿이 행한 일보다는 햄릿이 받게 될 처벌에 더 비판적일 것이라고 생각한다. 따라서 지금은 폴로니우스의 살인죄로 햄릿을 덴마크에서 내보내는 것이 최고의 '처벌'인 것이다.

클라우디우스는 독백을 통해 영국의 왕에게 편지를 썼다고 말한다. 그 편지는 영국으로 가는 햄릿, 로젠크란츠, 길덴스턴과 함께 갈 것이고, 햄릿을 가능한 빨리 죽여달라는 내용이 들어 있다. 클라우디우스의 계획대로 일이 잘 진행된다면, 자신은 햄릿의 죽음에 대한 비난을 완벽히 피할 수 있고 그의 인생에서 위험 인물을 제거하게 될 것이다. 클라우디우스는 자신의 안전을 확실히 지키려고 한다! 클라우디우스의 독백을 다시 쓰거나 분석하는 에세이를 작성해 보라. 이는 훌륭한 에세이 주제가 될 수 있다. 클라우디우스의 결정과 관련된 모든 것을 잘 알아야 한다.

햄릿은 엉뚱한 행동들을 계속하고 있다. 그가 계속 이와같이 행동하고, 그래서 어느 누구도 자신이 뭔가를 계획하고 있는 것을 모르게 하는 것이 가능한 것인가? 많은 사람들이 정신이상자들은 논리적인 생각을 할 능력이 없다고 믿는다. 햄릿은 아무도 자기를 의심하지 않기를 바라는 것일 수도 있다. 여러분은 무엇을 믿는가? 여러분의 입장을 설명할 수 있는 에세이를 써보라. 또한 햄릿이 로젠크란츠와 길덴스턴에게 이전 장(4막 2장)에서 어떻게 행동했는지를 다시 살펴보도록 하자.

상징

★ The Diet of Worms

햄릿이 클라우디우스에게 엉뚱한 이야기를 하는 장면에서 햄릿이 클라우디우스에게 벌레들이 폴로니우스의 시신을 먹고 있다고 말한다. 그리고 왕도 거지의 뱃속을 통과하는 것이 가능하다고 이야기한다. 만약 거지가 생선을 먹었는데, 그 생선이 벌레를 먹었고, 그 벌레가 왕을 먹었다면 가능한 일이 된다고 한다. 이 부분에서, 셰익스피어는 'diet'와 'worms'를 가지고 말장난을 한다. 이는 1521년 'Worms'라는 작은 마을에서 열린 유명한 종교회의('Diet'라고 부름)를 말한다. 그 회의는 'The Diet of Worms–보름스 의회'라고 불렸는데 영국에서 이 말이 웃기게 들렸을 것이다. 햄릿의 어투는 비웃는 말투로 들린다. 따라서 셰익스피어는 그의 작품을 통해 로마 가톨릭주의에 반하는 입장을 조롱하며 표현하려 했던 것이다. 「햄릿」이 처음 쓰였을 당시 영국에서는 로마 가톨릭과 신교도 사이의 갈등이 일고 있었다.

클라우디우스가 햄릿에게 다시 한 번 폴로니우스의 시신이 어디 있는지를 묻자, 햄릿은 천국에 있다고 답한다. 그리고 클라우디우스에게 사신을 보내 보라고 한다. 그런데 만약 사신이 폴로니우스를 찾지 못한다면, 클라우디우스가 직접 '다른 곳'에서 찾으라고 한다. 이 '다른 곳'이란 지옥을 뜻하는 것으로, 햄릿은 지옥이 클라우디우스에게 알맞은 곳이라고 말한다.

Hamlet

🔍 인용문[구]

1. 엄격한 법으로 그를 다룰순 없소.
   그는 마음 뺏긴 군중들의 사랑을 받고 있소.
   그들은 분별력이 아니라 눈으로 판단하기를 좋아하기에
   죄 자체가 아닌
   죄인에게 가해지는 형벌만을 중요시하지.

   클라우디우스가 대신들에게 하는 말로 그는 햄릿의 추방을 정당화하고 있다. 백성이 햄릿을 사랑하고 그의 범죄보다는 가해지는 처벌에 더욱 큰 관심을 두고 있기에 덴마크에서 햄릿을 엄격하게 벌하는 것은 불가능한 일이라고 말한다.

2. 햄릿을 살해하시오. 영국의 왕이여, 실행하시오.
   발악하는 열병처럼 나의 피 속에서 격노케 하오.
   당신은 나를 반드시 치료해줘야 하오.
   이 일이 끝날 때까지 나에게 행복과 기쁨은 결코 없을 것이오.

   클라우디우스의 독백이다. 그는 햄릿이 영국에 있을 때 반드시 살해 되어야 한다고 말한다. 햄릿이 죽기 전까지 그의 안전이나 마음의 평화는 없다고 말한다.

📖 어휘·표현 연구

variable service   다른 종류의 음식들

cicatrice   상처 때문에 생긴 흉터

Act Analysis

⁎ Act IV Scene 4

Plot Summary

The Norwegian army under the command of Prince Fortinbras has just arrived in Denmark. Fortinbras sends a captain to King Claudius to ask for permission for his army to cross Denmark to Poland. Fortinbras also tells the captain to offer his services if he (King Claudius) needs a favour done.

Hamlet, Rosencrantz and Guildenstern enter and meet the captain, who tells them that this is Fortinbras' army. The captain also tells them that they are on the way to Poland where they will try to capture a small and worthless piece of ground.

After the captain leaves, Hamlet, who technically is not a prisoner, sends Rosencrantz and Guildenstern ahead to the ship. In a soliloquy, he again voices his concern that he has not sought revenge against Claudius yet. He admires the courage of Fortinbras to take action in something he feels is important. He resolves to take more aggressive action in the future.

Scene analysis and Focus Study Points

The audience meets Prince Fortinbras and the Norwegian army. From the respectful way Prince Fortinbras speaks when he instructs his captain to seek permission to cross Danish soil, it appears that he has no plans to attack Denmark. Evidently he has given up his original plan to avenge his father's death in a battle with King Hamlet some time ago. He even appears to be interested in establishing friendly relations with Denmark because he offers his services to King Claudius if the king wants a favour done.

The captain meets Hamlet, Rosencrantz and Guildenstern and in a brief chat tells them the army is heading to Poland to fight over a small and worthless piece of ground. He expresses his disapproval of such a wasteful enterprise.

In a soliloquy at the end of the scene, Hamlet bitterly criticizes himself and his inaction in seeking revenge against King Claudius. He professes to admire the courage of Prince Fortinbras to follow a cause he believes in, even if it is to fight over a small piece of worthless ground. In conclusion, Hamlet resolves to act more resolutely in the future. This is an important soliloquy. Make sure you study his words carefully. Make sure you understand just what he is saying and what he is promising himself! In particular, note his final words to himself, *O, from this time forth,/ My thoughts be bloody, or be nothing worth!*

Note also the similarities between the soliloquy in this scene and the one in Act II Scene 2. In both instances, Hamlet compares his shortcomings and uncertainties with those who seem confident, decisive and have control over their emotions. Review Act II Scene 2 for the comparison between the "first player's" show of emotion and Hamlet's inability to do the same.

🔍 Quote

1. *How all occasions do inform against me*
   And spur my dull revenge! What is a man,
   If his chief good and market of his time

Be but to sleep and feed? A beast, no more.

Hamlet speaks these words at the beginning of his soliloquy at the end of this scene. First he is saying that so many situations remind him that he has not sought revenge against Claudius as he had promised to do. Next he wonders just what sort of a beast man is if he just sleeps and eats. The reference here that he is making seems to be very critical of his lack of action.

2. *A thought which, quartered, hath but one part wisdom*
   And ever three parts coward

   This quote is also part of Hamlet's soliloquy mentioned above. Here he appears to be saying that too much thought on something leads to fear of failure and inaction.

3. *O, from this time forth,*
   My thoughts be bloody, or be nothing worth!

   These are the final words in Hamlet's soliloquy mentioned above. Here he is resolving to be more aggressive in his actions. He pledges to himself that only thoughts of action will be worthy of his consideration.

Vocabulary

market income

Makes mouths at the invisible event to make disdainful faces at something that can't be seen

Useful Web Sites

Many useful web sites can be found with information about virtually any subject concerning *Hamlet*.

The following was consulted for this information on this scene.

Some essays about Prince Fortinbras: http://sv2.123helpme.com/search.asp?text=Hamlet+Fortinbras

Act Analysis

★ 제4막 4장

줄거리

포틴브라스 왕자의 지휘하에 노르웨이 군대가 막 덴마크에 도착한다. 포틴브라스는 폴란드로 가기 위해 그의 군대가 덴마크 영토 횡단을 허락해달라는 청을 위해 한 장군을 클라우디우스에게 보낸다. 그리고 만약 클라우디우스 왕이 원하는 일이 있다면 해 주겠다고 전하라고 한다.

햄릿, 로젠크란츠, 길덴스턴이 등장하여 장군을 만나자 자신들은 포틴브라스의 군대라고 말해 준다. 그는 또한 가치 없는 조그만 땅을 빼앗기 위해 폴란드로 진군하는 중이라고 한다.

장군이 떠나고 난 뒤, 햄릿-죄인의 모습이 아닌-은 로젠크란츠와 길덴스턴에게 먼저 배로 가 있으라고 한다. 그리고 독백을 통해 아직 클라우디우스에게 복수하지 못한 자신의 근심을 이야기한다. 그리고 자신이 생각하기에 중요한 문제라면 행동으로 옮기는 포틴브라스의 용기를 존경한다고 말한다. 그리고 자신도 앞으로는 좀 더 적극적인 행동을 취하겠다고 결심한다.

📄 분석

관객들은 포틴브라스 왕자와 노르웨이 군대를 보게 된다. 덴마크 영토를 지나도 된다는 허락을 받아 오라고 장군에게 지시할 때 포틴브라스 왕자의 정중한 말투로 보아 그는 덴마크를 공격할 의사가 없는 것으로 보인다. 분명히 그는 햄릿 왕과의 전쟁에서 죽은 아버지의 복수를 위한 원래의 계획을 포기한 것이다. 그는 심지어 만약 클라우디우스 왕이 청한다면 친히 가서 원하는 일을 해 주겠다고 제안하면서 덴마크와의 우호적인 관계를 세우는 데 관심을 보이고 있다.

장군은 햄릿, 로젠크란츠, 길덴스턴과 만나 짧은 대화에서 폴란드의 아주 작고 쓸모없는 땅을 빼앗기 위해 군대가 움직이는 것이라고 말해준다. 별 가치 없는 일에 군력을 가하고 있다는 불만을 내보인다.

이번 장의 마지막 독백에서 햄릿은 클라우디우스 왕에게 복수를 하지 못한 자신을 비난하고 있다. 그리고 비록 가치 없는 조그만 땅을 두고 싸우는 것일지라도 자신이 믿는 바대로 행동을 이끄는 포틴브라스 왕자의 용기에 감탄한다. 마침내 햄릿은 앞으로 좀 더 굳은 의지를 가지고 행동할 것을 마음먹는다. 이는 중요한 독백 구절로 정확히 이해하고 넘어가기 바란다. 햄릿이 어떤 말을 했고, 스스로에게 어떤 약속을 했는지 꼭 집고 넘어가자! 특히, 자신에게 하는 마지막 말을 기억하도록 하자. "아, 이제부터 내 마음은 잔인해지리라. 그 외에는 아무런 가치도 없는 것이다!"

이번 장에 나오는 독백과 2막 2장에 나오는 독백 간의 유사성을 살펴보자. 두 예 모두에서 햄릿은 자신의 결점과 불확실성을 자신감과 단호함을 갖고 자신의 감정을 통제하는 인물들과 비교하고 있다. 2막 2장을 다시 보며, '첫 번째 배우'가 감정을 보이며 연기한 것과 그와 같이 못하는 자신의 무능함을 비교하는 것을 보도록 하자.

🔍 인용문[구]

1. **일어나는 모든 일들이 나를 일깨우며**
   무뎌진 복수심에 박차를 가하는구나!
   만약 사람의 주된 행복과 능사가 자고 먹는 것이라면
   짐승보다 나은 것이 없구나.
   마지막 장면, 햄릿의 독백 도입부에서 하는 대사이다. 먼저, 그는 많은 상황들이 자신에게 했던 약속대로 클라우디우스 왕에게 복수를 하지 못하고 있음을 상기시켜 준다고 말한다. 다음으로 만약 사람이 자고 먹기만 한다면 짐승과 다를 바가 무엇일지 궁금해한다. 그의 이러한 대사는 실천력이 부족한 자신을 매우 비난하는 것처럼 보인다.

2. **생각을 넷으로 나눈다면, 단 하나만 지혜이고**
   나머지 셋은 비겁함이다.
   이 인용문 또한 위에 언급된 햄릿 독백의 일부이다. 여기에서 그는 어떤 것에 대한 지나치게 많은 생각은 실패에 대한 두려움과 나태로 바뀔 수 있다고 말한다.

3. **아, 이제부터**
   내 마음은 잔인해지리라. 그 외에는 아무런 가치도 없는 것이다!
   이 말은 위에서 언급된 햄릿 독백의 마지막 부분이다. 여기서 더욱 적극적인 행동을 취하겠다고 다짐하고 있다. 그는 스스로에게 행동을 위한 생각만이 심사숙고할 가치가 있다고 서약하고 있다.

📖 어휘 · 표현 연구

market   소득

Makes mouths at the invisible event   보이지 않는 것을 향해 경멸하는 얼굴을 하다

Act Analysis

Act IV Scene 5

Plot Summary

This scene opens in the middle of a conversation between Gertrude, Horatio and an unnamed gentleman. The gentleman is trying to have Gertrude let Ophelia enter the room to speak to her. Gertrude is reluctant to speak to Ophelia because Ophelia is mad. Finally Horatio persuades Gertrude to admit Ophelia.

Ophelia sings and talks in a foolish manner. When Claudius arrives he is surprised at her behaviour. Claudius and Gertrude conclude that Ophelia's behaviour is related to the death of her father, Polonius, in some way. Ophelia leaves and Claudius tells Horatio to follow her.

Claudius laments over all the misfortunes that have befallen Ophelia and themselves recently. To add to all the troubles that are piling up, Claudius knows that Laertes has come back secretly to Elsinore after hearing about the death of his father, Polonius. He regrets the hasty funeral that he gave Polonius.

Laertes arrives abruptly with followers as Claudius is speaking. Laertes is seeking revenge against Claudius for his father's death. However, Claudius quickly convinces Laertes to listen to him before he acts.

Ophelia comes back into the room, alone. She talks and sings in the same irrational manner as she did earlier. As soon as Laertes sees her, he understands that she has gone mad. He is shocked and promises revenge. Ophelia starts to sing again. Before she finishes, she passes out flowers and herbs. She tells everyone what the plants represent. She says the rosemary is for remembering, the pansies are for thoughts, the fennel is for adultery, the columbine is for insincere flattery and the rue represents either repentance or sorrow. She finds a daisy that represents unhappy love or innocence and some violets, which represent faithfulness. The violets withered when her father died. She sings about a funeral and then leaves.

After Ophelia has gone, the king repeats to Laertes how sorry he is that Polonius is dead. He says that Laertes can choose anyone he wants to judge whether or not Claudius had anything to do with Polonius' death. Claudius promises that Laertes can have the kingdom and everything else if he is found guilty in any way of the murder. If he is not found to be guilty, then Laertes must let the king help him seek revenge on the guilty party. Laertes agrees to listen to the king but he still wants to know why his father didn't get a better funeral.

Scene Analysis and Focus Study Points

The audience is introduced to Ophelia who has gone mad. Her songs seem to focus on lost love, betrayal in love and death. It seems reasonable to assume the stress of Hamlet's insults when he rejected her plus the sudden murder of her father has driven her insane with grief. Analyse the words of her songs carefully to see what clues are there to support (or not) these reasons for her madness.

Ophelia passes out flowers and herbs. She seems to pick specific plants for the various people she gives them to. The rosemary is for remembering (remembering love she says) and the pansies are for thoughts. She also gives out fennel and columbine, which represent adultery and insincere flattery. As she gives out rue (repentance or sorrow), while keeping some for herself, she says the other person will be wearing it for a different reason than she does. Lastly she has a daisy for unhappy love or innocence and violets representing faithfulness. There is a lot of symbolism here. It is unclear from her words just specifically to whom she is giving these flowers and herbs. It is possible Gertrude is given the flowers for adultery and Claudius the herb for repentance. From her choice of plants, it seems that she knows more about the actions of Gertrude and Claudius than anyone expected. Is it a lucky guess on her part or has she guessed that the action shown in the play put on by the visiting actors (Act III Scene 2) is exactly the same as recent events in Denmark?

Laertes is carefully and skilfully manipulated by Claudius. He appeals to Laertes' sense of truth in asking if he wants to punish the real culprit for his father's death. His promise that he will give up his kingdom and his life to Laertes if he is found guilty of Polonius' murder seems to convince Laertes to listen to him. However, Laertes questions why Polonius had such a quick and unceremonious funeral. Earlier, Claudius said he regretted the speedy funeral that he gave Polonius. Make sure you can follow how Claudius managed to change Laertes' initial hostility into a willingness to listen to Claudius' side of the story. Does Laertes seem a bit naive? What do you think? Is he too easily convinced that Claudius is not guilty in any way of the murder of his father? Could you write an essay with suitable quotes supporting your opinion?

Note that some time has passed since the murder of Polonius. Claudius has made comments about his funeral. Also, Laertes has had time to return to Denmark from Paris.

Symbolism

★ Flowers are used extensively as symbols in this scene. They are:

Rosemary: Remembrance associated with funerals, but also remembrance between lovers

Pansies: Thought – Pensar is "to think" in Spanish; pensive means thoughtful and contemplative

Fennel: Marital infidelity, cuckoldry, adultery

Columbine: Flattery – insincerity culminating in pretence

Rue: (also "Herb of Grace") repentance (or sorrow)

Daisy: Forsaken love, unhappy love or innocence

Violets: Faithfulness

Quotes

1. *O Gertrude, Gertrude,*
   When sorrows come, they come not single spies,
   But in battalions:

   Claudius is speaking about the many troubles that have come to them recently.

2. *Go but apart,*
   Make choice of whom your wisest friends you will,
   And they shall hear and judge 'twixt you and me.

   Claudius is challenging Laertes to listen to his version of the death of Polonius before he seeks revenge.

Vocabulary

cockle hat a cockleshell on a hat indicated that someone had journeyed to overseas shrines

shoon a pair of boots or shoes

Gis a common slang term for Jesus

wants not buzzers   to have people telling him things true or otherwise

of matter beggared   the truth is needed

⊕ Useful Web Sites

Many useful web sites can be found with information about virtually any subject concerning *Hamlet*.

The following were consulted for this information on this scene.

Some information on the reference to the baker's daughter being turned into an owl:

http://www.infoplease.com/dictionary/brewers/owl-was-bakers-daughter.html

http://www.accessmylibrary.com/coms2/summary_0286-33032974_ITM

Act Analysis

★ 제4막 5장

줄거리

5장이 시작되면 거트루드, 호레이쇼 그리고 어느 한 신사가 이야기를 나누는 장면이 보인다. 신사는 거트루드에게 오필리아를 방으로 불러 이야기를 나누라고 한다. 오필리아가 미쳤기 때문에 거트루드는 오필리아와 이야기하고 싶지 않다고 한다. 호레이쇼가 나서 오필리아를 들어오게 하라고 거트루드를 설득한다.

오필리아는 실성한 모습으로 노래를 부르며 이야기한다. 클라우디우스가 도착해 오필리아의 모습을 보고 깜짝 놀란다. 클라우디우스와 거트루드는 오필리아의 행동은 어느 정도 그녀의 아버지 폴로니우스의 죽음과 관련이 있다고 결론 내린다. 오필리아가 떠나자 클라우디우스는 호레이쇼에게 그녀를 따라가라고 한다.

클라우디우스는 오필리아와 자신들에게 닥친 불운을 슬퍼한다. 쌓여가는 이 모든 문제들 외에도 클라우디우스는 래어티스가 아버지인 폴로니우스가 죽었다는 소식을 듣고 엘시노어로 조용히 돌아왔다는 것을 알게 된다. 클라우디우스는 폴로니우스의 장례를 서둘러 치른 것을 후회하고 있다.

클라우디우스가 말하는 동안 래어티스가 추종자들을 끌고 갑자기 왕궁으로 들이닥친다. 래어티스는 아버지의 죽음을 놓고 클라우디우스에게 복수를 하겠다고 한다. 그러나 클라우디우스는 래어티스에게 복수를 하기 전 자기의 이야기를 먼저 들어보라고 한다.

오필리아가 다시 방으로 홀로 들어온다. 조금 전의 모습처럼, 오필리아는 실성한 모습으로 이야기를 하고 노래를 한다. 오필리아를 보자마자, 래어티스는 그녀가 실성했다는 것을 알게 된다. 그는 매우 충격을 받고 복수를 해주겠다고 약속한다. 오필리아가 다시 노래하기 시작한다. 노래를 마치기 전에 오필리아는 사람들에게 꽃과 들풀을 나누어준다. 그리고 그 꽃들의 의미에 대해 설명한다. 로즈메리는 기억하라는 뜻이고, 팬지는 생각하라는 의미라고 한다. 회향풀은 간음, 매발톱꽃은 진실하지 못한 간언, 운향풀은 참회나 슬픔의 꽃이라고 한다. 데이지 꽃을 찾아 슬픈 사랑 혹은 순수의 꽃이라 하고, 제비꽃은 신실함을 의미한다고 한다. 하지만 그 꽃들은 그녀의 아버지가 죽던 날 시들었다고 말한다. 오필리아는 장례식 노래를 하고는 퇴장한다.

오필리아가 나가자, 왕은 래어티스에게 폴로니우스의 죽음이 애석하다는 말을 반복한다. 그리고 래어티스에게 그가 원하는 사람을 선택해 폴로니우스의 죽음에 자신이 관련 있는지 없는지를 함께 판단하라고 한다. 만약 폴로니우스의 죽음에 자신이 조금이라도 관련되어 있다면 왕위는 물론 왕위에 따르는 모든 것들을 래어티스에게 내주겠다고 약속한다. 만약 자신의 결백을 증명하면, 자신과 함께 아버지를 죽인 원수에게 복수하자고 한다. 래어티스는 왕의 이야기를 듣기는 하지만 왜 아버지의 장례식이 그렇게 초라할 수밖에 없었는지는 이해할 수 없다고 한다.

📄 분석

관객들은 오필리아가 실성한 것을 보게 된다. 오필리아의 노래는 잃어버린 사랑, 사랑의 배신, 죽음을 담고 있다. 햄릿이 자기를 거부하면서 모욕적인 말들을 쏟아 부은 데 받은 스트레스와 갑작스런 아버지의 사망으로 인한 슬픔이 그녀를 미치게 만든 것 같다. 그녀를 실성하게 만든 이유를 뒷받침하기 위해 어떤 단서들이 있는지 그녀가 부르는 노래 가사를 잘 살펴보자.

오필리아는 사람들에게 꽃과 들풀을 나누어준다. 그녀는 각자에게 알맞은 꽃들을 찾아 건네주고 있다. 로즈메리는 기억의 꽃(사랑을 기억하라고 말하고 있다)이고, 팬지는 생각의 꽃이라고 한다. 그리고 회향풀과 매발톱은 간음과 진실하지 못한 언간을 뜻한다고 한다. (참회와 슬픔을 상징하는) 운향풀을 꺼내 자신에게도 필요한 꽃이지만, 또한 다른 이가 이 꽃을 달면 자기와는 다른 의미를 갖는 꽃이라고 한다. 마지막으로 데이지를 가리켜 불행한 사랑 혹은 순수라고 하고, 제비꽃은 신실함의 꽃이라고 한다. 여기에는 많은 상징이 들어 있다. 오필리아의 이야기만 듣고는 누구에게 어떤 꽃과 들풀을 주고 있는지 정확히 알 수는 없을 것이다. 거트루드에게는 간음의 꽃을, 클라우디우스에게는 참회의 꽃을 건냈을 것으로 보인다. 오필리아가 꺾어온 꽃을 보면 누구보다 오필리아는 거트루드와 클라우디우스의 행동을 잘 알고 있었던 것 같다. 오필리아가 운 좋게 추측을 해낸 것일까? 아니면 3막 2장에 나온 연극을 보며 덴마크의 현실을 보여주는 이야기라고 생각하게 된 것일까?

클라우디우스는 래어티스를 조심스럽게 기술적으로 잘 다루고 있다. 만약 아버지를 죽게 만든 진짜 원수에게 복수를 하고 싶다면 진실을 밝히자고 청한다. 만약 자기가 폴로니우스의 죽음에 관련이 있다면 자신의 왕위와 목숨을 래어티스에게 주겠다고 약속하는데, 그러한 말이 래어티스가 그의 말을 믿게 한 것이다. 하지만 래어티스는 아버지의 장례를 왜 그렇게 빨리 그리고 초라하게 지냈느냐고 묻는다. 앞서 클라우디우스는 폴로니우스를 급하게 장례 치른 것을 후회했다고 말했다. 클라우디우스가 래어티스의 복수심을 어떻게 움직여 자기 이야기를 듣도록 만들고 있는지 살피도록 하자. 래어티스가 순진하게 보이는가? 여러분은 어떻게 생각하는가? 클라우디우스는 자기 아버지가 살해 당한 일에는 일말의 책임도 없다고 믿을 만큼 너무 쉽게 설득 당한 것일까? 여러분의 의견을 뒷받침할만한 적절한 인용문을 가지고 이것에 대한 에세이를 작성해 보라.

4막 5장은 폴로니우스가 죽은 후 얼마의 시간이 흐른 후이다. 클라우디우스가 폴로니우스의 장례에 대한 이야기를 꺼내는 것과, 래어티스가 파리에서 덴마크로 돌아온 후이니 말이다.

상징

★ 꽃들은 이번 장에서 상징적 의미로 광범위하게 사용되고 있다.

로즈메리: 장례식 때 떠오르는 기억, 혹은 연인들 간의 추억

팬지: 생각 – Pensar는 스페인어로 생각하다이고 pensive의 뜻은 생각에 잠긴 혹은 묵상이라는 뜻

회향풀: 부부 사이의 부정, 유부녀의 서방질, 간음

매발톱꽃: 아부 – 극에 달한 척 가장하다

운향풀: ('은혜의 풀'이라고도 함) 참회 혹은 슬픔

데이지: 버림받은 사랑, 불행한 사랑 또는 순수

제비꽃: 신실함

인용문[구]

1. 오, 거트루드, 거트루드

   슬픔이 엄습할 때는 하나씩 숨어서 오는 것이 아니라

   군대처럼 몰려오는군요!

   클라우디우스는 최근에 그들에게 닥친 고통스러운 일들에 대해 말하고 있다.

2. 떨어져서 나가거라.

   네가 현명하다고 생각하는 친구들을 선택해라.

   그리고 그들에게 너와 나의 이야기를 듣고 판단하게 해라.

   클라우디우스는 래어티스에게 자신에게 복수를 하기 전에 폴로니우스의 죽음에 대해 자신의 이야기를 들어보라고 제안한다.

어휘 · 표현 연구

cockle hat   모자에 달린 새 조가비로 어떤 사람이 해외의 성소로 여행을 다녀왔음을 나타낸다.

shoon   한 쌍의 장화나 신발

Gis   흔히 Jesus의 속어적 표현

wants not buzzers   사람들이 그에게 사실을 말하거나 그렇지 않거나

of matter beggared   진실이 필요함

Act IV Scene 6

Plot Summary

In this very short scene, sailors come to see Horatio with a letter from Hamlet. The message briefly recounts Hamlet's adventures on his sea voyage. Apparently his ship was attacked by pirates and he was captured and taken prisoner. Everyone else on the ship, including Rosencrantz and Guildenstern, escaped unharmed and continued on to England. Hamlet asks Horatio to ensure that the sailors deliver several letters that they have for the King. Then Hamlet tells Horatio to accompany the sailors to where he is hiding. Hamlet promises that he has a story that will make Horatio speechless.

Scene Analysis and Focus Study Points

This scene adds considerably to the suspense in this story. First there is Hamlet's mysterious letter to Horatio. In it he mentions briefly his miraculous (and solo) escape (by being captured by pirates) from the ship taking him to England. Second, Hamlet requests that Horatio guide the sailors to the king so they can deliver some letters. Lastly, Horatio is requested to let the sailors lead him to Hamlet as fast as possible. Hamlet promises Horatio that he will have many interesting things to tell when they meet. The audience is left with considerable anticipation for the next action in the play.

Symbolism

There are no significant symbols in this scene.

🔍 Quotes

1. *Come, I will give you way for these your letters,*
   And do't the speedier that you may direct me
   To him from whom you brought them.

   Horatio is speaking to the sailors who brought him a mysterious letter from Hamlet. He is telling them he will now help them deliver letters to the king. Then he wants them to take him to see Hamlet.

📖 Vocabulary

warlike appointment   equipped for war

in the grapple   during the fight

bore   importance

Hamlet

Act Analysis

★ 제4막 6장

줄거리
6장은 매우 짧은 장면으로 선원들이 햄릿의 편지를 들고 호레이쇼를 찾아온다. 편지에는 영국으로 항해하던 중 일어났던 일들이 간단히 적혀 있다. 햄릿이 타고 있던 배가 해적의 습격을 받아 자신은 해적에게 볼모로 잡혔다고 한다. 그리고 로젠크란츠와 길덴스턴을 포함하여 배에 있던 다른 이들은 위험을 피해 계속 영국으로 항해했다고 한다. 햄릿은 호레이쇼에게 편지를 들고 가는 선원들을 왕에게 데리고 가라고 한다. 그 후 선원들을 따라 자기가 숨어 있는 곳으로 오라고 전한다. 호레이쇼가 들으면 기가 막힐 이야기를 해주겠다고 한다.

분석
이번 장은 극의 흐름에 상당히 긴장감을 더해주는 장면이다. 우선, 호레이쇼에게 햄릿의 수수께끼와 같은 편지가 전달된다. 편지에는 햄릿이 영국으로 향하던 배에서 (해적에게 붙잡힌 후) 기적처럼 (그리고 홀로) 탈출한 이야기가 간략하게 적혀 있다. 둘째로, 햄릿은 호레이쇼에게 선원들이 왕에게 편지를 전달할 수 있도록 안내해주라고 한다. 마지막으로, 호레이쇼에게 선원들을 따라 가능한 빨리 자신에게 돌아오라고 이야기한다. 호레이쇼를 만나면 깜짝 놀랄 이야기들을 해주겠다고 하면서 말이다. 관객들이 연극의 다음 장면을 예측할 수 있게 만든 것이다.

인용문[구]
1. 자, 내가 그 편지들을 전달할 방안을 마련해주겠다.
   서둘러라. 그리고 그 편지를 보낸 이에게
   나를 안내해라.
   호레이쇼는 수수께끼 같은 햄릿의 편지를 전달해준 선원들에게 말하고 있다. 자신이 왕에게 편지를 전하는 일을 돕겠다고 말한다. 그리고 그들에게 햄릿을 만나게 해 달라고 말한다.

어휘·표현 연구
warlike appointment 전쟁 준비가 된
in the grapple 전투 중에
bore 중요성

Act IV Scene 7

Plot Summary

Claudius convinces Laertes that he is innocent in the death of Polonius and that Hamlet is to blame. When Laertes asks why he did not act against Hamlet, Claudius defends himself with his love for Gertrude and the love the general public has for Hamlet. He claims that he was unwilling to offend either by punishing Hamlet harshly.

Claudius is astounded when a messenger arrives with Hamlet's letter. Claudius reads the letter to Laertes. When they realize that Hamlet will be returning to Denmark, they plot to kill him.

Knowing that Laertes is a famed swordsman, Claudius decides to arrange a duel between Hamlet and Laertes. To protect Laertes, Hamlet's sword will be blunted, while Laertes' sword will be sharpened and poisoned. Because Hamlet's death will appear accidental, Queen Gertrude and Denmark will never suspect the murder. Claudius even proposes a backup plan in which he will have some poisoned wine ready for Hamlet to drink during a break in the duel. In that way, Hamlet will die, even if he wins the duel.

Gertrude interrupts their scheming to announce that Ophelia is dead. Gertrude vividly describes how Ophelia had been putting a wreath on branches of a willow tree that overhung some water.

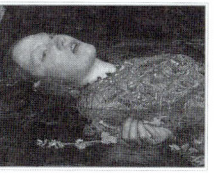

◀ 사진출처 wikipedia "Ophelia" painted by John Everett Millais

Unfortunately she fell into the water and drowned. Laertes has now lost both his father and sister. In grief he takes leave of the king and queen. Claudius and Gertrude follow him in order to make sure he stays calm.

🗋 Scene Analysis and Focus Study Points

Claudius has now convinced Laertes that Hamlet is responsible for Polonius' death. He also convinces Laertes that sending Hamlet away was the only solution. Note the two reasons he uses to justify not punishing Hamlet severely to Laertes. The first is because he does not wish to lose the love of his wife, Gertrude, if he punishes her beloved son too harshly. Secondly, he claims to be afraid of a negative public reaction if their idol, Hamlet, is punished too severely. Both of these reasons concern love and so they probably appeal to the naive Laertes.

Hamlet's unexpected letter to Claudius saying he is returning shocks Claudius. However, note how quickly he sees a solution. Laertes is eager for revenge and is a great swordsman. Claudius decides to arrange a duel. Laertes suggests poison on his sword tip and Claudius suggests poison in Hamlet's wine if a break in the duel is called. Note how they plan to challenge Hamlet's self control and self confidence by praising the skill of Laertes highly and placing bets on the outcome. They hope the challenge to Hamlet's ego will be enough to make him careless.

Their plans are interrupted by Gertrude who enters to say Ophelia has drowned. She had been attempting to hang a garland of flowers in the branches of a willow tree when she fell into the water below. She made no effort to get out of the water. Instead she lay on the surface singing until her waterlogged clothing dragged her under and she drowned. Did she commit suicide or was she too mad to recognize her danger? From the description given by Gertrude, what do you think?

Laertes has now lost his father and his sister. He leaves in grief but he is followed by Claudius and Gertrude to make sure he stays calm. Claudius wants him safe for the duel with Hamlet.

Symbolism

The flowers in the garland made by Ophelia at the time she fell into the stream are symbolic of several things:

Nettles are an old heraldic symbol of "death to foes". Another source suggests it merely means bad luck.

The willow probably is symbolic of weeping.

The daisy probably is symbolic of forsaken/ unhappy love or innocence.

The long purple is possibly an orchid. Its shape suggests some sort of unclear sexual connotation. Several sources disagree on the exact meaning.

The thistle could be symbolic of suffering (as in the Christian view that it represents the suffering of Jesus)

Crowflowers ("buttercup" or "crowfoot") are pretty but poisonous. Crowfoot is symbolic of ingratitude. Thus the symbolism here could be of beautiful Ophelia who has a poisoned relationship with Hamlet and kills herself out of ingratitude for a life filled with emotional pain.

The Weeping Brook is symbolic of grief, especially since Shakespeare has used the adjective "weeping".

🔍 Quotes

1. *I will work him*
   To an exploit now ripe in my device,
   Under the which he shall not choose but fall;
   And for his death no wind of blame shall breathe,
   But even his mother shall uncharge the practice
   And call it accident.

   Claudius is telling Laertes that he has the perfect plan to kill Hamlet and that no one, not even Gertrude, will suspect that he had anything to do with it.

2. *Her clothes spread wide,*
   And mermaidlike awhile they bore her up,
   Which time she chanted snatches of old lauds,
   As one incapable of her own distress,
   Or like a creature native and indued
   Unto that element. But long it could not be
   Till that her garments, heavy with their drink,
   Pulled the poor wretch from her melodious lay
   To muddy death.

   Gertrude is giving a description of the last moments of Ophelia's life to Laertes and Claudius. After Ophelia fell into the water her clothing kept her afloat for awhile. She lay on the surface of the water singing and seemingly unaware of her danger. Eventually her clothing became saturated with water and she was dragged down to the bottom and drowned.

📖 Vocabulary

uncharge the practice not to suspect treachery

forgery not real

brooch badge

scrimery swordsmen

pleurisy abundance

mountebank pretender

blast in proof failure

trick attribute

🌐 Useful Web Sites

Many useful web sites can be found with information about virtually any subject concerning *Hamlet*.

The following were consulted for this information on this scene.

Symbolism of nettles: http://www.houseofnames.com/xq/asp/keyword.leaf/qx/symbolism_details.htm

An essay suggesting the symbolism in the garland made by Ophelia: http://blueslushy.com/lauren/hamlet.pdf

Symbolism of thistles: http://painting.about.com/cs/inspiration/a/symbolsflowers.htm

http://blueslushy.com/lauren/hamlet.pdf

http://honorsbrit.wikispaces.com/Crowflowers

Act Analysis

제4막 7장

줄거리

클라우디우스는 자신이 폴로니우스의 죽음과는 무관하다는 것을 래어티스가 믿도록 만들고, 그 죄를 햄릿에게 돌린다. 래어티스가 왜 햄릿을 처단하지 않았느냐고 묻자, 클라우디우스는 왕비에 대한 자신의 사랑과 햄릿에 대한 백성들의 사랑 때문이라고 말하며 자신을 변호한다. 그렇기 때문에 햄릿을 심하게 처벌해서 그 둘 어느 쪽도 거스르기 싫다고 말한다.

햄릿의 편지를 가지고 전령이 들어오자 클라우디우스는 매우 놀란다. 그리고 햄릿의 편지를 래어티스에게 읽어준다. 그들은 햄릿이 덴마크로 돌아올 것이라는 걸 알게 되면서, 햄릿을 죽일 계략을 세운다.

클라우디우스는 래어티스의 검술이 뛰어나다는 것을 알고는 햄릿과의 검술 결투를 준비하기로 결정한다. 래어티스에게 유리하도록 햄릿의 칼날은 뭉툭하게 만들고 래어티스의 칼을 예리할 뿐 아니라 독까지 묻혀 놓을 것이라고 한다. 만약 햄릿이 죽는다 해도 우연한 사고처럼 보여 거트루드 왕비와 국민들 모두 살인에 대한 의심을 품지 않을 것이라고 한다. 클라우디우스는 첫 번째 계책이 실패할 것을 대비하여, 다음 계책으로 햄릿에게 독이 들어 있는 와인을 시합 중간에 내줄 것이라고 한다. 그렇게 되면, 햄릿이 결투에서 이긴다 할지라도 죽을 수밖에 없을 것이라고 한다.

그때 거트루드가 들어와 오필리아의 죽음을 알리면서 그들의 대화가 중단된다. 거트루드는 오필리아가 물 위로 가지를 내리고 있는 버드나무 가지에 어떻게 화환을 걸려 했는지 생생하게 묘사한다. 불행히도 그녀는 물에 빠져 죽었다. 래어티스는 이제 아버지와 누이를 모두 잃은 셈이다. 슬픔에 빠진 그는 왕과 왕비 곁을 떠난다. 클라우디우스와 거트루드는 그를 확실히 진정시키기 위해 뒤따라 간다.

분석

클라우디우스는 이제 폴로니우스의 죽음은 햄릿의 책임이라고 래어티스가 믿도록 만든다. 그리고 햄릿을 멀리 보내는 길만이 유일한 처벌 방법이었음을 받아들이게 한다. 햄릿에게 중벌을 내리지 않은 것을 정당화하기 위해 클라우디우스가 래어티스에게 말한 두 가지 이유를 살펴보자. 이를 잘 기억해두기 바란다. 첫 번째 이유는 거트루드의 사랑하는 아들 햄릿에게 심한 벌을 내려 그녀의 사랑을 잃어버리고 싶지 않아서라고 한다. 두 번째 이유는 만약 햄릿에게 가혹한 처벌을 내리면 햄릿을 사랑하는 백성들이 반발할까 걱정되었다고 한다. 이 두가지 이유가 아마도 순진한 래어티스에게 어필한 것 같다.

덴마크로 돌아오고 있다는 내용이 담긴 햄릿의 느닷없는 편지는 클라우디우스를 깜짝 놀라게 만든다. 그러나 클라우디우스가 재빨리 해결책을 내놓는 모습을 기억하기 바란다. 래어티스는 복수를 갈망하고 있고 대단한 검술가이다. 클라우디우스는 햄릿과 래어티스의 검술 결투를 만들기로 결정한다. 래어티스는 자기의 검 끝에 독약을 발라 놓겠다고 하고, 클라우디우스는 시합 중간에 햄릿에게 독이 든 포도주를 마시도록 하겠다고 한다. 래어티스의 검술 실력을 높이 칭찬하여 햄릿의 자기 통제력과 자신감을 자극하는 계획을 세우는 것에 주목하도록 하자. 그들은 햄릿의 자존심을 자극하여 그가 무모해지기를 희망한다.

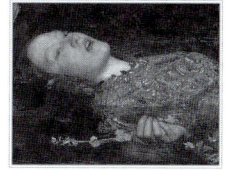

▼ 사진출처 wikipedia
"오필리아" 존 에버릿 밀레이 작품

그들의 모의는 오필리아의 익사 소식을 알리러 들어온 거트루드에 의해 중단된다. 오필리아는 버드나무 가지 위에 화환을 걸려고 올라갔다 물에 빠지게 되었다고 한다. 하지만 물 밖으로 나오려고 아무런 노력도 하지 않았다고 한다. 옷이 물에 젖어 들면서 물속으로 잠길 때까지 그녀는 노래를 불렀다고 한다. 오필리아는 자살을 한 것일까? 아니면 실성하여 자신의 위험을 인식하지 못했던 것일까? 거트루드의 말을 통해 여러분은 어떻게 생각하는가?

래어티스는 이제 아버지와 누이를 모두 잃었다. 슬픔에 빠져 자리를 떠나는 래어티스를 진정시키기 위해 클라우디우스와 거트루드가 그 뒤를 따라나선다. 클라우디우스는 햄릿과의 결투를 위해 래어티스가 안전하길 원한다.

📄 상징

오필리아가 물에 빠질 때 가지고 있던 화환의 꽃들에는 상징이 들어 있다.

쐐기풀은 '적의 죽음'이라는 오래된 예고적 상징이다. 또는 단순히 나쁜 운을 뜻하기도 한다.

버드나무는 눈물을 뜻한다(wear the willow는 '실연하다, 애인의 죽음을 슬퍼하다'란 뜻이 된다).

데이지는 버림받은 사랑, 불행한 사랑, 순수를 의미한다.

자란은 확실치는 않지만 성적인 성향을 상징하는 것이라고 해석되기도 한다. 몇몇 의견들은 이에 반대하기도 한다.

엉겅퀴는 고난을 뜻한다(기독교에서는 엉겅퀴를 예수의 고난으로 상징한다).

동자꽃(미나리아재비 혹은 젓가락나물)은 아름답지만 독을 지니고 있다. 동자꽃은 망은을 뜻한다. 여기에 사용된 의미는 햄릿과의 관계에 중독된 아름다운 오필리아가 될 수 있고, 고통으로 가득 찬 삶의 망은에서 벗어나기 위해 자살을 하는 것을 뜻한다.

가지가 늘어진 개울은 슬픔을 뜻한다. 셰익스피어는 여기에 '늘어진/ 울고 있는(weeping)'이라는 형용사를 붙여주었다.

🔍 인용문[구]

1. 행할 것이오.
   업적을 위해, 지금이 내 계략에 걸려들 때다!
   그는 넘어지는 것밖에 선택의 여지가 없지.
   어떤 비난의 소리도 없을 것이야.
   심지어 그의 어머니도 계략이라고 알아채지 못하고
   사고라고 생각할 거야.
   클라우디우스는 누구도, 심지어 거트루드까지도 자신이 연관되었다는 의심을 전혀 갖지 못하도록 할 음모 – 햄릿을 죽일 – 를 가지고 있다고 래어티스에게 말하고 있다.

2. 그녀의 옷가지들은 수면 위에 퍼져
   마치 인어처럼 그것들이 그녀를 지탱하는 동안
   그녀는 옛 곡조의 한 편을 찬가했지.
   마치 자신의 불행을 알지 못하는 것처럼.
   마치 물 위에 익숙한 생물인 것처럼
   하지만 머지않아
   그녀의 옷이 물을 머금고 무거워지자
   그녀의 가엾은 노래는 칠흑 같은 죽음으로 빨려 들어갔다는구나.
   거트루드는 래어티스와 클라우디우스에게 오필리아의 마지막 순간을 묘사해주고 있다. 오필리아는 물에 빠진 후 그녀의 옷이 물을 빨아들이는 동안 잠시 물 위에 떠 있었다. 자신이 처한 위험을 인지하지 못하는 듯 물 위에 누워 노래했다고 한다. 결국 그녀의 옷이 물에 흠뻑 잠겼고 오필리아는 바닥으로 빨려 들어가며 익사했다고 한다.

📘 어휘·표현 연구

uncharge the practice   반역 행위를 의심하지 않다
forgery   진짜가 아닌
brooch   배지

scrimery　검객, 검술가

pleurisy　풍성, 충만

mountebank　~인 체하는 사람

blast in proof　실패

trick　속성, 특징

Test For Act IV

A. Match the following people or events in Column A with answers from Column B.

Column A	Column B
① Claudius	___ Tells Claudius that Hamlet is insane.
② Hamlet	___ Complains about fighting to win a little patch of ground
③ Fortinbras	___ Sings songs
④ Captain	___ Sends two people to bring Polonius' body to the chapel
⑤ Ophelia	___ Seeks permission to move troops across Denmark
⑥ Gertrude	___ Gets a letter from Hamlet
⑦ Horatio	___ Says the body is safely hidden

B. Place the following in the proper chronological order.

___ Hamlet won't tell where Polonius' body has been hidden.

___ Hamlet is brought to Claudius.

___ Claudius tells Hamlet he is being sent to England.

___ Hamlet tells Claudius, they will smell the body of Polonius in a month.

___ Laertes returns seeking revenge for his father's death.

___ Fortinbras sends his Captain to Claudius for permission to cross Denmark.

___ Rosencrantz and Guildenstern are sent to find Hamlet and bring the body to the Chapel.

___ Claudius is told by Gertrude that Hamlet has killed Polonius.

___ Ophelia has become insane.

___ Claudius convinces Laertes that Hamlet is responsible for the death of Polonius.

C. **Identify the following quotes.** (Note: Answer these questions in COMPLETE sentences. For some of these questions your answer may require more than one sentence. You will lose marks for incomplete answers!)

1. *O heavy deed!*
   It had been so with us, had we been there:
   His liberty is full of threats to all;
   To you yourself, to us, to every one.

   Who said this and to whom?

   Describe the scene and what has just happened.

2. *Come, Gertrude, we'll call up our wisest friends;*
   And let them know, both what we mean to do,
   And what's untimely done. ... O, come away!
   My soul is full of discord and dismay.

   Who said this and to whom?

   What does the speaker mean by these words?

3. *In heaven; send hither to see: if your messenger
find him not there, seek him i' the other place
yourself. But indeed, if you find him not within
this month, you shall nose him as you go up the
stairs into the lobby.*

    Who is speaking and to whom?

    What do these words mean?

    ---

4. *Come, I will make you way for these your letters;
And do't the speedier, that you may direct me
To him from whom you brought them.*

    Who is speaking and to whom?

    Describe the circumstances when these words were spoken.

    ---

5. *My lord, I will be ruled;
The rather, if you could devise it so
That I might be the organ.*

    Who spoke these words and to whom?

    What has just happened and what do these words mean?

D. Write a short paragraph (3 or more sentences as needed) **to answer the following:**

1. Why does Claudius seem reluctant to punish Hamlet severely for the murder of Polonius (2 reasons).

2. Explain how Hamlet says a king can move through the guts of a beggar.

3. Give two reasons why you think Ophelia has gone mad.

4. Describe how Ophelia dies.

5. Claudius and Laertes plan to kill Hamlet. What is their main plan and what is their backup plan?

Hamlet – A Character Analysis

Question Discuss several characteristics of Hamlet. Which do you think personifies his character the most? Use quotes to prove your opinion.

The character of Hamlet in the play of the same name by William Shakespeare has been exhaustively analysed by scholars for the last four centuries since the play was first performed. Many adjectives can be applied to his character. Of the many possible descriptions of Hamlet's character, the following four will be discussed. These are, "contemplative" as observed in his soliloquy that begins, "To be or not to be", "obsessively abusive" as shown in his verbal treatment of Ophelia and Gertrude, "devious" as shown when he stages the play to trap Claudius and lastly, "too cautious" when he delays killing Claudius until what he considers the right moment. Of these and many other descriptors of his character, the last one, "too cautious", will be shown to be the most influential in the plot of this play.

Hamlet is shown to be contemplative in several parts of this play. The most striking example is in his famous soliloquy which occurs in Act III Scene 1 starting at line 56, *To be, or not to be: that is the question* reveals to the audience his difficulty in deciding his future course of action. He wonders if suicide is the answer but rejects it because of fear of the unknown when he says in lines 81-82, *Than fly to others that we know not of?/ Thus conscience does make cowards of us all;*

A less appealing side of his character is shown in his abusive verbal treatment of Ophelia and his mother, Gertrude. His remarks are tastelessly sexual and very insulting. He appears to be angry at Ophelia because she tried to return his gifts in Act III Scene 1. His worst insult is when he tells her in line 121, *Get thee to a nunnery*. His remarks imply that she is not fit to live in the outside world. When he speaks to his mother in Act III Scene 4 he is equally abusive. Probably the most insulting thing he says to her is when he describes graphically how disgusting it is for her to sleep with Claudius in lines 92-95, *Nay, but to live/ In the rank sweat of an enseamed bed,/ Stew'd in corruption, honeying and making love/ Over the nasty sty,*

Hamlet shows his devious nature when he stages the play that reveals the guilt of Claudius. The play, *The Murder of Gonzago*, with the addition of about a dozen extra lines written by Hamlet, portrays the murder of a king by his brother in the same way the ghost says that King Hamlet was killed by Claudius. Hamlet wonders if he really can prove that Claudius is guilty of the murder of his father or even if the ghost was really the spirit of his dead father. In his soliloquy at the end of Act II Scene 2, lines 560 to 615 he reveals his thoughts in detail. He voices his concern about the ghost in lines 610-614 when he says, *The spirit that I have seen/ May be the devil: and the devil hath power/ To assume a pleasing shape; yea, and perhaps/ Out of my weakness and my melancholy,/ As he is very potent with such spirits,*

He clearly believes that the ghost may have come from the devil to cause him trouble. However, he feels he will have all his answers by watching Claudius as the play is performed. In lines 601-604 he describes the trap he is laying for Claudius, as he says, *I have heard/ That guilty creatures sitting at a play/ Have by the very cunning of the scene/ Been struck so to the soul that presently/ They have proclaim'd their malefactions;*

At the end of the soliloquy, in lines 616-617 he repeats his plan by summing it up as follows, *... the play's the thing/ Wherein I'll catch the conscience of the king.*

The above soliloquy also reveals his cautious nature. He has been waiting to be able to prove that Claudius is guilty. If his trap for Claudius works, as he hopes, he will have his proof as he says in line 615-616, *I'll have grounds/ More relative than this*: After the play is staged and after Claudius reacts as Hamlet expects, he is ecstatic! He indicates his euphoria to Horatio by saying in lines 292-293, *O good Horatio, I'll take the ghost's word for/ a thousand pound. Didst perceive*? Later when he is alone he indicates that he is through being cautious when he says in lines 398-400, ... *Now could I drink hot blood,/ And do such bitter business as the day/ Would quake to look on.*

However, even though he feels empowered to act at any time, he still hesitates to kill Claudius when he finds him at prayer. He is afraid Claudius will be forgiven all his sins and go to heaven if he is killed at that moment. Hamlet reveals that killing Claudius is not enough. Claudius must be killed when there is a certainty he will go to purgatory or even hell. In lines 82-86 he decides to wait for this better opportunity when he says, *And how his audit stands who knows save heaven?/ But in our circumstance and course of thought,/ 'Tis heavy with him: and am I then revenged,/ To take him in the purging of his soul,/ When he is fit and season'd for his passage?*

Of all his characteristics, the tendency to wait for the right moment cost Hamlet the opportunity for a timely revenge. The play shows his desire to prove to himself that the ghost was real and that Claudius is a murderer. Unfortunately, Hamlet's frustration at the slow pace in his quest for vengeance, results in his nasty treatment of both Ophelia and his mother. The story moves through situations that he can not control and when the opportunity presents itself for killing Claudius he decides to wait because he now wants Claudius not to go to heaven. Thus, Hamlet's tendency to be cautious delays, yet again, the final climax of this story.

햄릿 - 인물 분석

> **Question** 햄릿의 성격을 분석해보도록 하자. 햄릿은 어떠한 성격 유형을 가지고 있다고 할 수 있는가? 본문의 대사들을 인용하여 의견을 제시해보자.

이 작품이 처음 선 보인 후 약 400년 동안, 학자들은 윌리엄 셰익스피어의 「햄릿」에 등장하는 '햄릿'을 놓고 그의 성격을 자세히 분석해왔다. 햄릿에게는 많은 형용사를 붙여줄 수 있다. 그의 성격을 표현하는 많은 유형 중에서 다음 4가지를 뽑아 논해보도록 하겠다. "사느냐 죽느냐"로 시작하는 독백을 통해 보여주는 '명상적인' 성격, 오필리아와 거트루드에게 쏘아대는 '언어적 학대', 클라우디우스에게 덫을 놓기 위해 연극을 상연하는 '교묘함', 그리고 클라우디우스를 죽이는 적절한 때를 기다리는 '지나친 조심성'이 햄릿의 성격이라 할 수 있겠다. 그중 그리고 그 외 햄릿을 묘사하는 다른 많은 성격 중에서 극 전체의 흐름을 가장 크게 이끌고 있는 성격은 마지막 '지나친 조심성'이라고 본다.

햄릿의 '명상적인 모습'은 여러 장면에서 찾을 수 있다. 그 모습을 가장 크게 보여주고 있는 곳은 3막 1장 56줄부터 시작되는 그의 유명한 독백 부분에서다. "사느냐 죽느냐, 그것이 문제로다."는 관객들에게 행동을 결정 하기가 힘겹다는 것을 보여준다. 자살이 문제의 답이 된다고 생각하면서도 알 수 없는 두려움으로 인해 자살을 거부한다. 82~83줄을 보면, "그래서 우리가 알지 못하는 것을 향해 비상하게 하기보다는/ 이러한 분별심이 우리 모두를 겁쟁이로 만든다."라는 말을 한다.

오필리아와 어머니인 거트루드에게 독설을 늘어놓는 행위에서 햄릿의 또 다른 성격을 찾을 수 있다. 그는 천박한 성적인 말들이나 모욕을 주는 말들을 한다. 3막 1장, 오필리아가 선물을 되돌려주자 햄릿은 오필리아에게 화가 난 것으로 보인다. 그의 가장 심한 모욕은 121줄에서 그가 그녀에게 하는 말이다. "수녀원으로 가버리라고." 오필리아는 세상살이와 맞지 않는 사람이라는 뜻이다. 3막 4장을 보면, 햄릿은 어머니에게도 똑같이 난폭한 말들을 하고 있다. 92~95줄에서 어머니와 클라우디우스가 함께 잠자리에 드는 것이 얼마나 역겨운지 사실적으로 묘사하는 말이 가장 심한 말이 될 것이다. "아니요. 땀에 전 침대 안에서/ 역겨운 돼지들처럼 엉겨 붙어 사랑을 나누며/ 타락의 나날을 보내겠지요."

햄릿의 '교묘한 성격'은 클라우디우스의 죄를 끄집어내기 위해 연극을 상연할 때 보인다. 자신이 직접 12줄의 대사를 만들어 극에 포함시킨 「곤자고의 암살」은 유령이 햄릿 왕이 클라우디우스에게 살해 당했다고 말한 방식과 똑같은, 형제의 손에 독살당하는 왕의 이야기가 담겨 있다. 햄릿은 아버지를 살해한 클라우디우스의 죄를 밝혀낼 수 있을지 그리고 자신이 본 유령이 죽은 아버지의 혼인지 걱정한다. 2막 2장 560~615줄에 나오는 독백에 그의 생각이 잘 드러나 있고, 610~614줄에는 유령의 존재에 대해 근심하고 있는 모습이 들어 있다. "하지만 내가 본 유형이 사탄이라면 어떡하나./ 사탄은 어떤 모습으로든 나타날 수 있으니까./ 내가 약해져 있고 우울해져 있으니/ 그 틈을 타서 나를 망치러 온 사탄일지도 모른다."

햄릿은 악마가 자기를 파멸시키기 위해 유령의 모습으로 나타난 것일지도 모른다고 생각한다. 하지만 연극이 상연될 때 클라우디우스를 살펴봄으로써 그에 대한 답을 갖게 될 것이라고 생각한다. 601~604줄을 보면 클라우디우스에게 어떠한 덫을 놓았는지 설명하고 있다. "죄 지은 놈들이 연극을 보다가/ 묘한 장면이 나오면/ 감동을 받아 그 자리에서/ 자기의 죄를 떠들어댄다고 들었다.

그 독백의 마지막, 616~617줄에는 "연극으로 왕의 본심을 잡아낼 것이다."라는 말을 하며 자신의 계획을 정리하고 있다.

위의 독백은 햄릿의 '조심스런 성격'도 보여준다. 그는 클라우디우스의 죄악을 증명해 보일 기회를 찾고 있었다. 만약 클라우디우스에게 놓은 덫이 제대로 되어가면 그의 바람대로 615~616줄에서 말한 것처럼 증거를 가지게 될 것이다("좀 더 확실한 논거를 마련할 것이다. 이보다 더 나은 방안은 없다."). 연극이 시작되고 클라우디우스는 햄릿의 예상과 같은 반응을 보인다. 햄릿은 흥분한다! 292~293줄을 보면 다행스런 마음을 호레이쇼에게 말하고 있다. "오 내 친구 호레이쇼. 이제 나는 1,000파운드를 주고라도 유령의 말을 살 수 있겠어. 자네도 봤지?" 그리고 무대에 혼자 남아 하는 햄릿의 말 (398~400줄)을 보도록 하자. "이제 나는 뜨거운 피라도 마실 수 있을 것같아. 차마 낮에는 할 수 없는, 보기만 해도 덜덜 떨릴 일들을 해낼 수 있겠어."라고 말하며 이제 신중을 기하는 생각은 그만하겠다고 말한다.

하지만 언제나 행동으로 나아가리라고 마음먹었어도 클라우디우스의 기도하는 모습을 보자 죽이는 것을 망설인다. 만약 클라우디우스가 회개의 기도를 올릴 때 죽인다면, 그가 모든 죄 사함을 받고 천국으로 가게 될까봐 두려워한다. 햄릿은 클라우디우스를 죽이는 것으로는 충분치 않다고 본다. 클라우디우스가 죽어서 지옥으로 떨어질 것이라는 확신이 들 때 죽여야 한다고 생각한다. 3막 3장 82~86줄을 보면, 더 좋은 때를 기다릴 것이라고 한다. "그의 심판은 하늘만이 알지 않을까?/ 상황과 사고의 추이로는 그의 죄가 무겁지만,/ 그가 자신이 가야 할 길을 위해/ 온전히 준비되었다면,/ 그의 정화된 영혼을 취하는 것이/ 진정 복수하는 것인가?"

그의 모든 성격 중에서도 최고의 때를 기다리려고 하는 그의 조심성이 시기적절한 복수의 때를 놓치게 만든다. 연극은 스스로에게 유령의 실체와 클라우디우스가 살인자라는 것을 증명해 보이고 싶어 하는 햄릿의 갈망을 보여준다. 하지만 복수를 향한 자신의 행동이 속도를 내지 못하자 스스로 좌절하게 되고 오필리아와 어머니를 심하게 대한다. 상황들은 그의 통제권을 벗어나고 클라우디우스를 죽일 기회가 왔음에도 그를 천국으로 보내는 것이 아닌가라는 생각이 들자 복수를 미룬다. 햄릿의 지나친 조심성이 다시 한 번 극의 마지막 클라이맥스를 지연시키고 있다.

Gertrude:
[Scattering flowers]
Sweets to the sweet! Farewell.
I hope thou shouldst have been my Hamlet's wife.
I thought thy bride bed to have decked, sweet maid,
And not have strewed thy grave.
(Act V Scene 1)

어여쁜 이에게 어여쁜 꽃들을. 잘 가거라.
나는 네가 햄릿의 아내가 되기를 원했었다.
네 무덤이 아닌 아름다운 네 신혼 침대를 장식해줄 거라고
생각했었는데…… .
(5막 1장 거트루드의 대사 중에서)

Act V

The duel begins and Hamlet scores a hit. Claudius tries
to tempt Hamlet to drink some poisoned wine
by dropping a valuable pearl into the goblet.

결투가 시작되었고 햄릿이 득점을 기록한다. 클라우디우스는 술잔 안에 값비싼 진주를 떨어뜨리면서
햄릿이 독약이 들어 있는 포도주를 마시도록 유인한다.

★★★

★★★

Act Analysis

Act V Scene 1

Plot Summary

The scene opens in a church yard. Two men are digging a grave for a woman who has drowned. The men debate whether she committed suicide or died accidentally. They laugh and joke as they work. One leaves to get something to drink and the other sings to himself as he works.

▶ 사진출처 **wikipedia**
"Hamlet and Horatio in the Graveyard"
Painted by Eugène Belacroix(1839)

Hamlet and Horatio arrive. Hamlet is surprised that the gravedigger can joke and sing while digging the grave. Hamlet and Horatio watch as the gravedigger digs up bones and casually throws them aside. Hamlet speculates that these bones could have once belonged to someone important. Hamlet concludes that death and burial will reduce everyone to the same level.

Hamlet finds out from the gravedigger that a woman who drowned will be buried in the grave. He also discovers that the man has been digging graves since he (Hamlet) was born. The gravedigger mentions that it takes between eight or nine years for a body to rot. However, people who worked as tanners last longer.

The gravedigger shows him a skull that belonged to Yorick, King Hamlet's court jester. Hamlet talks affectionately to the skull remembering fond memories he had with Yorick.

Suddenly a small funeral procession enters the church yard with a coffin. Hamlet and Horatio hide and watch. Besides Laertes, the

King, Gertrude, and a priest, there are only a few other attendants. Hamlet notices that the funeral is small and concludes that the person being buried committed suicide.

They overhear Laertes speaking angrily to the sole priest about how few prayers and songs the funeral service had. Hamlet suddenly realizes that the dead person is Ophelia. He watches his mother, Gertrude, scatters flowers on the coffin and hears her say that she had hoped Ophelia would be Hamlet's wife. Laertes, out of grief, suddenly jumps into the grave to hold his dead sister one more time. As he is in the grave, he tells them to bury him with Ophelia.

Hamlet comes forward and jumps into the grave claiming that he loved her too. Laertes is angry and attacks Hamlet. After a brief struggle they are separated by the attendants. Hamlet claims he loved Ophelia very much. He seems critical of Laertes' reaction, and speaks sharply to him. Hamlet angrily leaves and Claudius tells Horatio to watch over him. As soon as Horatio has gone, Claudius tells Laertes to remain calm and that they must be patient until they can deal with Hamlet as they have planned.

Scene Analysis and Focus Study Points

The gravediggers probably have two functions in this scene. First (and the most obvious) they provide some comic relief to the story. The audience is probably waiting impatiently for the climax. The jokes, riddles and manner of speech of the gravediggers, both between themselves and to Hamlet, would be amusing to the audience. Their comments about Hamlet's craziness not being noticed in England because everyone else is crazy there too would almost certainly be very funny to the English audiences watching this play.

Second, the gravediggers voice the currently held (English) beliefs about suicide and the attitude of the church concerning burial. It was believed that anyone who committed suicide had committed a serious sin and was therefore not allowed to be buried in the sacred ground of a church cemetery. However, the gravediggers voice the idea that rich people always have enough money or influence to overcome such traditions. They believe the woman being buried committed suicide and that some sort of political influence has resulted in her being buried in the cemetery. Later, Laertes scolds the sole attending priest for the small number of prayers during the funeral service. The priest obviously believes that Ophelia has committed suicide because the church will not offer more prayers. If they do that, it would insult the memory of the people already buried there. Make sure you understand these concepts. You might have to write an essay about what Shakespeare is revealing about burial practices in those days. It would be a good idea to do a bit more research on this to make sure you are prepared. You will probably find that the burial practices mentioned in the play were those of England at the time, not Denmark.

Note that the grave was being dug where someone else had been buried before. Evidently graves were "recycled" after a period of time, probably eight or nine years. This was the amount of time the gravedigger told Hamlet it took for someone to rot away completely.

Note what is said by Hamlet and others about how we all become the same after death. Our bones all look alike and it does not matter who we were or what we did. We all come to the same end.

Also, Hamlet's approximate age is revealed. The gravedigger mentions that he started this kind of work on the day Hamlet was born. The gravedigger also mentions that the day Hamlet was born was also the day when King Hamlet defeated King Fortinbras of Norway. Later the gravedigger says he has been at this job for 30 years.

Hamlet's fight with Laertes over who loved Ophelia more is a bit surprising. Although the audience probably believed that Hamlet pretended not to love her, it should be recalled that Hamlet's insults to her were excessively cruel. In addition he said emphatically that he never loved her. It is a bit surprising that he now seems to be expressing his love for her in the same forceful manner. Do you think he ever loved Ophelia? Could you write an essay (with suitable quotes) that justifies your opinion? It would be wise to review all he said and how he behaved around Ophelia to see if you can justify your opinion.

Note that Claudius is effective in calming Laertes down. He really wants his plan to proceed as he and Laertes have discussed. Laertes is clearly allowing Claudius to control his actions. The audience is probably eagerly awaiting the outcome of this confrontation.

Symbolism

★ **Adam's profession**
The reference to "Adam's profession" is symbolic of anyone who works on or in the ground. In this case the gravedigger is referring to gardeners, ditch diggers and gravediggers.

- Yorick's skull

  Yorick's skull is probably symbolic of the fact that we all end up the same after death.

Quotes

1. *Why, there thou say'st. And the more pity that great folk should have cont'nance in this world to drown or hang themselves more than their even-Christen.*

   One of the gravediggers is telling the other that richer people have more influence than poorer people. They can commit suicide by hanging or drowning and still be buried in a church cemetery.

2. *Alas, poor Yorick! I knew him, Horatio, a fellow of infinite jest, of most excellent fancy. He hath borne me on his back a thousand times. And now how abhorred in my imagination it is! My gorge rises at it.*

   Hamlet is holding and talking to the skull that belonged to Yorick, a court jester in his father's castle. He is remembering him fondly. He is also saying he is feeling a bit sick to his stomach by thinking what has happened to poor Yorick.

3. *Her obsequies have been as far enlarged As we have warranty. Her death was doubtful, And, but that great command o'ersways the order, She should in ground unsanctified been lodged Till the last trumpet.*

   The only priest at the funeral for Ophelia is telling Laertes that no more ceremony can be performed for her. There was some suspicion that Ophelia's death was suicide. Thus, the priest says that she should be buried outside the church cemetery and that only orders from the king made her burial here possible.

4. *[Scattering flowers]*
Sweets to the sweet! Farewell.
I hoped thou shouldst have been my Hamlet's wife.
I thought thy bride bed to have decked, sweet maid,
And not have strewed thy grave.

Gertrude is throwing flowers onto the coffin of Ophelia. She is saying she had always hoped that someday Ophelia would marry Hamlet. Gertrude had hoped to be able to spread flowers on Ophelia's bridal bed instead of her grave.

Vocabulary

se offendendo possibly misquoted Latin and means "in self-defense"

Argal another misquote for a Latin word and meaning "therefore"

will he nill he will he or won't he

mazzard skull

quiddities opinions

assurance guarantee

kibe following so closely at the back of a heel it is scraped

crants string flowers worn by young girls

strewments scattering of flowers in a grave

eisel vinegar (but there is still some doubt if that is what Shakespeare implied)

Useful Web Sites

Many useful web sites can be found with information about virtually any subject concerning *Hamlet*.
The following was consulted for this information on this scene.
Some information about burial practices in England and Denmark:
http://www.theatrehistory.com/british/ecclesiastical_law_in_hamlet.html

Act Analysis

★ 제5막 1장

줄거리

5막의 배경은 교회의 뜰이다. 두 남자가 물에 빠져 죽은 여자를 위해 무덤을 파는 중이다. 두 남자는 그 여자가 자살을 한 것인지 아니면 사고로 물에 빠져 죽게 된 것인지를 놓고 논쟁을 한다. 그들은 농담을 하며 웃으면서 땅을 판다. 한 남자가 술을 가져와야겠다면서 나가고, 다른 남자는 노래를 하며 땅을 판다.

▼ 사진출처 wikipedia
"묘지 속의 햄릿과 호레이쇼"
우진 들라크루아 작품(1839)

햄릿과 호레이쇼가 등장한다. 햄릿은 무덤을 파며 농담을 하고 노래하는 일꾼들의 모습을 보고는 놀랜다. 햄릿과 호레이쇼는 뼈를 집어내어 아무 생각 없이 옆으로 내던지는 일꾼을 지켜본다. 햄릿은 그 뼈가 중요한 사람의 뼈였을 것이라고 생각해본다. 그리고 죽음과 장례를 통해 사람들은 모두 같은 수준이 된다고 한다.

햄릿은 지금 파고 있는 무덤이 물에 빠져 죽은 여자의 묘가 된다는 걸 듣게 된다. 그리고 그 일꾼은 햄릿이 태어나던 해부터 묘지 파는 일을 해왔다고 한다. 일꾼은 시체가 썩는 데는 약 8~9년이 걸린다고 말해준다. 그리고 무두장이(가죽을 다루는 사람)는 더 오랜 시간이 걸린다고 한다.

일꾼은 해골을 들어 햄릿에게 보여주는데, 햄릿 왕의 어릿광대였던 요릭의 두개골이라고 한다. 햄릿은 요릭과의 추억을 떠올리며 두개골에게 애정 어린 말을 한다.

그때 적은 수의 장례 행렬이 관을 들고 묘지에 들어온다. 햄릿과 호레이쇼는 몸을 숨겨 그들을 지켜본다. 래어티스, 왕, 왕비, 성직자 외 몇몇 사람만이 참석했다. 햄릿은 장례식이 조촐하게 치러지는 것을 보고는 자살한 이의 장례라고 생각한다.

햄릿과 호레이쇼는 래어티스가 성직자에게 기도와 찬송가가 너무 적다고 화내는 것을 듣는다. 그리고 햄릿은 그 시신이 오필리아임을 알게 된다. 햄릿은 거트루드가 관 위에 꽃을 뿌리며 오필리아가 햄릿의 아내가 되기를 바랐다고 말하는 것을 듣는다. 래어티스는 슬픔을 이기지 못하자 무덤으로 내려가 죽은 동생을 다시 한 번 끌어안는다. 그리고는 자기를 오필리아와 함께 묻어달라며 울부짖는다.

갑자기 햄릿이 뛰어나와 무덤으로 내려가 자신도 오필리아를 사랑했었다고 소리친다. 래어티스는 화가 나서 햄릿에게 달려든다. 둘이 엉켜 싸움이 시작되자 사람들이 그들을 떼어 놓는다. 햄릿은 오필리아를 아주 많이 사랑했었다고 말한다. 햄릿은 래어티스의 태도를 비난하면서 화를 낸다. 화가 난 햄릿이 떠나자, 클라우디우스는 호레이쇼에게 햄릿을 따라가라고 한다. 호레이쇼가 떠나자, 클라우디우스는 래어티스에게 참으라고 하면서, 햄릿을 계획대로 처치할 수 있을 때까지 기다려야 한다고 말한다.

📄 분석

묘지 일꾼들의 역할은 두 가지라고 볼 수 있다. 첫째 (그리고 가장 분명히), 그들은 극의 긴장감을 풀어주는 '코믹 릴리프'의 역할을 하고 있다. 관객들은 아마 초조하게 극의 클라이맥스를 기다리고 있을 것이다. 일꾼들의 대화, 햄릿과의 대화에서 그들이 나누는 농담과 수수께끼들, 말하는 투는 관객들을 웃게 만든다. 영국 사람들은 모두 미쳤기 때문에 영국에서는 햄릿 왕자가 미쳤다는 사실을 알아채지 못할 것이라는 그들의 농담은 연극을 관람하는 영국인 관객들에게는 매우 재미있는 부분이 된다.

둘째, 일꾼들은 자살에 대한 그 당시 영국인들의 생각과 자살한 이의 장례 절차에 대한 교회의 입장을 말해주고 있다. 자살은 아주 큰 죄로 여겨졌기 때문에 자살한 이들의 시신은 신성한 교회 묘지에 묻힐 수 없다고 한다. 하지만 부자들은 돈이나 영향력이 많아 항상 그 관습을 무시할 수 있다고 일꾼들은 말한다. 묘지의 주인은 자살한 여자이지만, 어떤 정치적인 힘이 그녀를 교회 묘지에 묻히게 만든 것이라고 한다. 래어티스는 장례 예배가 진행되는 동안 기도가 충분치 않다며 유일하게 참석한 성직자에게 따진다. 그 성직자는 교회에서 더 이상의 기도를 해주지 않는 것으로 보아 오필리아는 자살한 것이 틀림없다고 믿는다. 만약 교회에서 자살한 이에게 많은 기도를 해준다면 이는 앞서 묻힌 이들에 대한 모욕적인 일이 된다고 한다. 이러한 종교적인 입장을 잘 이해하기 바란다. 셰익스피어가 작품을 통해 드러낸 그 당시 행해지던 장례 의식에 대해 에세이를 써 보도록 하자. 에세이를 확실하게 준비하기 위해 좀 더 많은 조사를 해보는 건 좋은 생각이다. 작품에 나온 장례식은 덴마크 의식이 아닌 영국식 의식이라는 것을 염두에 두면서 말이다.

이미 앞서 다른 이가 묻혔었던 곳에서 무덤을 파고 있다는 것을 유의하도록 하자. 즉, 얼마의 시간이 지나면(약 8~9년), 묘지는 다른 이의 묘가 되는 것이다. 묘지 일꾼들은 햄릿에게 그 정도의 시간이 시체가 완전히 썩어 없어지는 시간이라고 말해준다.

햄릿과 다른 등장인물들이 죽게 되면 우리 모두 어떻게 똑같아지는지에 대해 말하는 것을 살펴보자. 사람들의 뼈는 모두 같아 보이고, 그가 누구였는지 어떠한 일을 했는지는 상관이 없어진다. 우리 모두의 끝은 똑같다고 볼 수 있다.

또한 햄릿의 나이에 대해 추측할 수 있다. 묘지 일꾼은 햄릿 왕자가 태어나던 날부터 땅 파는 일을 해왔다고 말한다. 햄릿이 태어나던 날이 바로 햄릿 왕이 노르웨이의 포틴브라스 왕을 무찌른 날이라고 덧붙인다. 그리고 자기는 일을 시작한지 30년이 되었다고 말한다.

누가 더 오필리아를 사랑했는지를 놓고 햄릿과 래어티스가 싸우는 것은 의외의 장면이다. 햄릿이 오필리아를 사랑하지 않는 것처럼 행동했다는 것을 관객들은 알고 있었지만, 햄릿이 오필리아에게 심하게 쏟아 부은 악담들을 떠올리게 될 것이다. 그리고 자기는 그녀를 사랑한 적이 없었다고 강조하며 말하기도 했었다. 그리고 지금은 똑같이 강력한 방식으로 그녀에 대한 자신의 사랑을 말하고 있으니 의외. 여러분은 햄릿이 오필리아를 정말 사랑했다고 생각하는가? 글의 대사를 인용하여 여러분의 의견을 나타낼 에세이를 작성해 보라. 여러분의 입장을 밝히려면 햄릿이 오필리아에게 한 말들과 행동을 짚어보아야 할 것이다.

클라우디우스가 래어티스를 진정시키는 데 유능하다는 것에 유의하라. 래어티스와 세운 계략이 잘 진행되기를 너무나 바라고 있는 모습이다. 래어티스는 클라우디우스의 말을 잘 따르고 있다. 관객들은 오늘의 대결이 가져올 결과에 무척 궁금할 것이다.

상징

★ **아담의 일**
'아담의 일'이라는 것은 땅과 관련된 일을 하는 사람을 상징한다. 묘지 일꾼들은 정원사, 수로 파는 일, 무덤 파는 일 등이 '아담의 일'이라고 말하고 있다.

★ **요릭의 두개골**
요릭의 두개골은 인간은 죽고 나면 모두 똑같아진다는 것을 보여주는 것이다.

인용문[구]

1. 자네 말이 일리 있는 말이군.
   불쌍하게도 대단하신 분들은 이 세상을 하직하기 위해
   물에 빠지거나 목을 맬 때도 용모를 갖춰야 하지.
   기독교인이라면 더더욱 말일세.
   묘지 일꾼 중 한 명이 다른 사람에게 부유한 이들은 가난한 이들보다 더 많은 영향력을 행사한다고 말하고 있다. 부유한 이들은 목을 매거나 물에 빠져 목숨을 끊을 수 있을 뿐 아니라 그럼에도 교회 매장지에 묻힐 수 있다고 말한다.

2. 아아, 가여운 요릭. 호레이쇼, 나도 이 사람을 아네.
   가장 놀랍고도 훌륭한 재담꾼이었지.
   나를 수없이 많이 업어주었었는데.
   하지만 지금은 생각만으로도 끔찍하네! 구역질이 난다고.
   아버지의 왕실에서 어릿광대를 했던 요릭의 해골을 손에 든 채 말하고 있다. 햄릿의 기억

3. 그녀의 장례식은 우리의 권한 안에서는
   최대한 크게 치르는 것입니다.
   그녀의 사인이 의심스러운 건 사실입니다.
   왕의 명령으로 원칙을 깨지 않았다면 그녀는 최후의 승리가 올 때까지
   부정한 이로 땅에 묻혀 있어야 합니다.
   오필리아의 장례식을 주관하고 있는 단 한 명의 성직자가 래어티스에게 더 이상의 의식은 행해질 수 없다고 말하고 있다. 오필리아는 자살 혐의를 받고 있다. 성직자는 자살한 이는 교회 밖에 묻혀야 하지만 왕의 명령으로 인해 그녀를 교회 안에 안치할 수 있는 것이라고 말한다.

4. 어여쁜 이에게 어여쁜 꽃들을, 잘 가거라.
   나는 네가 햄릿의 아내가 되기를 원했었다.
   네 무덤이 아닌 아름다운 네 신혼 침대를 장식해줄 거라고
   생각했었는데…….
   거트루드가 오필리아의 관 위에 꽃을 던지고 있다. 오필리아가 햄릿과 결혼하기를 항상 바랐었다고 말한다. 오필리아의 무덤이 아닌 그녀의 혼인 침대에 꽃을 장식하길 바랐었다고 한다.

📖 어휘 · 표현 연구

se offendendo 잘못 인용된 라틴어일 수 있다. 의미는 '자기 방어적인'
Argal 이 또한 잘못 인용된 라틴어이고 '그러므로'를 의미한다.
will he nill he 그가 할 것인가, 안 할 것인가
mazzard 해골
quiddities 의견, 생각
assurance 보장
kibe 아주 가깝게 발뒤꿈치에 닿을 정도로 뒤따르는
crants 어린 소녀들이 쓰는 화관
strewments 무덤 안에 흩뿌려진 꽃들
eisel 초, 식초 (셰익스피어가 이것을 의미했다고 해도 여전히 미심쩍다.)

Act Analysis

Act V Scene 2

Plot Summary

The final scene starts with Hamlet and Horatio discussing the events of Hamlet's trip to England. Hamlet tells Horatio how he had secretly read the letter that Rosencrantz and Guildenstern were delivering to the King of England from King Claudius. In that letter, Claudius asked the King of England to kill Hamlet immediately. Hamlet tells Horatio that he took the original letter and wrote another letter to the King of England. The forged letter asked the King of England to kill Rosencrantz and Guildenstern immediately. Hamlet says he had his father's signet ring in order to make an official mark so that the letter would be considered genuine. Horatio is shocked. Hamlet gives him the original letter to read when he has time. Hamlet considers himself lucky to have been taken by pirates so soon after writing the forged letter.

Osric enters and informs Hamlet that the king has bet that he (Hamlet) can beat Laertes in a fencing match. The duel will be judged by the number of times each person hits the other with his sword. The bet is that Laertes will not beat Hamlet by more than three hits during a dozen rounds of fencing. After some discussion, Hamlet agrees to the match.

Everyone assembles for the match and Hamlet apologizes to Laertes for his actions at the funeral. Laertes accepts Hamlet's apology but says his honor demands that he and Hamlet fight. Claudius sets out goblets of wine for refreshment during rounds and says he will drop a valuable pearl into Hamlet's goblet if he scores the first or second hit or if Laertes has two hits and then Hamlet scores the third hit of the match. They choose their swords and begin.

Hamlet scores the first hit. Claudius offers the goblet to Hamlet. However, Hamlet postpones the toast and continues fighting. Hamlet scores a second hit. Gertrude grabs his goblet to drink a toast to his success. Claudius tries to stop her but she drinks to Hamlet's good fortune. Claudius realizes she will die.

Laertes says to Claudius that he will wound Hamlet now but Claudius doubts that. The fencing continues and Laertes manages to wound Hamlet. In a scuffle they inadvertently switch swords. Hamlet wounds Laertes with the poisoned sword.

The Queen falls dying. Claudius tries to convince everyone that Gertrude fainted because of the blood being shed. However, Gertrude claims she has been poisoned and then dies. Laertes confesses to the plot and the king's part in it. He tells Hamlet that they are both going to die because they have both been wounded by the poisoned sword. Hamlet is furious and stabs the King with the poisoned sword. He then forces the king to drink some of the poisoned wine. Claudius dies. Laertes apologizes for his actions to Hamlet and asks for Hamlet's forgiveness. They both forgive each other and Laertes dies.

Horatio wants to commit suicide by drinking the last of the poisoned wine but Hamlet stops him. He challenges Horatioto live and tell the truth about everything. A cannon fires and Hamlet is told that Prince Fortinbras is returning in triumph from his war in Poland. Hamlet says that Fortinbras should become the next King of Denmark and that he would support his claim to the Danish throne. Hamlet dies.

Fortinbras, the English Ambassador and other attendants enter and are horrified to see so many bodies. The English ambassador is disappointed that he can not report that Rosencrantz and Guildenstern were killed as was ordered in the forged letter that Hamlet wrote. Horatio says that King Claudius never ordered that. He requests that the corpses be displayed where he can tell everyone what the truth is behind all these deaths. Fortinbras says he is sorry all this happened but he is happy he now has the opportunity to put forward his claim to the Danish throne. The play ends with Hamlet being carried honorably from the stage.

Scene Analysis and Focus Study Points

The climax to the story is told in this scene. First, Hamlet tells Horatio of reading the letter carried by Rosencrantz and Guildenstern in which the English King is instructed to kill him. He tells of the forgery he wrote just before his capture by pirates.

Osric, a messenger from the king, invites Hamlet to participate in a duel with Laertes. Evidently the king believes that Laertes can hit Hamlet more often than Hamlet can hit him in a dozen rounds of fencing. The king bets that Hamlet will win the duel but by less than three hits. Hamlet decides to accept but Horatio is worried.

Hamlet agrees to the conditions of the duel as Claudius hopes. Note the handicap that Laertes is given. He can only win if he hits Hamlet three times more than Hamlet hits him in a dozen rounds of fencing. Of course, this is a challenge to Hamlet. It is saying to Hamlet that he is not as good as Laertes. Hamlet responds to this challenge as they expect. Note that Claudius is betting on Hamlet. He is trying to show everyone that he is supporting his step-son. However, if Hamlet is wounded even once, Hamlet will die and Claudius will lose nothing.

Hamlet apologizes to Laertes for his behaviour at the cemetery. However, he lies to Laertes by saying he has a serious mental illness and was not responsible for his actions. Laertes accepts this but insists the duel proceed because of the death of his father, Polonius, that was caused by Hamlet.

The duel begins and Hamlet scores a hit. Claudius tries to tempt Hamlet to drink some poisoned wine by dropping a valuable pearl into the goblet. Hamlet refuses and scores another hit. The queen has Hamlet wipe his sweaty brow. Note that she says that Hamlet is fat and out of breath. This is the first indication we have of what Hamlet looks like. Then she drinks a toast to his success with the poisoned wine as Claudius tries unsuccessfully to stop her. He realizes she is doomed. Laertes scores a hit. In a brief scuffle, they exchange swords and Laertes is wounded by Hamlet.

At this point the bodies start to pile up! The queen dies. Laertes confesses to everything. Hamlet kills the king. Hamlet and Laertes forgive each other so they can both go to heaven. Laertes dies and Hamlet prevents Horatio from drinking the poisoned wine. Hamlet dies just before Prince Fortinbras appears. The scene ends with Fortinbras saying he will put in a claim for the Danish throne and Horatio saying he will tell the whole truth about everything. Note that just before he dies, Hamlet recommended that Fortinbras be given the Danish crown.

Note how bad luck seems to come to the evil people in this scene. First Gertrude drinks the wine before the king can stop her. Obviously he did not expect this and he also could not forbid her to drink it without people being suspicious. So she dies and there is nothing he can do about it. Second, the swords get switched and Laertes is wounded by the poisoned one. Why does he not protest that he has picked up the wrong sword? If he had picked up the wrong one by mistake, he should have realized his error immediately. After all they both chose their swords carefully for how good they felt in their hands. Laertes even rejects the first sword he picks up as being too heavy and Hamlet says the one he chose feels good in his hands. One reference source attempts to clarify how the swords could have been switched. It says that if a sword is dropped in a duel, it is a point of honour for the person still holding a sword to offer it to the opponent. Then that person picks up the dropped sword and the duel resumes. Thus swords can be exchanged. This could explain why Laertes knows that he has been wounded by the poisoned sword. It could also explain why he did not complain about the switch. What do you think? It would be a very smart to do some research on this in case you are asked to explain this in an essay.

Symbolism

* Poison

    Poison kills Gertrude, Claudius, Laertes and Hamlet. Poison could be seen as symbolic of the evil that has spread through the Danish court. None of the victims at the end are innocent. Claudius is guilty of the murder of King Hamlet. The queen is possibly guilty of being an accomplice to her husband's murder but that is not clear. Hamlet killed Polonius and is responsible for the deaths of Rosencrantz and Guildenstern. Laertes is guilty of being part of the king's evil plot to kill Hamlet.

🔎 Quotes

1. *Why, man, they did make love to this employment.*
   They are not near my conscience; their defeat
   Does by their own insinuation grow.
   'Tis dangerous when the baser nature comes
   Between the pass and fell incensed points
   Of mighty opposites.

   Hamlet is telling Horatio that he has no guilty feelings about writing the forged letter that will result in Rosencrantz and Guildenstern being executed by the English king when they arrive in England. He says they readily accepted the role of spying on him and they deserve what they will get.

2. *But I am very sorry, good Horatio,*
   That to Laertes I forgot myself,
   For by the image of my cause I see
   The portraiture of his. I'll court his favors.
   But sure the bravery of his grief did put me
   Into a tow'ring passion.

   Hamlet is telling Horatio that he is very sorry for getting angry with Laertes at the funeral of Ophelia. He says he rashly became angry when he heard Laertes proclaiming his intense grief over the death of his sister. He says he plans to apologize.

3. *I do not think so. Since he went into France*
   I have been in continual practice. I shall win at the

> *odds. But thou wouldst not think how ill all's here*
> *about my heart. But it is no matter.*

Hamlet is telling Horatio that he feels he can win the duel with Laertes. However, he confesses to feeling a bit uneasy about everything but he is prepared to disregard these feelings.

4. *If your mind dislike any thing, obey it. I will*
   forestall their repair hither and say you are not fit.

   Horatio is concerned that Hamlet is uneasy about the coming duel. He urges Hamlet to listen to his feelings and allow him (Horatio) to cancel the engagement.

5. *[Aside] And yet it is almost against my conscience.*

   Laertes has decided to try to hit Hamlet in the next round of fencing. However, these words suggest just a small amount of guilt over what he plans to do.

6. *It is here, Hamlet. Hamlet, thou art slain;*
   No med'cine in the world can do thee good.
   In thee there is not half an hour's life.
   The treacherous instrument is in thy hand,
   Unbated and envenomed. The foul practice
   Hath turned itself on me. Lo, here I lie,
   Never to rise again. Thy mother's poisoned.
   I can no more. The King, the King's to blame.

   Hamlet's mother, Gertrude, has just died of poison. Hamlet orders the doors closed to keep the guilty person from escaping. Laertes speaks these words to Hamlet and confesses to an evil plot to poison him. He tells Hamlet that he is doomed because Hamlet has been wounded by the poisoned sword. He says he is also dying because he has been wounded by the same sword. He says the king is to blame for it all.

7. *Exchange forgiveness with me, noble Hamlet.*
   Mine and my father's death come not upon thee,
   Nor thine on me!

   Laertes is dying. He begs that Hamlet exchange forgiveness with him. He says that Hamlet is forgiven for the death of Polonius and hopes he (Laertes) will be forgiven for killing him (Hamlet).

8. *Now cracks a noble heart. Good night, sweet prince,*
   And flights of angels sing thee to thy rest.

   Hamlet dies and Horatio utters these words of farewell to his friend.

Vocabulary

coz'nage   deceit

quit   pay back

continent   portion

hangars   straps attaching the sword to the belt

stick fiery off   to be very obvious

fat   possibly meaning overweight or just out of shape

quarry   dead bodies

jump   accurate

rights of memory   some legal claims (to the throne of Denmark)

Useful Web Sites

Many useful web sites can be found with information about virtually any subject concerning *Hamlet*.
The following was consulted for this information on this scene.
Video on *Hamlet*: www.enotes.com/hamlet-video

Act Analysis

★ 제5막 2장

줄거리

마지막 장은 햄릿이 호레이쇼에게 영국으로 가던 여정 중에 일어났던 일을 이야기하는 장면으로 시작된다. 햄릿은 클라우디우스 왕이 영국의 왕에게 보내는 편지를 로젠크란츠와 길덴스턴에게서 어떻게 몰래 빼내어 읽었는지 말해준다. 그 편지에는 클라우디우스가 영국 왕에게 햄릿이 도착하는 즉시 죽여 달라고 썼다고 한다. 햄릿은 클라우디우스의 편지를 빼돌리고 대신 자기가 영국의 왕에게 편지를 새로 썼다고 한다. 새로 쓴 편지에는 로젠크란츠와 길덴스턴을 즉시 죽여 달라고 요청했다고 한다. 햄릿은 가지고 있던 아버지의 인장 반지로 편지를 봉해 그 편지가 진짜처럼 여겨지도록 했다고 한다. 호레이쇼는 깜짝 놀란다. 햄릿은 그에게 시간이 나면 읽어보라면서 클라우디우스의 원본 편지를 건넨다. 햄릿은 편지를 위조하고 난 뒤 해적의 습격을 받게 되어 정말 운이 좋았다고 한다.

오즈릭이 등장하여 왕이 햄릿과 래어티스의 펜싱 시합을 놓고 햄릿이 이기는 것에 내기를 걸었다고 전한다. 시합은 상대를 검으로 몇 번이나 찔렀는지 그 수를 세어 평가할 것이라고 한다. 내기는 12회의 경기 동안 래어티스가 햄릿보다 3번 이상을 찔러야 하므로 래어티스가 이길 수 없을 것이라고 한다. 이야기가 오간 후, 햄릿은 시합에 나가기로 결정한다.

펜싱 시합을 지켜보러 사람들이 모이고, 햄릿은 래어티스에게 장례식에서 보인 자신의 행동을 사과한다. 래어티스는 햄릿의 사과를 받아들이기는 하지만, 자신의 명예를 위해 결투를 벌이자고 한다. 클라우디우스는 경기 중간에 마실 수 있는 와인을 준비해오라고 하면서, 만약 햄릿이 처음이나 두 번째에 점수를 얻거나 혹은 래어티스가 두 번을 이기다 햄릿이 세 번째에 점수를 내게 되면 고귀한 진주를 그 잔에 넣겠다고 한다. 햄릿과 래어티스는 검을 고르고 시합을 시작한다.

1회전에서 햄릿이 점수를 낸다. 클라우디우스는 햄릿에게 축배를 건넨다. 하지만 햄릿은 축배를 잠시 미루고 시합을 계속해나간다. 2회전에서도 햄릿이 점수를 낸다. 거트루드는 햄릿의 잔을 들어 승리를 기원하며 대신 술을 마신다. 클라우디우스는 왕비를 말리려 했으나, 왕비는 햄릿의 행운을 위해 마시겠다고 한다. 클라우디우스는 그녀의 죽음을 예상하게 된다.

래어티스는 클라우디우스에게 이번에는 햄릿에게 상처를 입히겠다고 하지만, 클라우디우스는 의심스러워 한다. 결투는 계속되었고, 래어티스는 간신히 햄릿에게 상처를 입힌다. 격렬한 시합 중 둘은 우연히 칼을 바꿔 쥐게 된다. 햄릿은 독이 묻은 칼로 래어티스를 찌른다.

왕비가 쓰러져 죽는다. 클라우디우스는 왕비가 피를 보고 기절한 것이라고 말하지만, 거트루드는 독이 든 술을 마신 것이라고 밝힌 후 죽는다. 래어티스는 음모와 왕의 관여를 자백한다. 그리고 햄릿에게 자기와 햄릿 모두 독이 묻은 칼에 찔렸으니 곧 죽게 될 것이라고 말한다. 햄릿은 분노에 차 독이 묻은 칼로 왕을 찌른다. 그리고 왕에게 독이 든 술을 부어 억지로 들이키게 만든다. 클라우디우스가 죽는다. 래어티스는 햄릿에게 자신의 죄를 빌며 햄릿의 용서를 구한다. 둘은 서로를 용서해주고, 래어티스는 눈을 감는다.

호레이쇼는 잔에 남은 독이 든 와인을 들이켜 함께 죽으려 하자 햄릿이 그를 말린다. 호레이쇼에게 살아서 진실을 밝혀 달라고 말한다. 폴란드로부터의 개선을 알리는 포틴브라스 왕자의 대포 소리가 들려 온다. 햄릿은 포틴브라스 왕자가 덴마크의 다음 왕이 될 것이라고 하면서 호레이쇼에게 포틴브라스 왕자가 왕위를 물려받을 수 있게 도우라고 하고 숨을 거둔다.

포틴브라스, 영국의 사신, 그리고 다른 일행들이 들어와 수많은 시신들을 보고 깜짝 놀란다. 영국의 사신은 (햄릿이 위조한) 서신에 적힌 대로 로젠크란츠와 길덴스턴을 처형한 것을 보고하러 왔는데 이를 전할 수 없어 유감이라고 한다. 호레이쇼는 클라우디우스 왕은 그것을 명한 적이 없었다고 말한다. 그리고 이 모든 죽음 뒤에 숨겨진 진실을 모두에게 밝힐 수 있게 시신들을 사람들에게 보여주라고 청한다. 포틴브라스는 끔찍한 일이 발생한 것에 대해 유감을 밝히지만, 덴마크 왕위를 주장할 수 있게 되어 기뻐한다. 햄릿의 시신이 경의를 받으며 운반되는 장면으로 연극의 막이 내린다.

분석

이번 장은 연극의 '클라이맥스'라고 볼 수 있다. 우선, 햄릿은 호레이쇼를 불러 로젠크란츠와 길덴스턴이 영국 왕에게 가지고 가던 햄릿을 죽여 달라는 내용의 편지를 읽은 것에 대해 말해준다. 햄릿은 해적에게 붙잡히기 바로 전에 편지를 새로 위조하여 썼다고 한다.

왕의 전령인 오즈릭이 햄릿에게 래어티스와의 검술 시합에 참가 요청을 한다. 왕은 12회전의 시합 중 햄릿보다 래어티스가 더 많이 공격하리라는 것을 알고 있다. 왕은 햄릿이 시합에서 이기는 것에 내기를 건다. 3번의 공격 이하로 이길 것으로 말이다. 햄릿은 결투에 응하기로 하지만 호레이쇼는 마음이 편치 않다.

햄릿은 클라우디우스가 희망한 대로 결투의 조건을 받아들인다. 래어티스에게 주어진 핸디캡을 기억해 두자. 래어티스는 12라운드의 펜싱 경기에서 햄릿이 그를 찌른 횟수보다 세 번 더 많이 햄릿을 찔러야만 이길 수 있다. 물론 이것은 햄릿에 대한 도전이다. 햄릿의 실력이 래어티스만큼은 잘 하지 못하다는 이야기이다. 햄릿은 클라우디우스와 래어티스의 기대대로 도전에 응한다. 클라우디우스가 햄릿에게 돈을 걸었다는 점을 기억해 두자. 왕은 모든 사람들에게 그가 의붓아들인 햄릿을 응원하고 있다는 것을 보여주기 위해 노력한다. 그러나 만약 햄릿이 한번이라도 상처를 입는다면, 햄릿은 죽을 것이고 클라우디우스는 잃는 것이 없게 되는 것이다.

햄릿은 래어티스에게 묘지에서 있었던 자신의 행동을 사과한다. 그러나 햄릿은 래어티스에게 자신이 심각한 정신 질환을 앓고 있으며 그렇기 때문에 그의 행동에 대해 아무런 책임이 없다는 거짓말을 한다. 래어티스는 햄릿의 사과를 받아들이지만 햄릿에 의해 그의 아버지 폴로니우스가 죽었기 때문에 결투는 진행되어야만 한다고 주장한다.

결투가 시작되고 햄릿이 득점을 기록한다. 클라우디우스는 술잔 안에 값비싼 진주를 떨어뜨리면서 햄릿이 독약이 들어 있는 포도주를 마시도록 유인한다. 햄릿은 그것을 거절하고 다시 득점을 기록한다. 왕비가 햄릿의 이마에 난 땀을 닦아준다. 왕비가 햄릿이 뚱뚱하고 숨을 헐떡인다고 말한 것을 기억하자. 이것은 햄릿이 어떻게 생겼는지를 알 수 있는 첫 번째 표시이다. 그리고 왕비는 햄릿의 승리를 위해 독이 들어 있는 포도주로 축배를 든다. 클라우디우스는 그녀를 막기 위해 노력하지만 허사로 끝나버린다. 왕은 왕비가 죽는다는 것을 알게 된다. 래어티스가 득점을 기록한다. 짧은 결투에서 그들은 서로의 칼을 바꾸었고, 래어티스는 햄릿에 의해 상처를 입는다.

이제부터 시체들이 쌓여 가기 시작한다! 일단 왕비가 죽는다. 래어티스가 모든 것을 고백한다. 햄릿이 왕을 죽인다. 햄릿과 래어티스는 서로를 용서하기에 모두 천국에 갈 수 있게 된다. 래어티스가 죽고 햄릿은 호레이쇼가 독이 든 포도주를 마시려는 것을 막는다. 햄릿은 포틴브라스 왕자가 도착하기 바로 직전에 죽는다. 이번 장은 포틴브라스가 자신이 덴마크의 왕위를 물려받을 것이라고 주장하고, 호레이쇼가 모든 일들을 사실대로 이야기하겠다고 말하는 것으로 끝을 맺는다. 햄릿이 죽기 전, 덴마크의 왕위를 포틴브라스에게 주고 싶다고 말했던 것을 기억해두자.

악한 사람에게 돌아오는 불운이 이번 장에서 어떻게 그려지고 있는지 기억해두자! 우선 거트루드는 왕이 그녀의 행동을 막기 전에 독이 든 와인을 마신다. 분명히 왕은 이런 상황을 예상하지 못하였고, 다른 사람들이 의심하지 않는 방법으로 왕비가 그 포도주를 마시는 것을 막을 방법이 없었다. 그래서 왕비는 죽고 왕이 할 수 있는 행동은 아무것도 없다. 두 번째로 칼이 서로 바뀌었고 래어티스는 독이 묻은 칼에 의해 부상을 입게 되었다. 왜 그는 칼을 잘못 선택했다고 이의를 제기하지 않았을까? 그가 실수로 칼을 잘못 선택했다면, 그는 그의 실수를 즉시 알아차렸어야만 했다. 결국 햄릿과 래어티스 모두 그들의 손에 딱 맞는 느낌의 칼을 신중하게 골라냈다. 래어티스는 심지어는 처음 골랐던 칼이 너무 무겁다며 사용하기를 거절했고, 햄릿은 그가 선택한 칼이 손에 딱 맞는 느낌이라고 이야기했다. 이 책을 준비하면서 참조하였던 한 자료에서 칼들이 서로 어떻게 바뀔 수 있었는지를 설명해주었다. 그 자료에 나타나기는, 만약 결투 중 한 사람이 칼을 떨어뜨린다면, 관습상 여전히 칼을 쥐고 있는 사람이 자신의 칼을 상대방에게 사용하도록 권하는 것은 명예와 관계되는 문제라고 한다. 그리고 그 사람이 떨어진 칼을 주워들고는 결투가 다시 시작되는 것이다. 즉, 칼이 바뀌는 것이다. 이것이 왜 래어티스가 독이 묻은 칼에 의해 본인이 부상당했다고 생각했는지 설명할 수 있는 부분이다. 그리고 왜 그가 칼을 바꾼 것에 대해 불평하지 않았는지에 대한 설명이기도 하다. 여러분 생각은 어떤가? 에세이를 작성할 때 이에 대해 설명할 수 있도록 약간의 조사를 해두는 것이 좋을 것이다.

상징

★ 독

거트루드, 클라우디우스, 래어티스, 햄릿 모두 독에 의해 죽는다. 독은 덴마크 왕실에 퍼지고 있는 사악한 기운이라고 할 수 있다. 결국엔 희생자 중 무고한 이는 아무도 없다. 클라우디우스는 햄릿 왕을 죽였다. 왕비는 햄릿 왕의 살해에 연루되었을지도 모른다(확실히 나오지는 않지만). 햄릿은 폴로니우스를 죽였고, 로젠크란츠와 길덴스턴을 죽게 만들었다. 래어티스는 햄릿을 해치려는 왕의 음모에 가담했다.

인용문[구]

1. 그야, 당연히 스파이로 내정된 거지.
   그들의 문제를 놓고 양심의 가책을 느끼지는 않아.
   그들이 맞이하는 결과는 인과응보인 거야.
   그리고 거대한 적수들이 격분하며 맞선다면
   하찮은 존재가 그 사이에 끼어드는 건 위험한 일이지.
   햄릿이 호레이쇼에게 로젠크란츠와 길덴스턴이 영국에 도착하면 처형당하도록 편지를 위조한 것에 대해 전혀 죄책감을 갖지 않는다고 말하고 있다. 그는 그들이 자신을 염탐하는 역할을 기꺼이 수락했고 그에 대한 대가를 치른 것뿐이라고 말한다.

2. 좋아, 호레이쇼. 래어티스에게는 정말 미안하다고
   내 자신을 통제하지 못했으니……
   내 모습에 비춰 그를 이해할 수 있네.
   그의 친구가 되어야겠어.
   하지만 그의 거센 원통함이
   나를 격분하게 하더라고.
   햄릿이 호레이쇼에게 오필리아의 장례식에서 래어티스와 맞서 그에게 분을 터뜨린 것을 정말 미안하게 생각한다고 말한다. 래어티스가 여동생의 죽음을 놓고 격한 비탄을 쏟는 걸 들었을 때 극도의 화가 치밀었다고 말한다. 래어티스에게 사과할 생각이라고 말한다.

3. 난 그렇게 생각하지 않아.
   래어티스가 프랑스로 간 이후 난 꾸준히 연습을 해왔네.
   나는 이 결투에서 이길 거야.
   하지만 호레이쇼, 너는 내 마음속 불안감을 이해하지 못할 거야.
   대수로운 건 아니지만.
   햄릿이 호레이쇼에게 래어티스와의 결투에서 이길 수 있을 것 같다고 말하고 있다. 그러나 왠지 모를 불안감이 든다고 털어놓지만 그 느낌을 무시하겠다고 한다.

4. 마음이 조금이라도 불편하다면 그 마음을 따르세요.
   제가 미리 조치를 취해 그들이 오지 못하도록 하며
   왕자님의 기분이 좋지 않다고 말하겠습니다.
   호레이쇼는 햄릿이 앞으로 다가올 결투를 놓고 불안해하는 것에 마음을 쓰고 있다. 그는 햄릿에게 자신의 느낌에 귀를 기울여 자신이 일정을 취소할 수 있도록 허락해 달라고 한다.

5. 그러나 내 양심을 거스르는데…….
   래어티스는 펜싱 결투의 두 번째 라운드에서 햄릿을 찌를 결심을 한다. 그러나 이 인용문은 그 계획을 놓고 죄의식을 느끼고 있음을 말하고 있다.

6. 범인은 여기에 있소. 햄릿, 햄릿, 당신도 죽을 목숨이오.
   이 세상의 어떤 약도 당신을 낫게 할 수는 없소.
   이제 당신 생은 반 시간도 채 남지 않았소.
   반역의 도구는 당신의 손에 쥐어진 것이요.
   날카로운 칼에 독을 칠한 거요.
   나의 계략이 나를 향해 돌아섰군. 보시오. 나는 여기 누워
   다시는 일어날 수가 없소. 당신의 어머니도 독을 삼켰소.
   더 이상 …… 할 수가 없소. 왕, 왕의 책임이오.
   햄릿의 어머니인 거트루드가 독이 든 포도주를 마시고 죽는다. 햄릿은 악인이 도망치는 것을 막기 위해 문을 닫으라고 명령한다. 래어티스는 햄릿에게 이 말을 하고 그를 독살하려는 사악한 음모를 자백한다. 그는 햄릿에게 독이 묻은 칼에 찔렸기 때문에 결국 죽을 것이라고 한다. 그는 자신도 같은 칼에 찔렸기 때문에 죽어 가고 있다고 한다. 이 모든 것이 왕의 책임이라고 말하고 있다.

7. 서로 용서합시다. 햄릿 왕자.
   나와 내 아버지의 죽음이 당신의 탓이 아니고

당신의 죽음도 나의 죄가 아니오.

래어티스는 죽어 가고 있다. 그는 햄릿에게 서로를 용서하자고 청한다. 햄릿에게 폴로니우스의 죽음에 대해 용서했으며 그(햄릿)를 죽이고 있는 것을 용서받기를 원한다고 말한다.

8. 이제 고결한 목숨이 끊어졌구나. 고운 왕자님 편안히 주무십시오.

당신의 안식을 위해 노래하는 천사들에게 가십시오.

햄릿이 죽고 호레이쇼는 그에게 작별을 고하고 있다.

어휘 · 표현 연구

coz'nage 속임수

quit 보복의

continent 일부, 못

hangars 칼을 혁대에 달기 위해서 가죽끈으로 묶다

stick fiery off 매우 분명하다

fat 과체중이거나 단순히 체형이 엉망인 것을 의미한다.

quarry 시체들

jump 정확한

rights of memory 법적인 요구 (덴마크의 왕좌에)

Test For Act V

A. Match the following people or events in Column A with answers from Column B.

Column A

① Priest
② Horatio
③ Hamlet
④ Laertes
⑤ Claudius
⑥ Fortinbras
⑦ Gravedigger / clown

Column B

____ Arrives with his army
____ Becomes emotional about Ophelia's death
____ Scores the first hit in the duel
____ Give Yorick's skull to Hamlet
____ Is prevented from drinking poisoned wine.
____ Refuses to say more prayers for Ophelia
____ Promises a monument for Ophelia's grave

B. Place the following in the proper chronological order.

____ The queen dies.
____ Hamlet and Horatio hide and watch a small funeral.
____ Fortinbras arrives on stage.
____ The two gravediggers discuss suicide.
____ Hamlet is given Yorick's skull by the gravedigger.
____ Hamlet and Laertes fight in an open grave.
____ Hamlet dies.
____ Laertes and Hamlet choose swords.

C. **Identify the following quotes.** (Note: Answer these questions in COMPLETE sentences. For some of these questions your answer may require more than one sentence. You will lose marks for incomplete answers!)

1. *Alas, poor Yorick. I knew him, Horatio*

    Who said this?

    Describe the scene.

    ----

2. *The queen, the courtiers: who is this they follow?*
   And with such maimed rites?

    Who said this?

    What is being observed?

    ----

3. *Why, what a king is this!*

    Who said this?

    Describe the scene.

4. *Give me your pardon, sir: I've done you wrong;*
   But pardon't, as you are a gentleman.

    Who said this and to whom?

    What is about to happen?

5. *Heaven make thee free of it! I follow thee.*
   I am dead, Horatio. Wretched queen, adieu!

    Who spoke these lines?

    Describe the scene.

Hamlet

D. Write a short paragraph (3 or more sentences as needed) **to answer the following:**

1. Hamlet tells Horatio how he tricked Rosencrantz and Guildenstern. Describe what he did.

2. Why is Laertes not satisfied with the funeral for Ophelia? Who does he speak to and what is the reply?

3. Why does Hamlet apologize to Laertes for his behavior at the cemetery? Is he sincere?

4. Describe the wager placed on the duelers. Who does Claudius support?

5. Describe the order in which people die (and the cause) during the duel.

Ophelia – A Character Analysis

Question Discuss the character of Ophelia. Use quotes to prove your opinion.

The most pathetic character in the play *Hamlet* by William Shakespeare is that of Ophelia. The defining aspect of her character is her sense of duty as indicated by her obedience, to both her father and her brother. This unfortunate trait leads to her destruction.

The audience first meets Ophelia in Act I Scene 3 just as her brother, Laertes, is leaving for his studies in France. The age of each is not indicated clearly but it is possible to guess that both are young adults, possibly in their early twenties. Laertes seems to believe he has the right to give her advice about moral living. In particular he warns her against Hamlet and his apparent love for her now. He warns her that Hamlet, being a prince, does not have the freedom of choice that most people do. In lines 14-22 he says,

Perhaps he loves you now,
And now no soil nor cautel doth besmirch
The virtue of his will: but you must fear,
His greatness weigh'd, his will is not his own;
For he himself is subject to his birth:
He may not, as unvalued persons do,
Carve for himself; for on his choice depends
The safety and health of this whole state;
And therefore must his choice be circumscribed

He warns her to resist losing her heart or her virginity (*chaste treasure*, line 31) and thus her honor. Ophelia agrees but also says she hopes he will also follow the same moral code for his actions as well.

Polonius, her father, appears and offers her some advice too. They discuss Hamlet and his attentions toward her. Polonius dismisses her claims that Hamlet really loves her. In lines 101-103 he says,

Affection! pooh! you speak like a green girl,

Unsifted in such perilous circumstance.
Do you believe his tenders, as you call them?

He also tells her to avoid Hamlet. Ophelia says she will.

When she agrees to participate in a staged meeting with Hamlet in Act III Scene 1 and give him back his gifts, she is verbally abused by him. He insults her unmercifully. He leaves and she is very unhappy! In lines 158-164 she laments,

And I, of ladies most deject and wretched,
That suck'd the honey of his music vows,
Now see that noble and most sovereign reason,
Like sweet bells jangled, out of tune and harsh;
That unmatch'd form and feature of blown youth
Blasted with ecstasy: O, woe is me,
To have seen what I have seen, see what I see!

Polonius is unsympathetic.

When Polonius is eventually murdered by Hamlet, Ophelia becomes mad. In Act IV Scene 5, she wanders into the scene singing and talking in a foolish way. However, her words reveal the cause of her sorrow in lines 158-163,

Dear maid, kind sister, sweet Ophelia!
O heavens! is't possible, a young maid's wits
Should be as mortal as an old man's life?
Nature is fine in love, and where 'tis fine,
It sends some precious instance of itself
After the thing it loves

She appears to be referring to her father when she says *an old man's life* and she also appears to be referring to her love for Hamlet when she refers to nature as being *fine in love*.

Ophelia's greatest weakness was allowing others to manage her life. Her brother was wise in advising her that Hamlet might not be free to marry her if the state of Denmark had other objectives. Polonius' reason for advising her to reject Hamlet appears to be that Hamlet has more opportunities to behave immorally than she does. The inference is that he may dishonor her. He states this in lines 123-126 when he says, (Act I Scene 3, 123-126)

For Lord Hamlet,
Believe so much in him, that he is young
And with a larger tether may he walk
Than may be given you:

In conclusion, the lack of any ability to control her life leads to a hopeless situation after Hamlet rejects her and Polonius is killed. For a young lady without sufficient self esteem to manage her life, it is not surprising that the intense anxiety and grief she experienced would lead her into madness. Although she is not the only character to die in this play, her passing is the most tragic.

오필리아 – 인물 분석

Question 오필리아 성격에 대해 논해보자. 본문의 대사들을 인용하여 여러분의 의견을 펼쳐보시오.

셰익스피어의 「햄릿」에서 가장 가련한 인물은 오필리아라고 할 수 있다. 그녀 성격의 가장 큰 특징은 아버지와 오빠에게 순종해야 한다는 의무감이라 할 수 있다. 오필리아의 이 불운한 성향이 그녀를 파멸로 이끈다.

오필리아를 처음 만나는 곳은 1막 3장이다. 오필리아의 오빠, 래어티스가 프랑스로 공부하러 떠나는 장면이다. 둘의 나이는 정확히 나와 있지는 않지만 20대 초반의 젊은이들이라고 짐작된다. 래어티스는 오필리아에게 정숙한 삶에 대해 충고할 자격이 자기에게 있다고 믿고 있다. 특히 햄릿과 그의 겉으로 보이는 현재 그녀에 대한 사랑에 대해 경고한다. 햄릿은 왕자의 신분이기 때문에 보통 사람들이 가지고 있는 선택의 자유권이 없다고 한다. 14~22줄을 보도록 하자.

> 지금은 햄릿 왕자님도 너를 사랑하겠지.
> 지금은 그의 순정을 더럽히는 거짓이나 악의는 없다고 봐.
> 하지만 그분의 지위가 지위이니
> 그의 뜻은 자기 뜻이 아니라는 것을 명심하여라.
> 그 분은 왕자로 태어난 거라고.
> 그러니 평민들과는 달리, 자기 뜻대로 행동을 할 수 없을 거야.
> 그의 손에 온 백성의 안위가 달려 있으니
> 왕자님은 자유로운 선택을 할 수 없는 거지.

래어티스는 오필리아에게 마음이나 정조(순결한 보물, 31줄)를 잃지 말고 따라서 명예를 잃지 말라고 경고한다. 오필리아는 알겠다고 답하면서 래어티스 역시 정숙한 삶을 살기 바란다고 말한다.

아버지인 폴로니우스가 등장하여 오필리아에게 충고를 더한다. 그들은 햄릿에 대해, 그리고 오필리아를 향한 햄릿의 사랑에 대해 이야기를 나눈다. 폴로니우스는 햄릿이 정말 자기를 사랑하고 있다는 오필리아의 말을 막고 나선다. 101~103줄을 보도록 하자.

> 사랑! 참! 이런 험난한 세상에서
> 철부지 같은 소리를 하는구나.

> 그래, 너는 그의 사랑을 믿고 있단 말이냐?

그러면서 앞으로는 햄릿을 피하라고 한다. 오필리아는 알겠다고 대답한다.

3막 1장, 일부러 꾸며 햄릿을 만나기로 한 날, 오필리아는 햄릿에게 선물을 되돌려주면서 상처 받는 말을 듣는다. 햄릿은 무자비하게 그녀를 모욕하고는 나가버린다. 오필리아는 비참한 기분이 든다! 158~164줄을 보자.

> 이제 나는 세상 여자들 중 가장 괴롭고 불쌍한 이.
> 그분의 꿀 같이 달콤한 맹세의 노래를 맛보았었는데.
> 그분의 고귀하고 고결한 이성은
> 달콤한 종소리처럼 울렸었는데,
> 지금은 시끄러운 불협화음이 되어 들리는구나.
> 비할 데 없이 활짝 핀 청춘의 자태가
> 광기를 만나 시들어 버렸구나.
> 아, 슬프도다.
> 예전의 그를 보던 이 눈으로 이런 모습을 보다니!

폴로니우스는 딸을 애처로워하지 않는다.

햄릿이 폴로니우스를 죽이자, 오필리아는 그만 미쳐 버린다. 4막 5장을 보면, 오필리아는 엉뚱한 노래와 말들을 하며 돌아다닌다. 하지만 그녀의 슬픔이 무엇인지 그녀의 노래에서 찾을 수 있다. 158~163줄을 보도록 하자.

> 귀여운 아가씨, 상냥한 동생, 사랑스러운 오필리아!
> 오 하늘이여! 젊은 여성의 지혜로움도
> 늙은이의 생명처럼 꺼져가야만 하나요?
> 만물이 사랑 안에 있는 것은 섭리,
> 그리고 그 섭리 안에서
> 사랑하는 것을 뒤따랐을 때
> 또 다른 소중한 사실을 알 수 있죠.

오필리아는 '어느 늙은이의 생명'을 말하며 아버지를 떠올리고, '사랑 안에 있는 만물의 섭리'를 말하며 햄릿에 대한 자신의 사랑을 이야기 한다.

자신의 삶을 다른 이가 주관하도록 놔둔 것이 오필리아의 가장 큰 약점이다. 래어티스는 조국 덴마크가 다른 목적들이 있게 되면 햄릿은 자유롭게 그녀와 결혼하지 못할 수도 있다고 충고하므로 현명했다. 폴로니우스가 오필리아에게 햄릿을 그만 만나라고 한 이유는 햄릿의 삶이 그녀보다는 좀 더 부도덕할 수 있기 때문이다. 이는 햄릿이 오필리아의 체면을 손상시킬 수도 있다는 의미이다. 1막 3장 123~126줄에 나오는 폴로니우스의 말을 보도록 하자.

> 햄릿 왕자 말이다. 그가 젊기 때문에
> 네게 받는 호의보다
> 훨씬 과장된 사람이라는 걸 명심해라.

결론을 말한다면, 자신의 삶을 주관하려는 능력 부족이 햄릿과의 사랑이 깨지고 아버지가 돌아가시고 나자 자신을 절망적인 상황으로 몰아넣게 된 것이다. 스스로 삶을 결정할 수 있다는 자존감이 부재된 어린 아가씨에게 그녀가 경험한 심한 불안감과 슬픔으로 인해 실성하게 된 것은 놀랄 일이 못된다. 작품 속에서 죽음을 맞는 인물들은 많이 있지만, 오필리아의 죽음은 가장 비극적이라고 볼 수 있다.

Sample Essays

샘플 에세이를 통해 에세이 작성의 방향을 어떻게 잡아나가야 할지와 에세이의 구조를 익힐 수 있다.

Further Study

Sample Essay 1

Analysis of "TO BE OR NOT TO BE"

Question Hamlet's soliloquy in Act III scene 1 is probably the most famous in English literature. Analyse it.

One of the most famous soliloquies from the pen of William Shakespeare occurs in Act III Scene 1 of *Hamlet*, lines 56 to 89 (depending on your copy of the play). Although it is 400 years old and written in an old form of English, it is still quoted and recognized by many, even those who have never studied English literature. Its lyrical and poetic phrasing makes it a memorable speech. However, what does it mean? What follows is an analysis of this famous monologue.

A close examination of Hamlet's words will show that this speech has a number of separate but related thoughts. Consider lines 56-60 when he says the following:

> *To be, or not to be: that is the question:*
> *Whether 'tis nobler in the mind to suffer*
> *The slings and arrows of outrageous fortune,*
> *Or to take arms against a sea of troubles,*
> *And by opposing end them?*

He seems to be asking a question about which state of existence is better. Is it better to just suffer all the bad situations in life or is it better to oppose them in some way? Some scholars have interpreted the last line as a reference to suicide as a state of existence. However, the expression "to take arms" could mean any sort of affirmative action to overcome the situations that are hard in life. Suicide is only one possibility.

Secondly, consider lines 61-64. Here he seems to be considering an alternative to passive suffering.

> *To die: to sleep;*
> *No more; and by a sleep to say we end*
> *The heart-ache and the thousand natural shocks*
> *That flesh is heir to, 'tis a consummation*
> *Devoutly to be wish'd*

He appears to be comparing sleep and death. They seem very similar. Sleeping seems to wash away the troubles of the world for many people and Hamlet seems to be saying that all our troubles will be over when we die. When he says, *"'tis a consummation/ Devoutly to be wish'd"*, he appears to be saying that death seems like a preferred state of being.

However, in the next several lines (lines 64-69) he seems to be having second thoughts about one aspect of death that concerns us all.

> *To die, to sleep;*
> *To sleep: perchance to dream: ay, there's the rub;*
> *For in that sleep of death what dreams may come*
> *When we have shuffled off this mortal coil,*
> *Must give us pause: there's the respect*
> *That makes calamity of so long life;*

Dreaming is a common part of sleep. However, dreams end when the sleeper awakens. They are not real. But what kind of dreams might we have if we are dead? If we can not wake up, what will the outcome be of dreams that do not end? The fear of the unknown, as Hamlet says, "must give us pause". It is a common fear in humans. Thus we stay where we are because we are afraid of what we don't know. The result is that we suffer through a long life with all its "calamities".

Lines 70-83 is a lengthy and rhetorical passage that expands on this fear of the unknown.

> *For who would bear the whips and scorns of time,*
> *The oppressor's wrong, the proud man's contumely,*
> *The pangs of despised love, the law's delay,*
> *The insolence of office and the spurns*
> *That patient merit of the unworthy takes,*
> *When he himself might his quietus make*
> *With a bare bodkin? who would fardels bear,*
> *To grunt and sweat under a weary life,*
> *But that the dread of something after death,*
> *The undiscovered country from whose bourn*
> *No traveler returns, puzzles the will*
> *And makes us rather bear those ills we have*
> *Than fly to others that we know not of?*
> *Thus conscience does make cowards of us all;*

Hamlet talks at length of the trials and disappointments we all experience. *Despised love, law's delay, insolence of office* and so on are all things the audience would relate to. An obvious solution would be suicide using a dagger as he says in lines 75-76 *When he himself might his quietus make/ With a bare bodkin*. However, why don't we choose that solution? Hamlet says it is *the dread of something after death* that prevents us from doing that. It makes *cowards of us all.*

Hamlet concludes on a related thought that is somewhat depressing. Consider lines 84-88.

> *And thus the native hue of resolution*
> *Is sicklied o'er with the pale cast of thought,*
> *And enterprises of great pith and moment*
> *With this regard their currents turn awry,*
> *And lose the name of action.*

Here he seems to be saying that our resolution to do something is handicapped by how extensive our thoughts are about it. If we did not think of the consequences of suicide and death as a solution to our troubles, more of us would probably choose that route to escape the hardships of life. It appears that he is also saying that any idea or proposed activity that one thinks too much about is doomed to never get started. Probably he is referring to the central dilemma in his life right at this moment.

He wants to seek revenge on Claudius for the alleged murder of his father but he can not be sure the ghost was authentic or telling the truth. He needs proof. He wants to believe Claudius is guilty since he despises him but he is too cautious to act without justification.

Hamlet's melancholy musings end at this point. He has considered his unhappy life from a philosophical, global point of view of what others must face as well but now he sees Ophelia and his thoughts are interrupted. What other deep thoughts would Hamlet have considered if Ophelia had not been present at that moment? It seems he was talking himself out of the thought of suicide. However, we will never know just where his further thoughts would have taken him if he had remained alone.

Sample Essay 2

Polonius' advice to Laertes

> **Question** In Act I Scene 3, Polonius gives his son, Laertes, some advice to follow while he is studying in France. Analyse his advice. Write an essay to paraphrase what Polonius tells his son. Use quotes as appropriate.

In lines 55-81 of Act I Scene 3, Polonius says good-bye to his son Laertes who is returning to France to continue his education. Polonius can not resist giving his son some "fatherly" advice. His advice is lengthy and detailed. This essay will analyse and paraphrase ten separate pieces of advice.

The first two pieces of advice are about thoughts. In lines 59-60 he says,

> *Give thy thoughts no tongue,*
> *Nor any unproportioned thought his act.*

What he is saying to Laertes is that you should keep your thoughts to yourself and not act too quickly on what you are thinking. Polonius seems to be hoping that Laertes will not be impulsive and will neither speak nor act without due consideration first.

The next three pieces of advice concern friendships. In lines 61-65 he says,

> *Be thou familiar, but by no means vulgar.*
> *Those friends thou hast, and their adoption tried,*

> *Grapple them to thy soul with hoops of steel;*
> *But do not dull thy palm with entertainment*
> *Of each new-hatch'd, unfledged comrade.*

Here Polonius is suggesting that Laertes be friendly (*familiar*) with people but not overly friendly (*vulgar*). Instead he implies that he should exercise caution in making friends and should "test" the worthiness of any friendship. Those he finds that are worthy; Laertes should hang onto tightly (*with hoops of steel*). However, it is not necessary to shake hands with and try to be friends with everyone you meet. A few good friends are better than many friends who are of doubtful quality.

Polonius also is concerned with conflicts. He appears to believe that conflicts are inevitable in life. His advice to Laertes on that is contained in lines 65-67 when he says,

> *Beware*
> *Of entrance to a quarrel, but being in,*
> *Bear't that the opposed may beware of thee.*

These words mean that it is not wise to start a fight. However, if fighting is necessary; make sure you fight well so that those who might wish to fight with you will think carefully before doing so.

Polonius' seventh piece of advice is somewhat related to the first two pieces of advice. It concerns listening and speaking. In lines 68-69 he says,

> *Give every man thy ear, but few thy voice;*
> *Take each man's censure, but reserve thy judgment.*

Polonius is saying that it is better to listen more than you speak. He also appears to be saying that if someone criticizes you (*censure*) it would be wise not to react immediately to it. It would be wise to think about it carefully before taking any action.

The eighth piece of advice concerns one's appearance. Polonius favors dressing as well as one can afford. However, quality is better than "flashy" clothing. In lines 70-74 he says,

> *Costly thy habit as thy purse can buy,*
> *But not express'd in fancy; rich, not gaudy;*
> *For the apparel oft proclaims the man,*
> *And they in France of the best rank and station*
> *Are of a most select and generous chief in that.*

Polonius believes that others will judge you by what you wear. Thus, if you are well dressed in quality clothing it will make a good impression on people. In the last two lines of the above quote, Polonius obviously appears to approve of the fashion sense of the French people and the clothes they wear.

Polonius' ninth piece of advice concerns lending and borrowing money. He says to avoid both practices. He voices his thoughts about that in lines 75-77 when he says,

> *Neither a borrower nor a lender be;*
> *For loan oft loses both itself and friend,*
> *And borrowing dulls the edge of husbandry*

In the first case, if you loan money to someone such as a friend there is a good chance you will lose the money as well as the friendship. In the second case, if you borrow money, this will not encourage you to be more frugal.

The last piece of advice seems to sum up much of what he has said earlier. The advice is supposed to be how one should behave in anything one does. In lines 78-80 he says,

This above all: to thine own self be true,
And it must follow, as the night the day,
Thou canst not then be false to any man.

Polonius believes this is the most important thing he is saying to Laertes in this lengthy bit of advice. He is telling Laertes to always act according to how he believes concerning "right" and "wrong". In English there is an expression that says, *Let your conscience be your guide*. The meaning is the same as the statement of Polonius.

This advice to Laertes was long and tedious in its detail. Laertes was probably very glad to finally leave. However, all the points mentioned by Polonius are similar to what probably all parents hope their children will accept and practice. All of these points are practical and honorable. Polonius seems to believe that adopting all these ideas into one's behavior is a sensible idea.

Sample Essay 3

Turning Points

Question Scholars of *Hamlet* by William Shakespeare debate over many events in the play that can be considered to be turning points. Write an essay giving details of what you consider significant turning points.

A turning point can be described as an incident in one's life when things changed in a significant way. These situations can be small or large, transient or lasting. It can be as trivial as hearing a casual remark that profoundly changes one's thinking or it can be a major event in one's life like marriage or the death of someone important. Probably everyone can remember such events in their lives. There are certainly several situations in the play *Hamlet* by William Shakespeare, where the individual involved is a much different person after the event. Research will show that scholars of this play debate the significance of many events in the play as being turning points. However, in my view, there are a total of six events, involving three people, which I consider significant. In each case, the person's attitude is changed forever. This essay will consider the following examples with regard to what the situation was before the event and what the new action focus was after the event.

The first event comes early in the play. In Act I Scene 5, Hamlet speaks to a ghost dressed in armour that resembles his dead father, King Hamlet. Before the conversation, Hamlet is portrayed as a melancholy young man who is intensely unhappy about his father's death and critical of his mother's quick marriage to his uncle Claudius, the current King of Denmark. The ghost tells him that in life he was his father, King Hamlet of Denmark, and that he was murdered by Claudius, his brother. In addition the ghost said that Claudius seduced Gertrude, his widow and Hamlet's mother. The lust between Claudius and Gertrude was the reason for their hasty marriage. Hamlet is astounded and in Act I Scene 5 Lines 92-94 he says *O all you host of heaven! O earth! what else?/ And shall I couple hell? O, fie! Hold, hold, my heart*; He pledges revenge. To keep everything a secret until he decides to act, he makes his friends, who have also seen but not spoken to the ghost, swear they will say nothing or comment on his behavior if he appears mad.

Hamlet's relationship and behavior with Ophelia also contains a turning point. In Act I Scene 3 her father, Polonius, forbids her to see Hamlet again because he feels Hamlet may betray her love for him. She says she will obey her father's wishes. In Act II Scene 1, she tells her father of a strange encounter with Hamlet when he unexpectedly visits her, behaves in a peculiar way without speaking and then leaves. However, in Act III Scene 1, there is an abrupt change in Hamlet's treatment of her. When they meet, he is polite and seemingly friendly to her. However, when she returns some gifts to him this seems to have a profound effect on him. For the rest of the scene he is abusive and very insulting. When he says to her in Act III Scene 1 Lines 121-122, *Get thee to a nunnery: why wouldst thou be/ a breeder of sinners?* he is indicating his complete disdain for her and for women in general. Later in Act III Scene 2, while they are watching the play, his comments to her are full of tasteless, sexual innuendoes. He clearly does not seem to care about her feelings any more.

A third turning point for Hamlet comes as he watches the dramatic reaction of Claudius to the play, *The Murder of Gonzago*, Act III Scene 2. Hamlet had been concerned about being able to prove Claudius was guilty of the murder of his father, King Hamlet. In a soliloquy at the end of Act II Scene 2 Lines 601-617, Hamlet reveals that the play will be a test of Claudius' guilt. Note that lines 610-615 show Hamlet was also concerned the ghost might not be what it said it was.

> *I have heard that guilty creatures sitting at a play*
> *Have by the very cunning of the scene*
> *Been struck so to the soul that presently*
> *They have proclaim'd their malefactions;*
> *For murder, though it have no tongue, will speak*
> *With most miraculous organ. I'll have these players*
> *Play something like the murder of my father*
> *Before mine uncle: I'll observe his looks;*
> *I'll tent him to the quick: if he but blench,*
> *I know my course. The spirit that I have seen*
> *May be the devil: and the devil hath power*
> *To assume a pleasing shape; yea, and perhaps*
> *Out of my weakness and my melancholy,*
> *As he is very potent with such spirits,*
> *Abuses me to damn me: I'll have grounds*
> *More relative than this: the play's the thing*
> *Wherein I'll catch the conscience of the king.*

Claudius reacts strongly to the play and leaves the performance very upset. Claudius appears guilty! Hamlet is ecstatic. He also has his proof that the ghost was authentic and telling the truth. In Act III Scene 2 Lines 292-293, he says, *O good Horatio, I'll take the ghost's word for a thousand pound. Didst perceive?* As a result of seeing Claudius react, Hamlet feels full of strength to act decisively. He reveals this in lines 398-400 when he says *now could I drink hot blood,/ And do such bitter business as the day/ Would quake to look on.* However, before he can put any plans into action he is ordered to go to England immediately under the watchful eyes of Rosencrantz and Guildenstern.

During the trip to the ship, Hamlet and his two companions meet the army of Prince Fortinbras of Norway. A captain tells them that the army is headed to Poland to fight over an insignificant plot of territory. Hamlet is vastly impressed that people such as Prince Fortinbras can act so dramatically and forcefully over such a trivial situation, while he is unable to act at all on a situation involving something as important as his honor. He berates his tendency to hesitate. In Act IV Scene 4 lines 65-66, he resolves to change his behavior by saying, *O, from this time forth,/ My thoughts be bloody, or be nothing worth!*

A turning point in Ophelia's life comes with the murder of her father. Although the audience does not witness her reaction to this news, she clearly is mad when she appears in Act IV Scene 5.

Lastly, there is a turning point for Claudius after he sees the play. Before the play is performed, he was concerned with Hamlet's strange behavior. After he witnesses Hamlet's abusive treatment of Ophelia in Act III Scene 1, he concludes that Hamlet is not mad because of unrequited love for Ophelia as Polonius believes. Instead he believes

Hamlet is troubled by something that could be dangerous. Lines 165-172 indicate his scepticism, his concern and what he intends to do about it when he says,

> *Love! his affections do not that way tend;*
> *Nor what he spake, though it lack'd form a little,*
> *Was not like madness. There's something in his soul,*
> *O'er which his melancholy sits on brood;*
> *And I do doubt the hatch and the disclose*
> *Will be some danger: which for to prevent,*
> *I have in quick determination*
> *Thus set it down: he shall with speed to England,*

Note that he does not indicate exactly when he will send Hamlet to England. However, the play is performed that evening and Claudius reacts dramatically by leaving during the murder scene. He realizes that Hamlet has cunningly told him that he knows just how King Hamlet died. Claudius realizes Hamlet's presence is a danger to him. He tells Rosencrantz and Guildenstern to prepare to leave immediately for England in Act III Scene 3 Lines 1-7,

> *I like him not, nor stands it safe with us*
> *To let his madness range. Therefore prepare you;*
> *I your commission will forthwith dispatch,*
> *And he to England shall along with you:*
> *The terms of our estate may not endure*
> *Hazard so dangerous as doth hourly grow*
> *Out of his lunacies.*

It is probable that other turning points for other characters in this play can be identified and justified. The ones discussed above are the most significant in my view. The plot of this play twists and turns as these events happen. The characters make good or bad decisions based on their personalities, their state of mind and how the events affected them. The consequences of these decisions result in the tragedy of Hamlet.

Sample Essay 4

Turning Points - Claudius

Question A turning point in a story is a significant event or situation after which things change. Sometimes there are several turning points for more than one character. Each major character in the play *Hamlet* has at least one. For the character Claudius, identify more than one incident that could be considered a turning point and identify the major one for him. Use quotes to justify your answer.

A turning point can be described as an incident in one's life when things change significantly. These situations can be small or large, transient or lasting. It can be as trivial as hearing a casual remark that profoundly changes one's thinking or it can be a major event in one's life like marriage or the death of someone important. For the character Claudius there are three situations in the play that cause him to seriously evaluate his future actions. These include his hearing Hamlet verbally abuse Ophelia, witnessing the play, and learning of the death of Polonius. After each of these situations, Claudius decides on a new course of action. However, of these three incidents, the witnessing of the play is the crucial turning point for Claudius. To justify this, each of the above will be discussed and evaluated in this essay.

Although all of these events are very significant for Claudius, the least significant of the three is when Polonius and Claudius witness the unpleasant scene where Hamlet is verbally abusive to Ophelia.

Polonius, the father of Ophelia had been convinced that Hamlet's recent strange behavior was caused by feelings of unrequited love for Ophelia. In an attempt to prove that theory to Claudius, both of them secretly overhear a meeting between Ophelia and Hamlet. After Hamlet leaves, Polonius is more convinced than ever of his theory but Claudius is not. In Act III Scene I Lines 165-168, he voices his scepticism by saying,

> *Love! his affections do not that way tend;*
> *Nor what he spake, though it lack'd form a little,*
> *Was not like madness. There's something in his soul,*
> *O'er which his melancholy sits on brood;*

Claudius is convinced that love has nothing to do with Hamlet's behavior. Instead he is suspicious that something more sinister is involved and that some quick action is required. He decides to send Hamlet to England immediately to thwart whatever he may be plotting when he says in Act III Scene 1 Lines 169-170,

> *And I do doubt the hatch and the disclose*
> *Will be some danger: which for to prevent,*
> *I have in quick determination*
> *Thus set it down: he shall with speed to England,*

The next significant event for Claudius comes when Gertrude tells him that Polonius has been killed by Hamlet. Hamlet discovered Polonius hiding behind a curtain and listening to his conversation with Gertrude. Hamlet stabs through the curtain without first determining who was there. Claudius is shocked and realizes that he could have been the victim if he had been hiding instead of Polonius when he says the following in Act IV Scene 1 lines 12-13, *O heavy deed!/ It had been so with us, had we been there:* Again Claudius demonstrates that he can think quickly. In lines 28-30 in the same Act and Scene, he tells Gertrude that Hamlet must be shipped out to England before the sun sets,

O Gertrude, come away!
The sun no sooner shall the mountains touch,
But we will ship him hence.

Although the scene described above is significant, it is not the most important turning point for Claudius. His witnessing of the play earlier in the evening really tells him, he is in danger from Hamlet. The play portrays the murder of King Hamlet exactly the way the ghost described it. Evidently, it was similar enough to the way Claudius murdered King Hamlet that he realizes that Hamlet knows the truth and has probably been plotting revenge. This confirms his suspicions that he voiced in the first turning point described above. His anger results from his guilt and fear in the realization that Hamlet staged the play as a way to tell him he knows how his father really died. This must have been a tremendous shock for Claudius! Claudius realizes he is in immediate danger. Thus he must get rid of Hamlet immediately. Rosencrantz and Guildenstern are summoned and ordered to prepare to go to England soon. He tells them his feelings and concerns for everyone in Act III Scene 3 Lines 1-4,

I like him not, nor stands it safe with us
To let his madness range. Therefore prepare you;
I your commission will forthwith dispatch,
And he to England shall along with you:

Note that he does not specify an exact time for them to leave. He implies as soon as possible when he says *forthwith dispatch* but no exact time is given.

It is easy to see why the last turning point described above is the most significant. In the first mentioned incident, Claudius suspects Hamlet is not mad and may be plotting something sinister. However, he is not sure what. His worst suspicions are confirmed when he realizes Hamlet knows everything and has cleverly made him reveal his guilt by reacting to the play. This is the main turning point for him! Claudius now understands that Hamlet has probably been plotting revenge while pretending to be mad. Claudius knows he is in danger and decides to pursue his plan of sending Hamlet to England very soon. When he learns of the murder of Polonius and that Hamlet killed him without first confirming who he was killing, Claudius has his suspicions confirmed that Hamlet will try soon to kill him. He gives a specific time for Hamlet to be sent away. Clearly this event, although important, only adds to the decision he made to send Hamlet to England. Thus the situation involving the witnessing of the play is the most significant turning point for Claudius.

Sample Essay 1

"사느냐 죽느냐" 분석

Question 제 3막 1장 햄릿의 독백은 영문학 작품에서 가장 유명한 대사라고 볼 수 있다. 이를 분석해보도록 하자.

윌리엄 셰익스피어의 작품 중 가장 유명한 독백 중 하나는 「햄릿」의 3막 1장 56~89줄에 나오는 대사라고 할 수 있겠다(라인 번호는 책마다 다를 수 있다). 이는 400년 전 오래된 고어로 쓰인 대사지만 많은 사람들, 심지어 영문학을 공부하지 않은 사람들까지도 인용하고 알고 있다. 감상적이고 시적인 문장이 이 독백을 인상적인 대사로 만들어준다. 그러나 여기에는 어떠한 내용이 들어 있는 걸까? 이 유명한 독백을 분석해보도록 하겠다.

햄릿의 말들을 세심히 분석해보면, 그의 독백은 몇 가지 내용인 듯 보이지만 그 모두는 서로 연관된 생각이라는 것을 알 수 있다. 56~60줄의 대사를 보도록 하자.

> 사느냐 죽느냐, 그것이 문제로다.
> 어느 것이 더 고귀한가.
> 가혹한 운명의 투석들과 화살들로 고통을 당할 것인가.
> 아니면 괴로움의 바다를 향해 무장을 하고 맞서
> 이 고통을 끝낼 것인가?

그는 어떠한 상태로 존재하는 것이 더 나은지를 묻고 있다. 인생에 찾아온 가혹한 상황들을 참고 견디는 것이 나은지, 어떤 방법이든 그 상황을 물리치는 것이 나은지를 묻는 것이다. 어떤 학자들은 마지막 줄의 의미를 하나의 존재의 상태로서 자살을 의미한다라고 보기도 한다. 하지만, '무장을 하고'라는 표현은 인생에 있어서 힘든 상황에 맞서려는 단호한 태도라고 볼 수 있다. 자살은 하나의 가능성에 불과한 것이다.

둘째, 61~64줄을 보면 외부로부터의 고통에 대해 다른 방법을 생각하고 있는 것처럼 보인다.

> 죽는 것은 잠드는 것 그 이상은 아닌 거다.
> 잠들면 모든 것이 끝난다.
> 마음의 번뇌도 육체의 고통도 모두 말이다.
> 그렇다면 죽고 잠드는 것
> 이것이야말로 삶의 경지가 아니겠는가.

햄릿은 죽는 것과 잠드는 것을 비교하고 있다. 이 둘은 매우 비슷해 보인다. 잠자는 동안 많은 이들에게 닥친 세상의 문제는 멀리 사라져 버리듯이 햄릿은 우리가 죽고 나면 모든 문제들을 끝내버릴 수 있다고 말한다. "이것이야말로 삶의 경지가 아니겠는가."라고 말하는 것은 죽는 것이야말로 선호하는 존재 상태라고 보는 것이다.

하지만 64~69줄을 보면 우리 모두를 걱정스럽게 만드는 죽음에 대한 한 단면에 대해 다시 한 번 생각해본다.

> 죽는 것은 잠드는 것
> 잠이 들면 꿈을 꾼다. 아, 이것이 문제구나.
> 운명의 굴레를 모두 벗어버리고
> 죽음의 잠을 자게 되면 어떠한 꿈을 꾸게 될까?
> 망설일 수밖에 없구나.
> 이 주저함이 비참한 인생을 오래 끌게 만드는구나.

잠을 자면 당연히 꿈을 꾸게 된다. 하지만 잠에서 깨고 나면 꿈도 끝나는 것이다. 꿈은 사실이 아니다. 하지만 우리가 죽게 되면 어떠한 꿈을 꾸는 걸까? 우리가 깨지 않는다면 끝나지 않는 꿈의 결과는 어떻게 되는 것인가? 알 수 없는 것에 대한 두려움 혹은 햄릿의 말대로 '망설이게 만드는 것'은 모든 사람이 느끼는 두려움이다. 따라서 알지 못하는 것에 대한 두려움으로 사람들은 현세에 머무르게 된다고 한다. 그 결과 우리는 고통을 받으면서도 '비참'하게 기나긴 인생을 살고 있는 것이다.

70~83줄에는 미지에 대한 두려운 마음이 길고도 장황하게 묘사되어 나온다.

> 그렇지 않다면 누가 현세의 비난과 조소를 참을 수 있겠는가.
> 폭군의 횡포, 오만한 자의 멸시,
> 버림받은 사랑의 고통, 미뤄지는 재판,
> 관리들의 오만, 덕 있는 이들이 받아야 할
> 비열한 이들의 불손함.
> 그 누가 참을 수 있겠는가?
> 한 자루 칼로 쉽게 끝낼 수 있는데
> 왜 힘겨운 인생 앞에 신음하며 진땀을 빼는 걸까?
> 사후의 불안과
> ......
> 이러한 분별심이 우리 모두를 겁쟁이로 만든다.

Hamlet

햄릿은 우리 모두가 겪고 있는 길고 긴 시련과 실망에 대해 말하고 있다. '버림받은 사랑의 고통', '미뤄지는 재판', '관리들의 오만' 등은 관객들 모두 공감하는 내용들이다. 명백한 해결책은 75~76줄에서 말하듯 '한 자루 칼로 쉽게 끝낼 수 있는데'처럼 단검을 사용해 자신을 죽이면 되는 것이다. 하지만 왜 우리는 그 방법을 선택하지 않는 걸까? 햄릿은 '사후의 불안'이 자살을 막고 있다고 한다. 이러한 생각이 '우리 모두를 겁쟁이'로 만드는 것이다.

햄릿은 이 모든 생각을 우울증이라고 결론 내린다. 84~88줄을 보면,

> 생생한 혈색의 결의는
> 창백한 근심으로 병들어 가고
> 그로 인해 위대한 큰 뜻도
> 방향을 바꾸어
> 실행의 힘을 잃게 만드는구나.

우리가 행하려 결심했던 것들은 그것에 대해 너무 많이 생각하게 되면 불리해진다는 걸 햄릿이 말하고 있는 것으로 보인다. 문제의 돌파구로 내놓은 자살과 죽음이 가져올 마지막 결과를 생각하지 않는다면, 아마 많은 사람들이 힘겨운 삶의 출구로 자살을 선택했을 것이다. 그리고 떠오른 생각과 제의된 행동에 대해 지나치게 생각하다 보면, 시작도 못하게 된다고 말한다. 햄릿은 그 순간 자신이 가진 딜레마를 말하는 것이다.

햄릿은 아버지의 살인자로 생각되는 클라우디우스에게 복수를 하고 싶지만, 자기가 만난 유령이 진짜인지 그리고 유령의 말이 사실인지에 대한 확신이 없었다. 햄릿에게는 증거가 필요했다. 클라우디우스를 경멸하고 있는 만큼 그가 살인자라고 믿고 싶었지만, 그는 너무 조심스럽기에 정당성을 갖기 전까지 행동을 취할 수 없었던 것이다.

햄릿의 깊은 사색은 여기에서 끝이 난다. 햄릿은 자신의 불행한 삶을 다른 사람들 역시 당면한다는 보편적인 철학적 태도로 보려한다. 그러나 햄릿은 오필리아를 보자 머릿속의 생각을 멈춰버린다. 만약 오필리아를 만나지 않았다면 햄릿의 생각은 어디까지 확장되었을까? 자살에 대해 더 깊이 생각해보자고 스스로에게 말했을 것 같다. 하지만 만약 그가 혼자 남았다면 어떠한 생각을 했을지에 대해선 아무도 짐작할 수 없다.

Further Study

Sample Essay 2

래어티스에 대한 폴로니우스의 충고

Question 1막 3장을 보면, 폴로니우스가 아들 래어티스에게 프랑스에서 지내는 동안 따라야 할 지침들을 놓고 훈계를 하고 있다. 폴로니우스가 아들에게 하는 조언을 분석해 적절한 인용 문구를 사용하여 에세이를 작성하도록 하자.

1막 3장 55~81줄을 보면, 폴로니우스는 학업을 계속 하기 위해 프랑스로 돌아가는 아들과 작별 인사를 나눈다. 폴로니우스는 아들에게 주는 '아버지'의 조언을 꺼내기 시작한다. 그의 당부는 매우 길고 자세하다. 이 에세이는 폴로니우스의 10가지 조언들을 분석해서 적어보도록 하겠다.

폴로니우스의 첫 번째 2가지 훈계는 생각을 어떻게 다뤄야 할지에 관한 것이다. 59~60줄을 보도록 하자.

> 생각한 것을 입 밖으로 내지 말 것이며.
> 엉뚱한 생각은 행동으로 옮기지 마라.

폴로니우스의 말은 자신의 생각을 혼자 간직한 채 서둘러 행동으로 옮기지 말라는 뜻이다. 폴로니우스는 래어티스가 충동적이지 않기를 바라고, 먼저 충분히 생각하지도 않고 말과 행동을 하지 않기를 바라고 있다.

다음에 나오는 3가지 훈계는 교우 관계에 관한 것이다. 61~65줄을 보도록 하자.

> 친구는 사귀되, 저속하게 굴지 말 것이며.
> 일단 좋은 친구가 되고 나면
> 마음속에 고리를 걸어 묶어 두어라.
> 이제 막 알을 깨고 나온 햇병아리들과 악수를 하다가는
> 네 손바닥만 두꺼워질 것이다.

폴로니우스는 래어티스에게 친근하게 사람들을 대하지만, 저속하게 나대지는 말라고 한다. 친구를 만들 때 주의를 기울이고 그 우정이 가치 있는지를 시험해보라고 한다. 만약 그들이 중요한 친구라면 그 관계를 단단히 유지하라고 이른다. 하지만 만나는 모든 이들과 악수를 청하고 친구가 될 필요는 없다고 한다. 몇몇 진정한 친구가 허울뿐인 다수의 친구보다는 낫다는 말이다.

폴로니우스는 또한 싸움에 대해 우려하고 있다. 싸움이란 인생에 당연히 수반되어 나오는 일이라고 말한다. 65~67줄을 보도록 하자.

> 싸움을 일으키지 않도록 조심해라.
> 하지만 일단 싸움이 시작되면,
> 상대를 앞으로 너를 조심하도록 만들어라.

싸움을 일으키는 것은 현명한 일이 아니라고 한다. 하지만 싸움이 필요한 경우라면 앞으로는 상대가 래어티스에게 함부로 달려들지 않도록 확실히 만들어 두라고 한다.

폴로니우스의 일곱 번째 훈계는 앞의 두 훈계와 연관된 내용이다. 듣고 말하는 것에 관련된 것이다. 68~69줄을 보도록 하자.

> 누구의 말에나 귀는 기울이되 너의 말은 삼가도록 해라.
> 남의 의견은 들어주되 판단을 내리지는 말란 말이다.

폴로니우스는 말을 하는 것보다 듣는 것이 더 낫다고 말하고 있다. 만약 누군가가 래어티스를 비난한다면 그에 대해 즉각적으로 반발하며 나서는 것은 현명하지 않다고 한다. 의견을 내기 전에 충분히 생각하는 것이 현명한 방법이라는 이야기이다.

여덟 번째 훈계는 외모에 관한 것이다. 폴로니우스는 형편이 된다면 의복에 신경을 쓰라고 한다. 하지만 화려한 옷보다는 고급스러운 옷을 입으라고 한다. 70~74줄을 보도록 하자.

> 지갑이 허락하는 한 옷차림에 돈을 써도 좋다.
> 하지만 화려하고 요란스런 옷보다는 고급스러운 옷을 사도록 해라.
> 옷은 날개라고 하지 않니.
> 프랑스의 상류 계층들은
> 옷에 대한 뛰어난 안목을 가지고 있단다.

폴로니우스는 입고 있는 옷을 통해 그 사람이 평가된다는 것을 알고 있다. 따라서 만약 고급스러운 옷을 입고 있다면 사람들에게 좋은 인상을 줄 것이라고 한다. 위 인용의 마지막 두 줄은 프랑스 사람들이 갖고 있는 패션 감각과 그들이 입는 옷에 대해 확실히 인정하고 있음을 보여준다.

폴로니우스의 아홉 번째 당부는 돈은 빌리거나 빌려주는 것에 관한 것이다. 75~77줄을 보도록 하자.

> 돈은 빌리지도 빌려주지도 말아라.
> 돈을 빌려주면 돈과 사람 모두를 잃는다.

그리고 돈을 빌리게 되면 절약하는 마음이 무디어진다.

예를 들어 친구에게 돈을 빌려주면, 돈을 되돌려 받지 못할뿐 더러 친구마저 잃게 될 수도 있다. 그리고 돈을 빌린다면 절약하며 살려는 마음이 사라진다고 한다.

마지막 훈계는 지금까지의 조언을 총괄해주는 말이다. 어떠한 일을 하건 따라야 할 태도에 대해 말하고 있다. 78~80줄을 보도록 하자.

무엇보다도, 너 자신에게 충실하도록 하여라.
그렇다면 밤이 낮을 따라 나오듯
넌 다른 이에게도 충실한 사람이 될 수 있을 거다.

폴로니우스는 마지막 훈계가 래어티스에게 해주는 긴 충고들 중에서 가장 중요한 항목이라고 보고 있다. 래어티스에게 항상 자신이 믿고 있는 '옳고, 그름'에 따라 행동하라고 말하고 있다. 영어 속담에는 "양심에 따라 행동하라."라는 말이 있다. 폴로니우스가 하려던 말이 바로 이것일 것이다.

폴로니우스는 래어티스에게 매우 자세하고도 긴 훈계를 해주고 있다. 래어티스는 마침내 떠날 수 있게 되어 기뻤을 것이다. 하지만 폴로니우스가 말하고 있는 바는 모든 부모들이 똑같이 자식들이 받아들이고 행했으면 하는 이야기일 것이다. 모든 항목은 실제적이고 훌륭한 이야기들이다. 폴로니우스는 사람들이 이 훈계를 받아들이는 것이 현명한 생각이라 믿고 있다.

Hamlet

Further Study

:Sample Essay 3

터닝 포인트

Question 윌리엄 셰익스피어의 「햄릿」 안에 들어 있는 터닝 포인트에 대해 학자들은 많은 의견을 보이고 있다. 여러분이 중요하다고 생각하는 터닝 포인트에 대해 자세히 논하는 에세이를 작성하시오.

터닝 포인트란 어느 인생의 시점에 나타난 사건이 중요하게 작용하여 인생을 바꾸는 일을 뜻한다. 그 상황들은 작은 일일 수도 혹은 큰 일일 수도 있고, 일시적인 일이거나 영구적인 일이 될 수도 있다. 우연히 누군가가 하는 사소한 말을 듣고 사고의 완전한 전환이 일어날 수도 있으며, 가까운 이의 결혼이나 중요한 사람의 죽음과 같은 인생에서의 중요한 사건을 통해 바뀔 수도 있는 것이다. 아마 모든 사람들은 각자의 인생에서 그런 사건들을 기억할 것이다. 윌리엄 셰익스피어의 「햄릿」에는 몇 가지 상황들이 확실한 터닝 포인트가 되어주는데, 그 사건들은 등장인물들에게 각기 다른 영향을 미치게 된다. 많은 학자들이 「햄릿」의 터닝 포인트가 될 중요한 사건들을 놓고 논쟁하는 것을 보여주는 연구들이 있다. 그중 세 명의 인물이 연관되어 있는 여섯 개의 사건이 중요하다고 본다. 각 사건 이후 그 인물이 보이는 태도는 완전히 바뀐다. 이 글을 통해 터닝 포인트 이전의 상황과 사건 이후 어떻게 변화되었는지를 중점으로 다뤄보고자 한다.

첫 번째 사건은 극의 초반부에 나타난다. 1막 5장, 햄릿은 돌아가신 햄릿 왕 즉, 자신의 아버지를 닮은 갑옷을 입고 있는 유령을 만나 이야기를 나누게 된다. 이 대화 전에 햄릿은 아버지의 죽음으로 아주 불행하고 숙부인 클라우디우스 왕(덴마크의 현왕)과 서둘러 혼인을 올린 어머니 일로 비판적인 우울한 젊은이로 그려진다. 유령은 살아 생전 햄릿의 아버지인 덴마크의 햄릿 왕이었으며 아우인 클라우디우스 손에 독살되어 죽은 것이라고 말한다. 그리고 클라우디우스가 자신의 아내이자 햄릿의 어머니인 거트루드를 유혹한 것이라는 걸 알려준다. 클라우디우스와 거트루드 사이의 욕정이 둘의 혼인을 서두르게 한 것이라고 한다. 햄릿은 깜짝 놀라, "오 천군이여! 오 대지여! 또 무엇이 있을까? 지옥이라도 불러내야 하나? 오, 이런! 흥분하지 말자꾸나."(1막 5장, 92~42줄)라는 말을 하며 복수를 맹세한다. 자신의 행동을 결정하기 전까지 이 모든 사실을 비밀에 붙이기로 하고, 유령을 봤지만 이야기를 나누지는 않은 그의 친구들에게도 유령에 대해 함구할 것과 그가 미친 듯 행동해도 그 행동에 아무런 말을 하지 않을 것이라 맹세하라고 한다.

햄릿과 오필리아와의 관계, 그리고 오필리아에 대한 햄릿의 태도 역시 터닝 포인트를 갖는다. 1

막 3장에서 오필리아의 아버지인 폴로니우스는 햄릿은 오필리아의 사랑을 배신할 수 있으므로 앞으로 햄릿을 만나지 말라고 한다. 오필리아는 아버지의 바람을 따르겠다고 답한다. 2막 1장에는 오필리아가 아버지를 찾아가 햄릿이 갑자기 자신에게 와서는 아무 말도 하지 않고 이상한 행동을 보이고는 떠났다고 말한다. 하지만 3막 1장으로 가면 오필리아를 대하는 햄릿의 태도가 완전히 달라짐을 알 수 있다. 처음 그들이 만났을 때는 공손하고 친근한 태도로 오필리아를 대한다. 하지만 오필리아가 햄릿에게 선물을 돌려주자 이것은 그에게 깊은 영향을 미친 것 같아 보인다. 그 이후 햄릿은 그녀에게 함부로 대하고 무례한 태도를 보인다. 3막 1장 121~122줄을 보면, 햄릿은 오필리아에게 "수녀원으로 가시오. 무엇 때문에 죄인들의 번식가가 되려고 하는가?"라는 말을 한다. 이는 오필리아를 비롯한 여성 전체를 경멸하는 햄릿의 관점을 보여주는 것이다. 3막 2장에서 함께 연극을 보면서 햄릿이 오필리아에게 건네는 말들은 모두 무미건조한 성적인 말들이다. 햄릿은 더 이상 오필리아의 감정을 염려하고 있지 않다.

햄릿에게 일어나는 세 번째 터닝 포인트는 3막 2장에서 연극을 보던 클라우디우스의 극적인 반응을 보고 난 후에 나온다. 햄릿은 클라우디우스가 자신의 아버지인 햄릿 왕을 죽인 살해범이라는 것을 밝혀낼 수 있을지 걱정하고 있었다. 2막 2장 601~617줄을 보면, 햄릿은 독백을 통해 연극이 클라우디우스의 죄를 드러나게 해줄 것이라고 밝힌다. 610~615줄을 보면 햄릿은 유령의 말을 믿어야 하는 것인지에 대해서도 고민하고 있었다.

> 죄지은 놈들이 연극을 보다가
> 교묘한 장면이 나오면
> 감동을 받아 그 자리에서
> 자기의 죄를 떠들어댄다고 들었다.
> 살인죄는 신기한 놈이라 입이 없어도
> 말을 한다지 않는가.
> 그 배우들을 시켜 숙부 앞에서 아버지를 죽인 장면과
> 비슷한 장면을 만들어보게 해야겠다.
> 숙부의 표정을 살펴 급소를 찔러야지.
> 공포에 질린 얼굴을 보인다면 처치해줄 것이다.
> 하지만 내가 본 유령이 사탄이라면 어떡하나.
> 사탄은 어떤 모습으로든 나타날 수 있으니까.
> 그래, 어쩌면 내가 약해져 있고 우울해져 있으니
> 그 틈을 타서 나를 망치러 온 사탄일지도 모른다.
> 좀 더 확실한 논거를 마련할 것이다.

연극으로 왕의 본심을 잡아낼 것이다.
이보다 더 나은 방안은 없다. 연극이다!

클라우디우스는 연극을 보던 중 강하게 반응해 매우 화를 내며 공연장을 나가버린다. 죄의식을 내보인 것이다! 햄릿은 이로 인해 흥분하게 된다. 그리고 유령이 진짜라는 것과 그의 말이 사실이라는 증거를 잡은 것이다. 3막 2장, 292~293줄을 보면 햄릿은 "오 호레이쇼, 난 이제 유령의 말을 1000파운드를 주더라도 사겠어. 자네도 보았지?"라는 말을 한다. 클라우디우스의 반응을 보고 난 뒤, 햄릿의 마음은 단호한 행동을 내리겠다고 결심한다. 398~400줄에 나오는 "이제 나는 뜨거운 피라도 마실 수 있을 거 같아, 차마 낮에는 할 수 없는, 보기만 해도 덜덜 떨릴 일들을 해낼 수 있겠어."라는 말에서 알 수 있다. 하지만 계획을 행동으로 옮기기 전에 그는 로젠크란츠와 길덴스턴의 감시 하에 함께 영국으로 보내지게 된다.

영국으로 가는 배에 오르기 전에 햄릿과 두 친구는 노르웨이의 포틴브라스 왕자가 이끄는 군대를 만나게 된다. 별 쓸모도 없는 땅을 빼앗기 위해 폴란드로 향하고 있는 중이라는 노르웨이 장군의 이야기를 듣게 된다. 이때 햄릿은 자신의 명예만큼이나 중요한 것이 관련된 상황에서도 전혀 행동할 수 없는데, 반면 포틴브라스 왕자와 같은 사람들은 사소한 일에도 극적이고 강력하게 행동할 수 있다는 것에 굉장히 큰 인상을 받는다. 행동을 취하는 이들을 보게 될 것이다. 그리고 주저하고 있는 자신의 모습을 크게 꾸짖는다. 4막 4장 65~66줄에는 "아, 이제부터 내 마음은 잔인해지리라. 그 외에는 아무런 가치도 없는 것이다!"라는 말을 하며 태도를 바꿀 것이라고 다짐하고 있다.

오필리아의 인생에 있어 터닝 포인트는 아버지의 죽음과 함께 온다. 아버지의 사망 소식을 들었을 때 그녀가 어떠한 반응을 보였는지는 알 수 없으나, 4막 5장에 나타난 그녀는 실성한 모습으로 등장한다.

마지막으로 클라우디우스에게 해당되는 터닝 포인트는 연극을 관람한 후라고 볼 수 있다. 연극이 상연되기 전에는 클라우디우스는 햄릿의 이상한 행동에 대해 염려하고 있었다. 3막 1장에서 햄릿이 오필리아에게 함부로 대하는 행동을 보고 난 뒤, 클라우디우스는 폴로니우스가 주장하는 것처럼 오필리아에 대한 짝사랑으로 햄릿이 실성한 것이라고 믿지 않는다. 대신 햄릿이 무언가 위험한 일로 고민하고 있다고 생각한다. 165~172줄을 보면 클라우디우스의 회의, 염려, 그리고 그가 이 상황에 대해 하려는 것을 보여준다.

사랑! 사랑 때문에 미친 게 아니오.
그 애가 한 말을 보면 다소 조리는 없으나
미친 사람의 소리는 아닌 것 같소. 뭔가 머릿속에 들어 있는 것 같은데.

그것을 드러내지 않고 있기 때문에 우울해진 거요.
껍질을 깨고 그것이 드러난다면
위험한 일이 될 거요.
그걸 막기 위해 서둘러 결정을 내려야겠군.
이렇게 해야겠소. 그 애를 서둘러 영국으로 보낼 것이오.

클라우디우스는 정확히 언제 햄릿을 영국으로 보낼지는 말하고 있지 않다. 하지만 그날 밤 연극이 상연되고 왕이 살해 되는 장면이 나오자 클라우디우스는 황급히 자리를 떠나버린다. 클라우디우스는 햄릿이 햄릿 왕이 어떻게 죽었는지를 알고 있다고 자기에게 교묘히 밝히는 것이라고 생각한다. 그리고 햄릿을 자기에게 위협이 되는 존재로 생각하여, 로젠크란츠와 길덴스턴에게 즉시 영국으로 떠날 준비를 하라고 이른다(3막 3장, 1~7줄).

마음에 안 드는 녀석이다.
미치광이를 내버려두는 것은 모두에게 위험한 일.
그러니 준비하라. 급히 임명장을 만들어
그를 자네들과 함께 영국으로 보내겠다.
그 광기에서 끊임없이 솟아나는
위험을 두고 어찌 나라가
편안할 수 있겠는가?

다른 등장인물들에게 해당되는 터닝 포인트들도 작품 속에서 찾아내서 충분한 근거를 보일 수 있을 것이다. 위에서 다룬 사건들은 내 생각에 가장 중요하다고 평가 내린 것들이다. 위 사건들이 발생함으로써 작품의 구성이 꼬이고 변화되기 시작한다. 각각의 인물들은 각자의 성격과 마음 상태, 그리고 그 사건들이 자신들에게 어떻게 영향을 미쳤는지에 따라 적절한 혹은 적절치 않은 결정들을 내리고 있다. 그들의 결정이 만들어낸 결과가 「햄릿」을 비극으로 만들고 있는 것이다.

Further Study

Sample Essay 4

터닝 포인트 – 클라우디우스

Question 터닝 포인트란 극의 흐름을 바꾸어 놓는 중요한 사건이나 상황을 말한다. 보통 극 중에서 한 인물 이상이 터닝 포인트를 갖게 된다. 윌리엄 셰익스피어의 「햄릿」에 등장하는 주요 인물은 각자 한 번 이상의 터닝 포인트를 갖는다. 클라우디우스에게 영향을 주는 터닝 포인트 사건을 하나 이상 고르고, 그 중 그에게 가장 큰 영향을 주는 것을 찾아보도록 하자.(여러분의 글을 뒷받침할만한 인용구를 넣어주기 바람)

터닝 포인트란 어떤 이의 인생이 완전히 바뀌게 되는 어떤 사건을 뜻한다. 이는 작은 사건일 수도 혹은 큰 사건일 수도, 일시적인 상황일 수도 영구적인 상황일 수도 있다. 즉, 누군가의 이야기를 듣다 사고의 전환이 일어나는 작은 사건일 수도 있고, 중요한 사람의 결혼이나 죽음과 같은 인생의 큰 사건일 수도 있다. 클라우디우스에게 있어서는 극 중 세가지 상황이 그의 행동을 진지하게 평가하게 해준다. 햄릿이 오필오필리아에게 언어적인 폭력을 가하는 것을 듣게 된 것, 연극 관람, 그리고 폴로니우스의 죽음을 알게 된 것이 그 상황이다. 각각의 상황 뒤에 클라우디우스는 새로운 행동을 결정하게 된다. 하지만 그 중 연극 관람이 그를 변화시키는 가장 큰 터닝 포인트라 할 수 있다. 이를 증명하기 위해, 중요한 세 가지 사건을 함께 다루면서 논의해 보고자 한다.

물론 세 사건 모두 클라우디우스에게는 중요한 일이지만, 그 중 가장 적은 영향을 준 사건은 폴로니우스와 함께 햄릿이 오필리아에게 폭언을 가하는 무례한 장면을 지켜본 일이라고 할 수 있다. 오필리아의 아버지, 폴로니우스는 최근 햄릿이 이상해진 것은 오필리아에 대한 짝사랑의 감정 때문이라고 주장했다. 왕에게 이를 증명하기 위해 둘은 함께 숨어 오필리아와 햄릿의 대화를 엿듣는다. 햄릿이 떠나고 난 뒤, 폴로니우스는 예전보다 더 강력히 자신의 의견이 맞는다고 하지만, 클라우디우스는 이에 동의하지 않는다. 3막 1장 165~168줄에는 클라우디우스의 의심스러워하는 마음이 나타나 있다.

> 사랑! 사랑 때문에 미친 게 아니오.
> 그 애가 한 말을 보면 다소 조리는 없으나
> 미친 사람의 소리는 아닌 것 같소. 뭔가 머릿속에 들어 있는 것 같은데,
> 그것을 드러내지 않고 있기 때문에 우울해진 거요.

클라우디우스는 사랑 때문에 햄릿이 이상하게 변한 것이 아니라고 말한다. 대신 뭔가 불길한

기운이 돈다고 하면서 이에 대처할 빠른 결정을 내려야겠다고 한다. 햄릿을 즉시 영국으로 보내어 햄릿이 계획한 일이 성사되지 못하게 하겠다고 한다. 3막 1장 169~170줄을 보도록 하자.

> 껍질을 깨고 그것이 드러난다면
> 위험한 일이 될 거요.
> 그걸 막기 위해 서둘러 결정을 내려야겠군.
> 이렇게 해야겠소. 그 애를 서둘러 영국으로 보낼 것이오.

클라우디우스에게 있어 다음으로 중요한 사건은 햄릿이 폴로니우스를 죽였다는 거트루드의 말이다. 커튼 뒤에 숨어 햄릿과 거트루드와의 대화를 엿듣던 폴로니우스를 발견하자, 햄릿은 커튼 뒤에 숨은 이가 누구인지도 확인하지 않고 커튼으로 칼을 찔러 넣는다. 클라우디우스는 매우 놀라며, 만약 폴로니우스 대신 자기가 숨어 있었다면 자기가 대신 죽었을 것이라고 생각한다. 그의 생각은 4막 1장 12~13줄에 나오고 있다. "어떻게 그런 일이!/ 우리가 그곳에 있었다면 당할 뻔했군." 다시 한 번 클라우디우스는 빨리 판단을 내려야겠다고 생각한다. 28~30줄을 보면, 클라우디우스는 거트루드에게 해가 지기 전에 햄릿을 배에 태워 영국으로 바로 보내야겠다고 말한다.

> 오, 거트루드, 들어갑시다!
> 태양이 저 산들을 건드리기 전에
> 햄릿을 배에 태워야겠소.

앞서 말한 장면들이 중요한 사건들이라고 볼 수는 있으나, 클라우디우스에게 있어 가장 중요한 사건이라고는 할 수 없다. 초저녁 연극을 보고 난 뒤 클라우디우스는 햄릿으로 인해 자신이 위험해진다고 말한다. 연극은 유령이 말해준 대로 햄릿 왕의 독살 장면을 재현하고 있었다. 당연히, 클라우디우스가 햄릿 왕을 죽인 방법 그대로 왕이 죽고 있었다. 클라우디우스는 햄릿이 부왕의 죽음에 대한 진실을 알고 있으며 복수를 계획한다는 것을 눈치 채게 된다. 이 사건은 앞서 말한 첫 번째 터닝 포인트에서의 클라우디우스의 의심을 확실하게 해준다. 화를 내는 클라우디우스의 모습은 죄의식을 드러낸 것이다. 그리고 아버지의 죽음에 대해 알고 있다는 것을 연극을 통해 자기에게 보여주고 있다고 생각하여 두려워하게 된 것이다. 이것은 클라우디우스에게는 엄청난 충격인 일이다! 클라우디우스는 자신이 위험하다는 것을 느꼈을 것이다. 따라서 그 위험 요소를 재빨리 제거해야만 했다. 로젠크란츠와 길덴스턴을 불러 당장 영국으로 떠날 준비를 하라고 이른다. 3막 3장 1~4줄을 보면 자신의 감정과 모든 이를 염려하는 마음에 대해 말하고 있다.

> 마음에 안 드는 녀석이다.

미치광이를 내버려두는 것은 모두에게 위험한 일.
그러니 준비하라. 급히 임명장을 만들어
그를 자네들과 함께 영국으로 보내겠다.

클라우디우스는 언제 그들을 영국으로 보낼 지에 대해서는 정확히 말하지 않는다. '급히 위임장을 만들어'라는 말을 통해 가능한 빨리 보내겠다고 하지만, 정확히 그 시간이 언제인지는 말하지 않는다.

왜 마지막 사건이 가장 중요한 터닝 포인트가 되는지를 말하는 것은 어렵지 않을 것이다. 첫 번째 언급된 상황을 보면, 클라우디우스는 햄릿의 광기에 대해 의심하고 있다. 대신 무언가 불길한 일을 햄릿이 벌일 것 같다는 말을 한다. 하지만 그는 그 일이 무엇인지는 정확히 모르고 있다. 그가 설마 하던 일은 햄릿이 모든 것을 알고 있다는 사실로 연극을 보는 자신의 반응을 교묘히 살펴 죄를 찾겠다는 햄릿의 계획을 알게 되었을 때 확인된다. 이것이야 말로 가장 큰 터닝 포인트라고 할 수 있다! 클라우디우스는 햄릿이 실성한 척하며 복수를 계획하고 있다는 것을 알게 된 것이다. 클라우디우스는 위험을 느끼고, 햄릿을 영국으로 당장 보내려 한다. 폴로니우스가 죽었다는 이야기를 들었을 때 그리고 누군지 확인도 하지 않은 채 칼을 꽂았다는 이야기를 듣게 되었을 때 햄릿이 자기를 죽이려 한다는 것을 확신하게 될 것이다. 그리하여 서둘러 햄릿을 멀리 보낼 시간을 정하게 한 것이다. 이 사건이 중요하기는 하지만, 이는 햄릿을 영국으로 보내버리려는 생각을 굳혀준 사건일 뿐이다. 따라서 연극 관람 사건이야말로 클라우디우스에게 있어 가장 중요한 터닝 포인트라고 결론 내릴 수 있다.

Test Answers

Appendix

Test Answers

Test For Act I

A. Match the following people or events in Column A with answers from Column B.

Column A

① Polonius
② Horatio
③ Claudius
④ Laertes
⑤ Gertrude
⑥ Ghost

⑦ Ophelia

Column B

__④__ Is Ophelia's brother
__①__ Laertes' father
__②__ Saw a ghost
__③__ Is Hamlet's step-father
__⑦__ Is Polonius' daughter
__⑤__ Tells Hamlet to stop wearing black clothes
__⑥__ Hamlet's father

요점 인물과 사건을 연결하는 문제

B. Place the following events in the proper chronological order.

__③__ Horatio tells Hamlet about the ghost who resembled King Hamlet.
__④__ Laertes warns Ophelia of wasting her affections.
__⑧__ Hamlet swears the soldiers to secrecy.
__②__ Hamlet agrees to stay in court.
__⑤__ Polonius gives Laertes advice about finances.
__①__ The ghost appears to the soldiers.
__⑥__ Polonius forbids Ophelia to spend time with Hamlet.
__⑦__ Hamlet talks to the ghost of his father.

요점 시간적 순서에 맞게 사건을 나열하는 문제

C. Identify the following quotes. (Note: Answer these questions in COMPLETE sentences. For some of these questions your answer may require more than one sentence. You will lose marks for incomplete answers!)

1. 'Tis sweet and commendable in your nature, Hamlet,
   To give these mourning duties to your father

Hamlet

Who said this?
King Claudius says this to Hamlet.

Describe the circumstances.
These words are part of a conversation between Hamlet, King Claudius and Queen Gertrude. The king and queen are trying to convince Hamlet to stay in Denmark and stop grieving for his dead father, the late King Hamlet of Denmark.

1. 아버지의 죽음을 애도하는 책임을 다하고 있는
네 성품이 곱고도 훌륭하디! 햄릿.

누가 한 말인가?
클라우디우스 왕이 햄릿에게

상황을 묘사하시오.
햄릿, 클라우디우스 왕, 거트루드 왕비 간의 대화이다. 왕과 왕비는 햄릿에게 덴마크에 머물라고 설득하며 죽은 아버지 즉, 고인이 된 덴마크의 햄릿 왕을 애도하는 것을 이제는 그만두라고 말하고 있다.

2. O, that this too too solid flesh would melt
Thaw and resolve itself into a dew!
Or that the Everlasting had not fix'd
His canon' gainst self-slaughter!

Who said this?
Hamlet says these words in a soliloquy.

What has just happened?
Hamlet has finally (and reluctantly) been persuaded by the king and queen to stay in Denmark. However, he is unhappy with his decision. He is grieving for his dead father and he detests his mother's quick marriage to his uncle. He wishes he could "melt away" or commit suicide but he realizes the church is against that.

2. 아, 이 더러운 살덩어리가 녹아서
 이슬이 되었으면!
 아니면, 신이 자살을 금한다는
 계명을 만들지만 않았어도!

> 누가 한 말인가?
> 햄릿의 독백

> 어떠한 일이 있었나?
> 햄릿은 덴마크에 머물라는 왕과 왕비의 말에 결국은 설득 당한다(마지못해). 그러나 햄릿은 자신의 결정에 불행해하고 있다. 아버지의 죽음을 애통해하며 어머니가 숙부와 바로 결혼한 것을 증오한다. 그는 자신이 '녹아 없어지거나' 자살 기도를 하고 싶지만 종교가 이를 금하고 있다는 것을 깨닫는다.

3. But, good my brother,
 Do not, as some ungracious pastors do,
 Show me the steep and thorny way to heaven
 Whiles, like a puffed and reckless libertine,
 Himself the primrose path of dalliance treads

> Who is speaking and to whom?
> Ophelia is speaking to her brother, Laertes.

> What is the meaning of these words (and why were they spoken)?
> Laertes has just finished giving Ophelia a lot of advice about how to live morally. Ophelia agrees to accept this advice and she hopes he will accept his own advice by living a moral life after he returns to France to continue his studies.

3. 나의 훌륭한 오라버니.
 불경한 성직자들이 그렇듯.
 저에게는 하늘로 향하는 험준한 가시밭길을 알려주고
 반면, 오라버니 스스로는 환락의 길로 시간을 허비하며 걸으며 오만하고 부주의한 방탕한 사람이 되지 마세요.

> 누가 누구에게 말하고 있는가?
> 오필리아가 자기 오빠인 래어티스에게

> 이 말의 의미는 무엇인가 (그리고 왜 이러한 말을 했는가)?
> 래어티스는 오필리아에게 도덕적으로 사는 방법에 대해 많은 조언을 하는 것을 막 마쳤다. 오필리아는 그 조언을 받아들이기로 하고 래어티스가 공부를 계속하기 위해 프랑스로 돌아가면 스스로의 조언대로 도덕적인 삶을 살기를 바라고 있다.

4. *Neither a borrower nor a lender be,*
   For loan oft loses both itself and friend,

> Who said this and to whom was this spoken?
> These words are spoken by Polonius to his son, Laertes.

> Why were these words spoken?
> These words are part of a lengthy list of advice. Polonius is advising Laertes never to borrow or loan money. He says that if one loans money (to a friend), frequently both the friend and the money are lost.

4. 돈은 빌리지도 빌려주지도 말아라.
   돈을 빌려주면 돈과 사람 모두를 잃는다.

> 누가 누구에게 한 말인가?
> 폴로니우스가 아들 래어티스에게

> 왜 이 말을 했나?
> 이 말은 장황한 조언 목록 중의 일부이다. 폴로니우스는 래어티스에게 절대로 돈을 빌리거나 빌려주지 말라는 당부를 한다. 만약 사람이(친구에게) 돈을 빌려주면, 친구와 돈 두 가지 모두를 잃는 경우가 대부분이라고 말한다.

5. *Something is rotten in the state of Denmark.*

> Who said this?
> Marcellus said these words.

What were the circumstances?

Marcellus and Horatio are trying to understand why the ghost has appeared and beckoned Hamlet to follow. Marcellus is speculating that something bad is happening in Denmark.

5. 무엇인가가 덴마크 내에서 썩고 있다.

누가 한 말인가?

마셀러스

상황은 어떠했는가?

마셀러스와 호레이쇼는 왜 유령이 나타나 햄릿에게 따라오라는 지시를 했는지를 알아내려고 한다. 마셀러스는 무엇인가 좋지 않은 일이 덴마크에서 일어나고 있음을 감지하고 있다.

D. Write a short paragraph (3 or more sentences as needed) **to answer the following:**

1. What does Polonius tell Ophelia?

   He warns Ophelia that Hamlet's promises of love are worthless. He says that men will say anything when they are filled with passion. He advises her to ignore Hamlet's offers of love in case she brings dishonour and shame on them all, especially him.

1. 폴로니우스가 오필리아에게 한 이야기는 무엇인가?

   오필리아에게 햄릿이 한 사랑의 약속은 가치가 없는 것이라고 경고한다. 남자는 열정으로 가득 차 있을 때는 어떠한 말이라도 할 수 있다고 이야기한다. 폴로니우스는 오필리아에게 그녀가 가족들, 그리고 특히 그에게 불명예와 수치심을 가져올 경우를 걱정하며 햄릿이 말한 사랑의 고백을 거절하라고 충고한다.

2. Summarize what the ghost of Hamlet's father told him.

   The ghost tells Hamlet that he is the spirit of his dead father. He says that one afternoon as he slept in his garden his brother murdered him by pouring poison into his ear. He also says that Claudius seduced his wife, Gertrude. He urges Hamlet to seek vengeance against King Claudius but to do nothing against

Gertrude. He says that God will make her atone for her sins.

2. 햄릿의 아버지 유령이 햄릿에게 이야기한 내용을 요약하시오.

유령은 자신이 햄릿의 죽은 아버지 영혼이라고 말한다. 어느 오후, 정원에서 잠들어 있을 때 동생이 자신의 귀에 독약을 부어 살해했다고 이야기한다. 또 클라우디우스는 그의 아내 거트루드를 유혹했다고 말한다. 유령은 햄릿에게 클라우디우스 왕에 대한 복수를 촉구하면서 거트루드에게는 아무런 일도 하지 말 것을 이야기한다. 유령은 하나님께서 거트루드의 죄를 속죄하실 것이라고 말한다.

3. Polonius gives about 10 pieces of advice to Laertes. Itemize five (or more).

The following are pieces of advice given by Polonius to his son, Laertes:

1. Don't say what you are thinking right away.
2. Don't act too quickly on what you are thinking.
3. Be friendly but do not overdo it.
4. Test friends and hold onto the trustworthy friends.
5. Don't waste time shaking hands with everyone you meet.
   (it is not necessary to meet everyone).
6. Don't start fights but when in one, fight well.
7. Listen more than you talk. (Hear all opinions but reserve your own judgement.)
8. Spend on quality clothes (not flashy, cheap stuff). (Clothing makes the man.)
9. Don't borrow or lend money.
   If you lend, you lose a friend and probably the money too.
   Borrowing makes a person become less inclined to be frugal.
10. Be true to yourself.

3. 폴로니우스는 래어티스에게 대략 10가지 정도의 충고를 한다. 5가지(혹은 그 이상)를 적어보시오.

1. 지금 생각하고 있는 것을 즉시 이야기하지 마라.
2. 생각하는 바를 너무 빨리 행동으로 옮기지 마라.
3. 친근하게 행동하되 지나치게 대하지는 말아라.
4. 우정을 시험해보고, 신뢰할 수 있는 우정을 붙잡아라.
5. 만나는 모든 사람들과 악수를 하며 시간을 낭비하지 말라. (모든 사람들을 다 만날 필요는 없다.)
6. 싸움을 하지 말며. 만약 싸우게 된다면 잘 싸우도록 해라.

Hamlet

7. 말하기보다는 상대의 이야기를 들어라. (모든 의견을 듣되, 너의 판단은 아껴둬라.)

8. 좋은 의상에 돈을 써라. (번지르르하거나 싸구려는 입지 마라 – 옷이 날개다.)

9. 돈을 빌리거나 빌려주지 마라.

   돈을 빌리게 되면, 친구도 돈도 모두 잃을 것이다.

   돈을 빌리는 것은 사람을 검소함에서 멀어지게 만든다.

10. 스스로에게 정직하도록 해라.

4. Describe the superstitious belief concerning roosters crowing.

It was believed that when a rooster crows it summons the god of the day. Ghosts must hide during the day so they immediately disappear when they hear the rooster. Sometimes roosters crow all night on Christmas Eve. This protects everyone from evil (witches, ghosts, bad planet alignments, etc) and thus makes this night very holy.

4. 수탉이 우는 것에 대한 미신적 믿음을 설명하시오.

수탉이 울면, 수탉이 낮의 신을 불러오는 것이라고 믿었다. 유령은 낮 시간 동안에는 숨어 있어야 하기 때문에 수탉이 우는 소리를 듣자마자 숨어야만 한다. 때때로 크리스마스이브에는 수탉들이 밤새도록 울기도 한다. 이것은 모든 사람들을 악의 존재(마녀, 유령, 행성들의 잘못된 정렬, 기타 등등)로부터 보호해서 그 밤을 매우 성스럽게 만든다.

5. What does the ghost say Hamlet should do about Queen Gertrude?

The ghost tells Hamlet not to seek any sort of revenge against Queen Gertrude. Instead he should leave her alone. The ghost tells Hamlet that God will make her pay for her sins.

5. 유령은 햄릿이 거트루드 왕비에게 어떻게 행동해야 한다고 이야기했는가?

유령은 햄릿이 거트루드 왕비에게 어떤 형태의 복수도 생각해서는 안 된다고 이야기한다. 대신 왕비를 내버려두라고 이야기한다. 신이 그녀의 죄를 심판하실 것이라고 한다.

Test Answers

★Test For Act II

A. Match the following people or events in Column A with answers from Column B.

Column A	Column B
① Polonius	② is hired to spy on Hamlet
② Rosencrantz	① believes that Hamlet is mad
③ Claudius	⑤ talks like a fool
④ Laertes	③ hires two spies
⑤ Hamlet	⑥ is frightened by Hamlet
⑥ Ophelia	④ is living in Paris

요점 인물과 사건을 연결하는 문제

B. Place the following events in the proper chronological order.

⑤ Polonius explains to the king and queen how he knows why Hamlet is crazy.

③ Claudius and Gertrude hire Hamlet's two childhood friends to spy on him.

⑨ Hamlet asks the lead actor to add extra lines into the play.

⑥ Hamlet makes Rosencrantz and Guildenstern admit they are spying on him.

② Ophelia reports to her father a strange encounter with Hamlet.

⑧ Hamlet asks the lead actor if they can perform *The Murder of Gonzago*.

④ Two messengers report to the king that Denmark is no longer threatened by Prince Fortinbras.

① Polonius gives instructions to his servant to spy on his son.

⑦ Hamlet greets a group of players who have come to perform at the castle.

⑩ Hamlet reveals in a soliloquy how he hopes the play will uncover the king's guilt.

요점 시간적 순서에 맞게 사건을 나열하는 문제

C. Identify the following quotes. (Note: Answer these questions in COMPLETE sentences. For some of these questions your answer may require more than one sentence. You will lose marks for incomplete answers!)

1. *You shall do marvellous wisely, good Reynaldo,*
   Before you visit him, to make inquire
   Of his behavior.

   Who said this?
   Polonius said these words.

   Describe the circumstances.
   Polonius is giving his servant, Reynaldo, some instructions for his trip to Paris to visit Laertes. Polonius is curious about what Laertes is doing in his spare time and wants Reynaldo to spy on Laertes and report back.

1. 훌륭한 레이날도, 현명하게 일을 해내야 해!
   그를 만나기 전에 그의 행실을
   알아보기 위해서는 말이야.

   누가 한 말인가?
   폴로니우스

   상황을 묘사하시오.
   폴로니우스가 그의 하인 레이날도에게 파리로 가서 래어티스를 방문하라는 지시를 내리고 있다. 폴로니우스는 래어티스가 여가 시간에 무엇을 하고 있는지 궁금해하고 있으며 레이날도가 래어티스를 감시하고 보고하기를 원하고 있다.

2. *O, my lord, my lord, I have been so affrighted!*

   Who said these words and to whom?
   Ophelia said these words to her father, Polonius.

   Describe the circumstances.
   Ophelia has come to her father just as Reynaldo leaves for Paris. She is

upset at Hamlet's behavior when he came unexpectedly to visit her.

2. 오, 아버지, 아버지 너무 무서워요!

누가 누구에게 한 말인가?
오필리아가 아버지인 폴로니우스에게

상황을 묘사하시오.
오필리아는 레이날도가 파리로 떠나자마자 아버지를 찾아왔다. 햄릿이 갑자기 자기를 방문해서 보여준 행동들로 심란해하고 있다.

3. *This in obedience hath my daughter shown me,*
And more above, hath his solicitings,

Who said this and to whom?
Polonius is speaking these words to King Claudius and Queen Gertrude.

Describe the circumstances.
Polonius is trying to convince the king and queen that he knows why Hamlet is acting so strangely. He is convinced Hamlet is desperately in love with his daughter Ophelia. To prove this he has just finished reading them a love letter from Hamlet to Ophelia.

3. 제 딸이 순종하며 저에게 이것을 보여줬고,
무엇보다, 그(햄릿)의 간청입니다.

누가 누구에게 한 말인가?
폴로니우스가 클라우디우스 왕과 거트루드 왕비에게

상황을 설명하시오.
폴로니우스는 왜 햄릿이 그렇게 이상한 행동을 하는지 그 이유를 알겠다고 왕과 왕비에게 말하고 있다. 그는 햄릿이 자신의 딸 오필리아에게 빠져 있다고 확신한다. 이를 증명하기 위해 햄릿이 오필리아에게 쓴 연애편지를 읽어주고 있다.

4. *More matter, with less art.*

> Who said these words and to whom?
> Queen Gertrude is speaking to Polonius.

> Why were these words spoken?
> Polonius is in the middle of a tedious and long winded explanation of his opinion of why Hamlet has been acting strangely recently. The queen is finding his rhetoric tiresome and is telling him to hurry up and get to the point.

4. 덜 치장한 말이 더 나은 내용이네

> 누가 누구에게 한 말인가?
> 거트루드 왕비가 폴로니우스에게

> 왜 이 말을 했나?
> 폴로니우스는 햄릿이 최근 이상하게 행동하는 이유에 대한 자기 의견을 지루하고 장황하게 설명하고 있는 중이다. 왕비는 그의 지루한 미사여구를 알아채고 그에게 서둘러 요점을 말하라고 하고 있다.

5. *I'll have grounds*
More relative than this: the play's the thing
Wherein I'll catch the conscience of the king.

> Who is speaking and to whom?
> Hamlet is speaking to the audience in a soliloquy.

> What do these words mean?
> Hamlet has revealed why he chose the play *The Murder of Gonzago* to be performed at the palace. The plot closely resembles how the ghost says King Hamlet was murdered. He is hoping that when King Claudius watches the play he will show his guilt in the murder of Hamlet's father.

5. 좀 더 확실한 논거를 마련할 것이다.
   이보다 더 나은 방안은 없다. 연극이다!
   연극으로 왕의 본심을 잡아낼 것이다.

   누가 누구에게 한 말인가?
   햄릿이 독백으로 관중들에게

   이 말의 의미는?
   햄릿은 자신이 왜 「곤자고의 암살」이라는 연극을 왕실에서 공연하도록 했는지를 밝히고 있다. 연극의 줄거리는 유령이 말한 햄릿 왕의 죽음과 아주 흡사하다. 그는 클라우디우스 왕이 이 연극을 보았을 때 햄릿의 아버지를 살해한 것에 대한 죄책감을 보이기를 기대하고 있다.

D. Write a short paragraph (3 or more sentences as needed) to answer the following:

1. Some time has passed since the end of Act I and the beginning of Act II. Give two examples that show this.
   At the end of Act I, Laertes was in Denmark getting ready to leave for Paris. Also, King Claudius had just ordered two messengers to go to Norway to take a message to the Norwegian King. In the first scene of Act II, it is learned that Laertes is now in Paris and the messengers have returned from Norway. Since travel was slow in those days, several months have probably passed since the end of Act I.

1. 1막의 끝과 2막의 시작에는 얼마간의 시간이 흐른 상태이다. 이런 상황을 보여주는 두 가지 예를 쓰시오.
   1막의 끝 부분에서 래어티스는 파리로 떠날 준비를 하며 덴마크에 있었다. 또한 클라우디우스 왕은 노르웨이 왕에게 메시지를 전하기 위해 두 명의 전령에게 노르웨이로 떠날 것을 명령했다. 2막의 첫 장면에서 래어티스는 현재 파리에 있으며, 전령들은 노르웨이에서 돌아왔다는 사실을 알게 된다. 그 당시에는 여행 속도가 느렸기 때문에, 1막이 끝난 후 아마 몇 달의 시간이 흘렀을 것이다.

2. The audience learns more about Polonius. Why do you think the audience might find him comical?

Polonius is a nosey, meddlesome old man who likes to talk a lot and control situations around him. His lengthy advice to his son and daughter is amusing. So is his direction to his servant who is going to Paris to spy on his son. His dialogue with his daughter after she has a visit from Hamlet and his explanation to the king and queen on why Hamlet is crazy is tedious and long winded but amusing too.

2. 관객들은 폴로니우스에 대해 더 많은 것들을 알게 된다. 관객들이 그가 익살스럽다고 생각한다면 그 이유는 무엇 때문일 것으로 생각하는가?

폴로니우스는 말을 많이 하는 것을 좋아하고 주변 상황을 통제하고 싶어 하는 참견 많고 오지랖이 넓은 노인이다. 아들과 딸에게 하는 그의 장황한 충고는 재미있다. 파리에 있는 그의 아들을 정탐하기 위해 보내는 하인에게 하는 지시 또한 그러하다. 딸인 오필리아가 햄릿의 방문을 받은 후 그가 딸에게 건네는 충고나, 햄릿이 왜 미쳤는지 왕과 왕비에게 하는 설명들은 모두 지루하고 장황하지만 재미있다고도 볼 수 있다.

3. Briefly describe Rosencrantz and Guildenstern and their role in the play so far.

These two characters are childhood friends of Hamlet. The king and queen have hired them to try to find out the reason for Hamlet's strange behavior. Neither seems to be very intelligent because after they find Hamlet, he quickly realizes they have been sent to spy on him.

3. 로젠크란츠와 길덴스턴, 그리고 연극에서 그들의 역할을 짧게 설명해보시오.

이 두 명의 캐릭터는 햄릿의 어릴 적 친구들이다. 왕과 왕비는 햄릿의 이상한 행동에 대한 이유를 알아내기 위해 이 두 명의 친구들을 고용한다. 그들이 햄릿을 찾아낸 후 바로, 자신을 정탐하기 위해 그들이 보내졌다는 사실을 햄릿이 알아차리기 때문에, 둘 모두 그리 똑똑하지는 않은 것 같다.

4. The messengers from Norway bring King Claudius some interesting pieces of information. What does the king learn and is he pleased?

The king learns that the King of Norway did not know that Prince Fortinbras was planning an attack on Denmark. He arrested Fortinbras and made him give up all plans against Denmark. However, Prince Fortinbras has permission to attack Poland and the Norwegian king is asking for the Danish king's permission for

Fortinbras' army to cross Denmark to Poland. King Claudius is very pleased with all of this news.

4. 노르웨이 왕에게서 온 전갈은 클라우디우스 왕에게 흥미로운 정보를 제공해준다. 왕이 알게 된 것은 무엇이며, 어떤 점이 왕의 기분을 좋게 만들었는가?

   클라우디우스 왕은 노르웨이의 왕이 포틴브라스 왕자의 덴마크 침공 계획을 전혀 모르고 있었다는 사실을 알게 된다. 노르웨이의 왕은 포틴브라스를 당장 불러 덴마크에 대항하려는 왕자의 모든 계획을 포기하게끔 만들었다. 그러나 포틴브라스 왕자는 폴란드는 공격해도 좋다는 허락을 받았고, 노르웨이의 왕은 덴마크의 왕에게 포틴브라스 왕자의 군대가 폴란드로 가기 위해 덴마크를 지나가게 해 달라는 요청을 하게 된다. 클라우디우스 왕은 이 모든 소식에 기뻐한다.

5. Describe Hamlet's plan to confirm the king's guilt in the murder of his father.

   Hamlet has heard that guilty people will sometimes confess their guilt if they witness a situation similar to their crime. Thus, Hamlet asks the visiting actors to put on the play *The Murder of Gonzago*. It has a plot similar to how the ghost said his father was killed. In addition, Hamlet is going to have some extra dialogue inserted into the play to make it even more similar to his father's death. Hamlet hopes King Claudius will be so horrified that he will show his guilt over the death of Hamlet's father.

5. 아버지의 살인에 있어 클라우디우스 왕의 죄를 확인하려는 햄릿의 계획을 설명하시오.

   햄릿은 죄가 있는 사람들이 때때로 자신이 저지른 범죄와 비슷한 상황을 목격하게 되었을 때 자신의 죄를 고백한다는 이야기를 들었다. 그래서 방문 배우들에게 「곤자고의 암살」이라는 연극을 부탁한다. 이 연극은 유령이 들려준 아버지의 죽음과 비슷한 이야기이다. 게다가 햄릿은 아버지의 죽음과 더 유사한 연극을 만들기 위해 얼마간의 대사를 추가하려 한다. 햄릿은 클라우디우스 왕이 두려움에 떨다 햄릿 왕의 죽음에 대한 자신의 죄를 드러내길 기대하고 있다.

Test For Act III

A. **Match the following people or events in Column A with answers from Column B.**

   Column A

   ① The ghost
   ② Polonius
   ③ Ophelia
   ④ Hamlet

   ⑤ Claudius
   ⑥ Rosencrantz and Guildenstern
   ⑦ Horatio
   ⑧ Gertrude

   Column B

   ④ Makes crude, sexual comments
   ③ Is confused and very unhappy
   ⑥ Are ineffective spies
   ⑤ Sees something that makes him angry
   ⑦ Is praised highly by Hamlet
   ⑧ Screams for help first
   ② Is a nosey person
   ① Warns Hamlet of two promises

   요점 인물과 사건을 연결하는 문제

B. **Place the following in the proper chronological order.**

   ③ Ophelia is teased and taunted by Hamlet.
   ② Hamlet does the famous "To Be or Not To Be" soliloquy.
   ① Claudius and Polonius arrange for Hamlet to meet Ophelia.
   ⑦ Claudius arranges with Guildenstern and Rosencrantz to take Hamlet away to England.
   ⑤ The play is performed showing the death of a king by his brother.
   ⑨ Hamlet visits with his mother.
   ⑩ Hamlet kills Polonius.
   ⑧ Hamlet sees Claudius praying.
   ⑥ Claudius leaves abruptly.
   ④ Horatio is asked to watch for the king's reaction to the play.

   요점 시간적 순서에 맞게 사건을 나열하는 문제

C. **Identify the following quotes. (Note: Answer these questions in COMPLETE sentences. For some of these questions your answer may require more than one sentence. You will lose marks for incomplete answers!)**

1. *To be, or not to be: that is the question:*
   Whether 'tis nobler in the mind to suffer
   The slings and arrows of outrageous fortune,
   Or to take arms against a sea of troubles,
   And by opposing end them?

   Who said this and to whom are these words spoken?
   Hamlet said these words in a soliloquy. (He is speaking to himself.)

   What is the speaker saying?
   Hamlet is debating the issue of suicide with himself. He is wondering if it is better to endure all the bad things that happen in life or to put an end to everything.

1. 사느냐 죽느냐 그것이 문제로다.
   어느 것이 더 고귀한가,
   가혹한 운명의 투석들과 화살들의 고통을 당할 것인가,
   아니면 괴로움의 바다를 향해 무장을 하고 맞서
   이 고통을 끝낼 것인가?

   누가 누구에게 한 말인가?
   햄릿의 독백

   화자는 무슨 말을 하고 있나?
   햄릿은 자살 문제를 두고 스스로와 논쟁하고 있다. 삶 속에서 일어나는 모든 나쁜 일들을 참는 것이 나은지 아니면 모든 것을 끝내는 것이 나은지를 생각하고 있다.

2. *If thou dost marry, I'll give thee this plague for thy dowry: be thou as chaste as ice, as pure as snow, thou shalt not escape calumny.*

Who is speaking and to whom?

Hamlet is speaking to Ophelia.

Describe the circumstances here?

Hamlet has been speaking in an insulting way to Ophelia. He is telling her that even if she marries and is a good wife, she will still get a bad reputation.

2. 당신이 만약 결혼을 한다면, 지참금으로
이 재앙을 선물하지. 얼음처럼 정숙하고,
눈처럼 순결해도, 비방에서 자유롭지는 못할 거야.

누가 누구에게 말하고 있나?

햄릿이 오필리아에게

여기 상황을 묘사하시오.

햄릿이 오필리아에게 모욕적인 말을 하고 있다. 그녀에게 만약 결혼해서 좋은 아내가 되어도 그녀의 평판은 여전히 좋지 않을 것이라고 말하고 있다.

3. *The lady protests too much, methinks.*

Who is speaking and to whom?

Queen Gertrude is speaking to Hamlet.

Why were these words spoken and what do they refer to?

Hamlet has just asked Gertrude what she thought of the actor queen's strong reluctance to remarry if her husband dies. Gertrude says she thinks the actor queen's words are insincere.

3. 내 생각에는 여자가 지나치게 맹세를 하는 것 같구나.

누가 누구에게 말하고 있나?

거트루드 왕비가 햄릿에게

이 말은 왜 했으며 그것이 의미하는 것은 무엇인가?

햄릿이 거트루드에게 왕비 역을 한 배우가 만약 자신의 남편이 죽으면 재혼하지 않을 것이라고 강하게 말하는 모습을 보며 왕비의 생각을 물었다. 거트루드는 그 배우가 한 말은 위선이라고 생각한다고 말한다.

Hamlet

4. *O, my offence is rank it smells to heaven;*
   It hath the primal eldest curse upon't,
   A brother's murder.

   > Who is speaking and to whom?
   > Claudius is speaking in a soliloquy. (He is speaking to himself.)

   > Describe the circumstances.
   > Polonius has just left the king to go and spy upon Hamlet and Gertrude. The king is feeling guilty about his crime of killing King Hamlet, his brother.

4. 오, 내 죄의 악취가 하늘을 찌르는구나!
   형제의 살인은
   최초의 저주인데 말이다.

   > 누가 누구에게 말하고 있나?
   > 클라우디우스의 독백

   > 상황을 묘사하시오.
   > 폴로니우스가 왕을 떠나 햄릿과 거트루드를 감시하러 간다. 왕은 자신의 형인 햄릿 왕을 죽인 것에 대해 죄책감을 느끼고 있다.

5. *Do not forget: this visitation*
   Is but to whet thy almost blunted purpose.

   > Who says these words and to whom?
   > The ghost is speaking to Hamlet.

   > Why are these words spoken? (Describe the situation.)
   > Hamlet has been speaking in a rough and insulting way to his mother. The ghost appears and interrupts the conversation by telling Hamlet that he has not sought the revenge that he promised.

5. 잊지 말거라. 너의 방문은
   다 무뎌진 너의 칼날을 갈기 위해서다.

   > 누가 누구에게 말하고 있나?
   > 유령이 햄릿에게

이 말은 왜 하는가? (상황을 묘사하시오.)
햄릿이 그의 어머니를 거칠게 모욕하며 말하고 있었다. 그때 유령이 나타나 대화에 끼어들며 햄릿에게 그가 약속한 복수를 쫓고 있지 않음을 말하고 있다.

D. Write a short paragraph (3 or more sentences as needed) to answer the following:

1. Why does the ghost appear again in scene 4?

   Hamlet has been verbally abusive to his mother. She is begging him to stop but he does not. The ghost's appearance interrupts Hamlet's ranting. The ghost reminds Hamlet that he has not sought revenge against Claudius as promised and that he is not to harm his mother.

1. 3막 4장에서 유령은 왜 다시 나타났는가?

   햄릿은 말로써 그의 어머니를 학대하고 있다. 그녀는 햄릿에게 그만하라고 부탁하지만 그는 그만두지 않는다. 유령의 등장이 햄릿의 폭언을 멈추게 한다. 유령은 햄릿에게 약속한 대로 클라우디우스에 대한 복수를 모색하지 않고 있음과 어머니에게 해를 가하지 않기로 한 것을 상기시켜 주고 있다.

2. What does King Claudius' plan in order to get rid of Hamlet?

   The king decides to send Hamlet to England immediately. He orders Rosencrantz and Guildenstern to accompany him and to watch Hamlet closely. He says Hamlet is dangerous to him and his words suggest that he may be planning for something evil to happen to Hamlet.

2. 클라우디우스 왕은 햄릿을 제거하기 위해 어떤 계획을 세웠는가?

   왕은 햄릿을 즉시 영국으로 보내기로 결정한다. 그는 로젠크란츠와 길덴스턴에게 햄릿과 동행하게 하여 그를 가까이에서 지켜보도록 명령한다. 왕은 햄릿이 그에게 위험한 존재라고 이야기하고 있으며 그 말은 왕이 햄릿에게 뭔가 안 좋은 일을 계획하고 있음을 암시하는 것이다.

3. After talking with his mother, what does Hamlet say about the trip to England?

   Hamlet is suspicious of the reasons for being ordered to go to England immediately with Rosencrantz and Guildenstern. He believes that they and the king have evil things planned for him. He tells his mother that he has a plan to

Hamlet

defeat their plans.

3. 어머니와 이야기한 이후에, 햄릿은 영국으로 보내지는 것에 대해 어떤 이야기를 했는가?

햄릿은 로젠크란츠, 길덴스턴과 함께 즉시 영국으로 가라고 왕이 명령한 이유를 놓고 의심을 한다. 햄릿은 두 명의 친구들과 왕이 자신에게 뭔가 해로운 일을 계획하고 있다고 생각한다. 햄릿은 어머니에게 그들의 계획을 꺾어버릴 다른 계획이 있다고 말한다.

4. Is Hamlet's plan to use the play as a trap for Claudius successful?

Hamlet's plan was very successful. The play was convincingly presented and Hamlet gave a commentary as the action progressed so that everyone (especially the king) would understand completely what they were watching. King Claudius realizes that Hamlet knows everything and he leaves the performance in anger.

4. 클라우디우스 왕을 함정에 빠뜨리기 위해 연극을 이용한 햄릿의 계획은 성공적인가?

햄릿의 계획은 매우 성공적이었다. 연극은 매우 설득력 있게 공연되었고, 햄릿은 공연되고 있는 연극에 논평을 함으로써 모든 사람들(특히 왕)은 자신들이 관람하고 있는 것이 무엇인지 완벽히 이해할 수 있었다. 클라우디우스 왕은 햄릿이 모든 것을 알고 있다는 것을 깨닫고, 화를 내면서 공연장을 떠난다.

5. Why does Hamlet decide not to kill King Claudius in Scene 3?

Hamlet discovers King Claudius praying. When he sees this, he is reluctant to kill him because Claudius might receive forgiveness for his sins. In that case, if Claudius is killed right away, he will go to heaven. Hamlet wants a much worse fate for Claudius and so he resolves to wait until Claudius has committed some other sin (i.e. drinking or swearing) before killing him.

5. 3장에서 햄릿은 왜 클라우디우스 왕을 죽이지 않기로 결심하는가?

햄릿은 클라우디우스 왕이 기도하고 있는 것을 발견한다. 그가 이 장면을 보고 왕을 죽이기를 주저하였는데, 그 이유는 클라우디우스가 그의 죄에 대해 용서를 받았을 수도 있기 때문이다. 그런 경우에, 만약 클라우디우스가 그 자리에서 죽임을 당한다면 그는 천국에 갈 것이다. 햄릿은 클라우디우스 왕이 더 비참한 운명을 맞이하기를 바라고 있으며 그래서 그는 클라우디우스를 죽이기 전에 다른 죄(예를 들면 음주나 욕설)를 범하기를 기다리기로 결심한다.

Test Answers

Test For Act IV

A. Match the following people or events in Column A with answers from Column B.

Column A

① Claudius
② Hamlet
③ Fortinbras
④ Captain
⑤ Ophelia
⑥ Gertrude
⑦ Horatio

Column B

⑥ Tells Claudius that Hamlet is insane
④ Complains about fighting to win a little patch of ground
⑤ Sings songs
① Sends two people to bring Polonius' body to the chapel
③ Seeks permission to move troops across Denmark
⑦ Gets a letter from Hamlet
② Says the body is safely hidden

요점 인물과 사건을 연결하는 문제

B. Place the following in the proper chronological order.

④ Claudius tells Hamlet he is being sent to England.
③ Hamlet tells Claudius, they will smell the body of Polonius in a month.
⑦ Laertes returns seeking revenge for his father's death.
⑤ Fortinbras sends his Captain to Claudius for permission to cross Denmark.
② Rosencrantz and Guildenstern are sent to find Hamlet and bring the body to the Chapel.
① Claudius is told by Gertrude that Hamlet has killed Polonius.
⑥ Ophelia has become insane.
⑧ Claudius convinces Laertes that Hamlet is responsible for the death of Polonius.

요점 시간적 순서에 맞게 사건을 나열하는 문제

Hamlet

C. **Identify the following quotes.** (Note: Answer these questions in COMPLETE sentences. For some of these questions your answer may require more than one sentence. You will lose marks for incomplete answers!)

1. *O heavy deed!*
   It had been so with us, had we been there:
   His liberty is full of threats to all;
   To you yourself, to us, to every one.

   Who said this and to whom?
   Claudius is speaking to Gertrude.

   Describe the scene and what has just happened.
   Gertrude has just told Claudius that Hamlet has murdered Polonius. Claudius is concerned about the future if Hamlet is allowed to be free.

1. 어떻게 그런 일이!
   우리가 그곳에 있었다면 당할 뻔했군.
   그의 방종은 모두에게 위험천만해.
   당신에게, 우리에게, 그리고 모두에게.

   누가 누구에게 한 말인가?
   클라우디우스가 거트루드에게

   이 장면과 방금 전 일어났던 일을 묘사하시오.
   거트루드가 클라우디우스에게 햄릿이 폴로니우스를 죽였다고 말했다. 클라우디우스는 햄릿을 자유롭게 방치했을 경우 앞으로 일어날 일들을 걱정한다.

2. *Come, Gertrude, we'll call up our wisest friends;*
   And let them know, both what we mean to do,
   And what's untimely done. ⋯
   O, come away!
   My soul is full of discord and dismay.

Who said this and to whom?

Claudius is speaking to Gertrude.

What does the speaker mean by these words?

Claudius is saying that they should discuss the murder of Polonius with their wisest friends (probably their counsellors).

2. 자, 거트루드, 현자들을 불러모읍시다.
그리고 앞으로 우리가 하려는 일들과 일어난 일에 대해 알립시다. ……
자, 어서 갑시다.
마음이 불안하고 뒤숭숭하오.

누가 누구에게 한 말인가?

클라우디우스가 거트루드에게

말하는 이가 의미하는 바는 무엇인가?

클라우디우스가 그들의 가장 현명한 친구들(아마도 그들의 조언자들)과 폴로니우스의 살해에 대해 논의해야 한다고 말하고 있다.

3. *In heaven; send hither to see: if your messenger find him not there, seek him i' the other place yourself. But indeed, if you find him not within this month, you shall nose him as you go up the stairs into the lobby.*

Who is speaking and to whom?

Hamlet is talking to Claudius.

What do these words mean?

Claudius has just asked Hamlet (for the second time) where Polonius' body is. Hamlet tells Claudius to send a messenger to heaven to look for Polonius' body or for Claudius himself to go to hell to look for him.

3. 천국으로 보내 찾아보십시오. 만약, 당신의 사신이
그곳에서 그를 찾지 못하면
또 다른 장소에서 찾아보십시오.
하지만 한 달 안에 그를 찾지 못한다면
큰 복도로 향하는 계단을 오르면서
그의 냄새를 맡을 수 있을 것입니다.

> 누가 누구에게 말하고 있나?
> 햄릿이 클라우디우스에게

> 이 말의 의미는 무엇인가?
> 클라우디우스는 햄릿에게 폴로니우스의 시체가 어디에 있는지를 재차 묻고 있다. 햄릿은 클라우디우스에게 전령을 천국으로 보내 폴로니우스의 시체를 찾아보든지, 클라우디우스가 직접 지옥으로 가서 그를 찾아보든지 하라고 대답한다.

4. *Come, I will make you way for these your letters;*
And do't the speedier, that you may direct me
To him from whom you brought them.

> Who is speaking and to whom?
> Horatio is talking to some sailors.

> Describe the circumstances when these words were spoken.
> Horatio is telling the sailors that he will show them how to deliver some letters (to the king and queen). Then he wants them to take him quickly to see the sender of the letters (Hamlet).

4. 자, 내가 그 편지들을 전달할 방안을 마련해주겠다.
서둘러라. 그리고 그 편지를 보낸 이에게
나를 안내하라.

> 누가 누구에게 말하고 있나?
> 호레이쇼가 선원들에게

이 말이 나오는 상황을 묘사하시오.

호레이쇼가 선원들에게 어떻게 편지를 (왕과 왕비에게) 전달해야 하는지를 알려주겠다고 말하고 있다. 그리고 그는 편지를 보낸 햄릿에게 자신을 빨리 데려가주기를 원하고 있다.

5. *My lord, I will be ruled;*
   The rather, if you could devise it so
   That I might be the organ.

   Who spoke these words and to whom?
   Laertes is speaking to Claudius.

   What has just happened and what do these words mean?
   Laertes and Claudius have just learned that Hamlet is back in Denmark. Claudius has just told Laertes he has a plan to kill Hamlet and he hopes Laertes will follow it. Laertes is agreeing to follow the plan.

5. 왕이여, 시키시는 대로 하겠습니다.
   당신이 방책을 세우시면,
   제가 도구가 되겠습니다.

   누가 누구에게 하는 말인가?
   래어티스가 클라우디우스에게

   어떠한 일이 있었고 이 말의 의미는 무엇인가?
   래어티스와 클라우디우스는 햄릿이 덴마크에 돌아와 있다는 사실을 방금 알게 되었다. 클라우디우스는 래어티스에게 자신은 햄릿을 죽일 수 있는 계략이 있으며 래어티스가 그것을 수행해 줄 것을 원한다고 말한다. 래어티스는 그 계략을 수행할 것에 동의하고 있다.

D. Write a short paragraph (3 or more sentences as needed) **to answer the following:**

1. Why does Claudius seem reluctant to punish Hamlet severely for the murder of Polonius. (2 reasons)
   Claudius' first reason for not punishing Hamlet is due to his love for Gertrude,

his wife. He says that since Gertrude loves Hamlet so much he does not want to offend her by giving Hamlet a severe punishment. Secondly he says that Hamlet is well loved by the general population and they would probably focus more on his punishment than his crime.

1. 클라우디우스는 왜 폴로니우스의 살해에 대해 햄릿에게 심하게 처벌하기를 주저하는 것처럼 보이는가? (2가지 이유를 쓰시오.)
   클라우디우스가 햄릿을 처벌하지 않기로 한 첫 번째 이유는 부인인 거트루드에 대한 사랑 때문이다. 왕은 왕비가 햄릿을 너무나 사랑하기 때문에 햄릿에게 심한 처벌을 가하여 왕비의 기분을 상하게 만들고 싶지 않다고 말한다. 두 번째로 왕은 햄릿이 일반 백성에게 아주 사랑을 받고 있으며 백성은 그의 범죄보다는 처벌에 더 큰 관심을 가질 것이라고 말한다.

2. Explain how Hamlet says a king can move through the guts of a beggar.
   Hamlet is talking to Claudius about worms eating dead bodies. He says that it is possible that a fish could eat worms that fed on the body of a king. If a beggar eats that fish, then during digestion, the king will (figuratively) move through the guts of the beggar.

2. 왕이 거지의 뱃속에서 움직일 수 있다는 것에 대해 햄릿이 어떻게 이야기하고 있는지 설명하시오.
   햄릿은 왕에게 죽은 시체를 뜯어먹는 벌레에 대해 이야기하고 있다. 왕의 시체를 뜯어먹는 벌레를 물고기가 먹을 수 있다고 이야기한다. 만약 거지가 그 물고기를 먹는다면, 소화되는 과정에서, 왕이 (비유적으로) 거지의 뱃속에서 움직이게 된다는 것이다.

3. Give two reasons why you think Ophelia has gone mad.
   Hamlet's cruel and insensitive rejection of her and his insulting references to her character hurt her deeply. While she was grieving over this trauma, she learns that her father (whom she loved) has been killed senselessly by Hamlet. These two events made her mad.

3. 오필리아가 미치게 된 두 가지 이유를 쓰시오.
   햄릿이 잔인하고 무신경하게 그녀를 거절한 것과 그녀의 성격에 대해 언급하며 햄릿이 모욕을 가한 것이 그녀에게 깊은 상처를 주었다. 그녀가 이런 마음의 상처에 슬퍼하고 있는 동안, 사랑했던 아버지가 햄릿에 의해 아무 의미 없이 살해 당했다는 것을 알게 된다. 이 두 가지 사건이 그녀를 미치게 만들었다.

4. Describe how Ophelia dies.

Gertrude tells Laertes and Claudius that Ophelia was climbing a willow tree that overhung some water. She was trying to place a garland of flowers in the branches when she fell into the water. She lay (buoyed up by her clothing) on the water singing to herself. When her clothing became waterlogged she was pulled under and drowned.

4. 오필리아가 어떻게 죽는지 설명하시오.

거트루드는 래어티스와 클라우디우스에게 오필리아가 어떤 물가 위에 늘어져 있는 버드나무에 올라가고 있었다고 이야기한다. 그녀는 나뭇가지에 화환을 놓으려고 하다가 물속으로 떨어진다. 그녀는 (옷에 의해 떠오르면서) 스스로에게 노래를 부르며 물 위에 누워 있었다. 그녀의 옷이 물에 흠뻑 젖게 되었을 때 물속으로 빠져들면서 익사하였다.

5. Claudius and Laertes plan to kill Hamlet. What are their main plans and what is their backup plan?

Claudius plans to let Laertes have a sharpened sword for the duel. Laertes says he will spread some poison on the tip to ensure Hamlet will die if he is wounded. Claudius says that as a backup plan he will provide poisoned wine for Hamlet to drink as refreshment during the duel.

5. 클라우디우스와 래어티스는 햄릿을 죽일 계획을 세운다. 그들이 세운 주요 계획은 무엇이며, 보조 계획은 어떻게 되는가?

클라우디우스는 래어티스가 결투를 위해 날카로운 칼을 준비하도록 계획을 세운다. 래어티스는 칼 끝에 독을 발라 햄릿이 상처를 입으면 확실히 죽게 만들겠다고 한다. 클라우디우스는 보조 계획으로 햄릿에게 결투를 하는 동안 마실 음료로 독이 든 포도주를 주겠다고 이야기한다.

… Hamlet

Test Answers

:Test For Act V

A. Match the following people or events in Column A with answers from Column B.

Column A

① Priest
② Horatio
③ Hamlet
④ Laertes
⑤ Claudius
⑥ Fortinbras
⑦ Gravedigger/ clown

Column B

⑥ Arrives with his army
④ Becomes emotional about Ophelia's death
③ Scores the first hit in the duel
⑦ Give Yorick's skull to Hamlet
② Is prevented from drinking poisoned wine
① Refuses to say more prayers for Ophelia
⑤ Promises a monument for Ophelia's grave

요점 인물과 사건을 연결하는 문제

B. Place the following in the proper chronological order.

⑥ The queen dies.
③ Hamlet and Horatio hide and watch a small funeral.
⑧ Fortinbras arrives on stage.
① The two gravediggers discuss suicide.
② Hamlet is given Yorick's skull by the gravedigger.
④ Hamlet and Laertes fight in an open grave.
⑦ Hamlet dies.
⑤ Laertes and Hamlet choose swords.

요점 시간적 순서에 맞게 사건을 나열하는 문제

C. **Identify the following quotes.** (Note: Answer these questions in COMPLETE sentences. For some of these questions your answer may require more than one sentence. You will lose marks for incomplete answers!)

1. *Alas, poor Yorick. I knew him, Horatio*

    Who said this?

    Hamlet said these words.

    Describe the scene.

    Hamlet, Horatio and a gravedigger are in a cemetery beside an open grave. Hamlet is holding a skull that the gravedigger told him belonged to Yorick, a court jester. Yorick was Hamlet's friend when he was young.

1. 아아, 가여운 요릭, 호레이쇼, 나도 이 사람을 아네.

    누가 한말인가?

    햄릿

    장면을 묘사하시오.

    햄릿, 호레이쇼, 묘지 일꾼이 묘지에 파 놓은 무덤 옆에 있다. 햄릿은 묘지 일꾼이 왕실의 어릿광대였던 요릭의 것이라 말한 해골을 들고 있다. 요릭은 햄릿의 어린 시절 친구였다.

2. *The queen, the courtiers: who is this they follow?*
   And with such maimed rites?

    Who said this?

    Hamlet speaks these words.

    What is being observed?

    Hamlet and Horatio are watching the approach of a funeral procession. Hamlet wonders why the funeral is so small.

2. 왕비? 귀족들? 저들은 누구를 따르고 있는가?
   누구의 장례가 이처럼 초라하지?

누가 한 말인가?

햄릿

무엇을 보았는가?

햄릿과 호레이쇼가 오필리아의 장례 행렬이 다가오는 것을 지켜보고 있다. 햄릿은 장례식이 조촐한 이유를 궁금해한다.

3. **Why, what a king is this!**

    Who said this?

    Horatio said these words.

    Describe the scene.

    Hamlet has just told Horatio about King Claudius' letter to the English King that requests that Hamlet be killed immediately. Horatio is expressing shock.

3. 아, 정녕 왕이란 말인가!

    누가 한 말인가?

    호레이쇼

    장면을 묘사하시오.

    햄릿이 호레이쇼에게 자신이 영국에 도착하자마자 살해하라고 요청하는 영국 왕에게 보내는 클라우디우스의 편지에 대해 말했다. 호레이쇼는 충격을 금치 못하고 있다.

4. **Give me your pardon, sir: I've done you wrong:**
    But pardon't, as you are a gentleman.

    Who said this and to whom?

    Hamlet said these words to Laertes.

    What is about to happen?

    Hamlet and Laertes are getting ready to have a sword duel.

4. 용서해주게. 내가 자네에게 무례했네.

    신사답게 용서하게.

누가 누구에게 한 말인가?

햄릿이 래어티스에게

어떤 일이 전개될 것인가?

햄릿과 래어티스가 결투를 준비하고 있다.

5. *Heaven make thee free of it! I follow thee.
I am dead, Horatio. Wretched queen, adieu!*

Who spoke these lines?

Hamlet speaks these words.

Describe the scene.

Hamlet is telling Laertes (who has just died) that he forgives him. He is also saying good bye to Horatio and his dead mother because he is dying.

5. 하늘이 당신을 자유롭게 해줄 것이오. 나도 당신을 따르겠소.
호레이쇼, 난 끝났어. 가엾은 어머니, 안녕히.

누가 한 말인가?

햄릿

장면을 묘사하시오.

햄릿이 방금 전 죽은 래어티스에게 자신은 그를 용서한다고 말하고 있다. 그는 죽어 가기 때문에 호레이쇼와 죽은 어머니에게도 작별을 고하고 있다.

D. Write a short paragraph (3 or more sentences as needed) to answer the following:

1. Hamlet tells Horatio how he tricked Rosencrantz and Guildenstern. Describe what he did.

Hamlet tells Horatio that he sneaked into the room on the ship that was occupied by Rosencrantz and Guildenstern and stole their orders from King Claudius. He read a letter from King Claudius to the King of England requesting that Hamlet be killed immediately. Hamlet replaced that letter with one he forged. The forgery appeared to be from King Claudius to the English king requesting that Rosencrantz and Guildenstern be killed immediately. Hamlet used his father's signet ring to make an official mark on the letter.

1. 햄릿은 호레이쇼에게 그가 어떻게 로젠크란츠와 길덴스턴을 속였는지 이야기한다. 햄릿이 어떤 일을 했는지 설명하시오.

   햄릿은 호레이쇼에게 그가 배 안에서 로젠크란츠와 길덴스턴의 방으로 몰래 숨어 들어가 클라우디우스 왕에게 받은 명령서를 훔쳤다고 이야기한다. 햄릿은 클라우디우스 왕이 영국의 왕에게 자신을 즉시 죽일 것을 요청한 편지를 읽었다. 햄릿은 그 편지를 자신이 위조한 편지와 바꿔 놓았다. 위조 편지에는 클라우디우스 왕이 영국의 왕에게 로젠크란츠와 길덴스턴을 즉시 죽일 것을 요청한 것으로 되어 있다. 햄릿은 그의 아버지의 인장(반지 도장)을 이용하여 편지에 왕이 보내는 표시를 만들어 놓았다.

2. Why is Laertes not satisfied with the funeral for Ophelia? Who does he speak to and what is the reply?

   Laertes is not satisfied with the number of prayers and he complains to the sole priest attending. The priest says there is some suspicion that Ophelia killed herself. Thus she should not have a big funeral or be buried in the church cemetery. However, the king ordered that she should be buried there.

2. 왜 래어티스는 오필리아의 장례식에 만족하지 못하는가? 그는 누구에게 이야기하며 그에 대한 대답은 무엇인가?

   래어티스는 기도의 횟수에 대해 불만스러우며 사제가 한 명 밖에 참석하지 않은 것에 대해 불평을 한다. 사제는 오필리아가 자살했다는 의혹이 있다고 이야기한다. 그래서 그녀는 성대한 장례식을 치르거나 교회 묘지에 묻혀서는 안 되지만 왕이 그녀를 여기에 묻도록 명령했다고 한다.

3. Why does Hamlet apologize to Laertes for his behavior at the cemetery? Is he sincere?

   Hamlet apologizes because his mother asked him too. Although he sounds sincere he probably is not. He lies to Laertes about the reason for his angry behavior. He says he has a serious mental condition. In fact Hamlet has been only acting mad throughout the play.

3. 햄릿은 왜 래어티스에게 묘지에서 그의 행동에 대해 사과하는가? 그는 진지하게 이야기한 것인가?

햄릿이 사과를 한 이유는 그의 어머니가 부탁했기 때문이다. 비록 그의 사과가 진지하게 들리기는 했지만, 아마도 진심은 아니었을 것이다. 그는 래어티스에게 분노에 찼던 행동에 대한 이유에 관해 거짓말을 한다. 햄릿은 자신이 심각한 정신 질환을 앓고 있다고 이야기한다. 사실 햄릿은 연극의 처음부터 끝까지 미친 행동만을 연기한다.

4. Describe the wager placed on the duelers. Who does Claudius support?

The duel was to be a dozen rounds of unspecified length. The number of hits suffered by each would be counted. Laertes had a handicap because he was considered to be the better fencer. To win he had to hit Hamlet more than three times oftener than Hamlet hit him. Claudius bets on Hamlet to win.

4. 결투자들에게 걸려 있는 내기에 대해 설명하시오. 클라우디우스는 누구를 응원하고 있는가?

내기는 시간이 정해지지 않은 12회의 시합이었고 상대방을 찌른 횟수를 기록한다. 래어티스에게 불리한 조건을 걸었는데 그 이유는 그가 더 뛰어난 검술가로 여겨졌기 때문이었다. 결투에서 이기려면 햄릿이 자신을 찌른 횟수보다 세 번 더 햄릿을 찔러야만 했다. 클라우디우스 왕은 햄릿이 이긴다는 것에 내기를 걸었다.

5. Describe the order in which people die (and the cause) during the duel.

Gertrude dies first because she drinks the poisoned wine meant for Hamlet. Claudius is killed by Hamlet who stabs him with the poisoned sword and then makes him drink the poisoned wine. Laertes dies because he was hit with the poisoned sword. Finally Hamlet dies because he was wounded by the same sword.

5. 결투를 행하는 도중에 사람들이 죽은 순서(그리고 이유)를 설명하시오.

거트루드 왕비가 햄릿이 마시기로 된 독이 든 포도주를 마시고 첫 번째로 죽는다. 클라우디우스는 햄릿이 독이 묻은 칼로 그를 찌른 후 독이 든 포도주를 마시게 하여 죽게 된다. 래어티스는 독이 묻은 칼에 찔렸기 때문에 죽는다. 마지막으로 똑같은 칼에 상처를 입은 햄릿이 죽게 된다.